思政引领 技术赋能

北京联合大学优秀教学案例

本书编写组 ◎ 主编

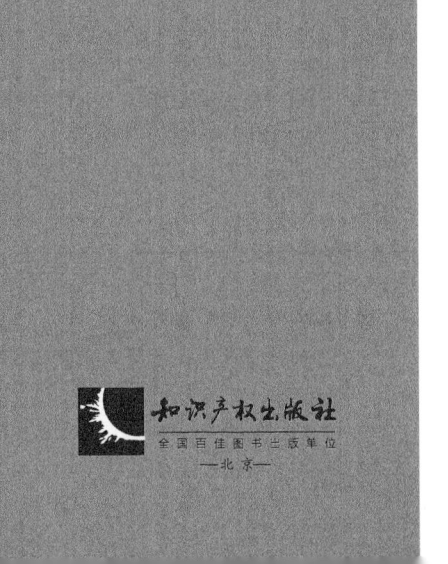

图书在版编目（CIP）数据

思政引领　技术赋能：北京联合大学优秀教学案例/本书编写组主编.—北京：知识产权出版社，2021.11
ISBN 978-7-5130-7794-1

Ⅰ.①思… Ⅱ.①本… Ⅲ.①高等学校—教学研究—北京—文集 Ⅳ.① G642.0-53

中国版本图书馆 CIP 数据核字（2021）第 216210 号

内容提要

本书内容分上下两篇：上篇汇集了北京联合大学 2020 年春季受新冠肺炎疫情影响，开展全面在线教学期间征集的网络教学优秀案例，汇纳而成的 15 篇"云教学 同向同行"系列简报；下篇汇集了后疫情时代，北京联合大学在开展线上线下混合式教学及落实课程思政教育理念方面的优秀教学案例成果。全书展示了教师们如何落实课程思政教育理念、如何将思政元素有机融入专业课程，以及教师们从传统教与学的模式中走出来，结合各自课程特点，积极创新线上线下混合式教学模式，切实提升课程育人能力的探索与实践。

责任编辑：张水华	责任校对：谷　洋
封面设计：臧　磊	责任印制：孙婷婷

思政引领　技术赋能

北京联合大学优秀教学案例

本书编写组　主编

出版发行：知识产权出版社有限责任公司	网　　址：http://www.ipph.cn
社　　址：北京市海淀区气象路 50 号院	邮　　编：100081
责编电话：010-82000860 转 8389	责编邮箱：46816202@qq.com
发行电话：010-82000860 转 8101/8102	发行传真：010-82000893/82005070/82000270
印　　刷：北京九州迅驰传媒文化有限公司	经　　销：各大网上书店、新华书店及相关专业书店
开　　本：720mm×1000mm　1/16	印　　张：20
版　　次：2021 年 11 月第 1 版	印　　次：2021 年 11 月第 1 次印刷
字　　数：300 千字	定　　价：88.00 元

ISBN 978-7-5130-7794-1

出版权专有　侵权必究

如有印装质量问题，本社负责调换。

序言

为深入贯彻习近平同志关于教育的重要论述和全国教育大会精神，落实中共中央办公厅、国务院办公厅《关于深化新时代学校思想政治理论课改革创新的若干意见》，2020年5月，教育部印发《高等学校课程思政建设指导纲要》（教高〔2020〕3号）（简称《纲要》）。《纲要》指出课程思政建设工作要围绕全面提高人才培养质量这个核心点，在全国所有高校、所有学科专业全面推进，促使课程思政的理念形成广泛共识，广大教师开展课程思政建设的意识和能力全面提升，协同推进课程思政建设的体制机制基本健全，进一步提高高校立德树人成效。

北京联合大学（以下简称联大）始终坚持把立德树人作为对党的初心使命的最高践行，紧紧围绕"培养什么样的人、如何培养人以及为谁培养人"这个根本问题，持续深化课程思政建设，在扎根京华大地办好一流中国特色社会主义大学的道路上取得了一系列理念创新、实践创新、制度创新和文化创新成果，落实立德树人根本任务的意识更加自觉，氛围更加浓郁，机制更加健全。

本书是联大课程思政建设系列成果之一，分为上下两篇。

上篇汇集了15篇"云教学　同向同行"系列简报，旨在呈现疫情期间线上教学中课程思政建设情况。2020年春季受新冠肺炎疫情影响，北京联合大学"停课不停教、停课不停学"，更重要的是做到了"停课不停育"。全校教师积极落实学校课程思政建设规划，深入挖掘课程思政元素，有机融入在线课程的课堂教学，呈现出各具特色、精彩纷呈的教学设计，撰写了上百篇网络教学优秀案例。联大教务处从中精心筛选汇纳而成15篇"云教学同向同行"系列简报，充分反映了教师们在特殊时期如何让课程思政接地气、入人心，传递大爱真情。

下篇汇集了15篇"线上线下　同向同行"优秀教学案例，旨在呈现后疫情时代混合式教学模式下，教师们在课程思政融入及信息技术赋能方面进行的探索与实践。经过 2020 年春季学期新冠肺炎疫情期间全面在线教学的考验后，广大师生逐渐从传统的教与学模式中走出来，积极探索后疫情时代线上线下混合教学模式。2021 年年初，联大为推进探索智慧教育新形态，充分利用信息技术助力学习革命，开展了"线上线下　同向同行"教学案例征集活动，从中评选出思想性、科学性、创新性显著的优秀案例一等奖 15 篇，二等奖 25 篇。本书汇集的 15 篇一等奖优秀教学案例，从教学目标与学情分析、教学内容分析、课程思政教学设计理念及思路、混合式教学设计理念及思路、教学方法及途径、教学效果及成果、教学反思七个方面，为广大读者全方位呈现教师们在不同学科门类课程中对一个教学单元精心进行的教学设计。

课堂是开展课程思政的着力点，课程是人才培养的核心要素。联大教师们结合文、史、经、管、理、工、艺术、教育等多个学科门类特点，精心设计教学环节，有机、有意、有效地将思政元素融入整体教学布局和课程安排，借助信息技术赋能教育教学改革与实践，落实课程思政建设总目标。联大将系列简报及优秀教学案例结集成册，希望能为广大一线教师开展课程建设、促进学习革命提供具有参考价值的示范案例。

目 录

上 篇 "云教学 同向同行"系列简报

云端初探

云端绽放的课程思政之花	肖章柯	003
2020年春天的成长	张春艳	009

玉汝于成

课程思政——培育大学生和谐美丽的精神家园	吴智泉	016
坚守教育情怀 战"疫"云课堂	刘 佳	021
在学生心中播撒真善美的种子	张春艳	026
践行"学生中心"，助力"拔节孕穗"	吴智泉	032
打造实现学生更好发展的金钥匙	肖章柯	038
学生中心 价值引领 内化于心 外化于行	王晓蕾	043

笃行致远

如盐入味，打造在线教学课程思政金课	王晓蕾	050
"云"阵地中坚定价值引领下的课程建设	肖章柯	056
课程思政精研细磨"三部曲"	刘 佳	062
师生联动形成课程思政"五新"亮点	张春艳	068
优化教学设计，构建学习共同体，积极落实育人总目标	吴智泉	076

慎终如始

课程思政向美而行	刘 佳	083
课程思政建设一直在路上	王晓蕾	087

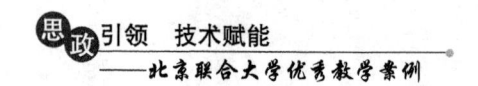

下 篇 "线上线下 同向同行"优秀教学案例

经济学

基于五星教学原理的"思"与"行"
　　——行为金融学课程前景理论教学单元 ………… 史丽媛 097

教育学

真实模拟体验，树立教育信念
　　——教育心理学课程学习动机教学单元 ………… 牟 书 111

文学

云班共演经典，感百年本土话剧体与用
　　——中国现代文学史课程曹禺话剧表演和分析教学单元
　　………………………………………………… 毕红霞 124

智慧课堂中的绿水青山
　　——大学英语Ⅲ课程关爱地球教学单元 ………… 任 颂 135

混合式教学助力下的埃及之旅文化情
　　——大学英语Ⅲ课程环球旅行教学单元 ………… 李丹丹 148

工学

"知意 悟理 守则 践行"探秘二维码
　　——Python程序设计课程生成二维码教学单元
　　………………………………………………… 梁爱华 161

模拟电路的完美放大
　　——模拟电子技术课程集成运算放大器的应用教学单元
　　………………………………………………… 刘元盛 178

在信号与系统混合式教学中"育心明德"
　　——信号与系统课程连续周期信号频谱分析及傅里叶方法
　　应用教学单元 ………………………………… 钱琳琳 196

应用膳食宝塔指导居民合理膳食
　　——营养学课程中国居民膳食宝塔及应用教学单元
　　………………………………………………… 许荣华 210

管理学

"我"讲解"我"践行
——高级语言程序设计课程异常处理教学单元 …… 沈桂兰 222

基于协作学习挑战赛的 BIM 绿色施工现场布置
——BIM 全过程项目管理综合实训课程施工组织设计教学单元
………………………………………… 吕 明 蔡 红 236

SPOC 共创网络文化,感知诚信与担当
——Web 前端设计课程策划网站教学单元………… 王晓红 251

艺术学

绽放自我:信息、情感的视觉化表达
——插图设计课程插图中的视觉语言教学单元…… 陈 昱 265

理想与信念的交响诗
——电视剧品评课程年代剧作品分析教学单元
………………………………………………… 刘兴云 284

爱国主题经典纪录片配音的混合式教学设计
——配音艺术课程纪录片配音教学单元 ………… 邹加倪 299

上 篇

"云教学　同向同行"系列简报

云端初探

云端绽放的课程思政之花

面对疫情,在以习近平同志为核心的党中央的坚强领导下,亿万人民团结一心,为打赢疫情防控狙击战提供了坚实的保障。针对疫情防控工作实际,学校"停课不停教、停课不停学",联大教务处发布了《北京联合大学关于2020年春季学期延期开学期间教学工作安排的通知》《北京联合大学关于开展助学战疫分享智慧——网络教学优秀案例征集活动的通知》等系列通知文件,利用网络资源和技术手段落实"停课不停学"的教学任务,更重要的是做到了"停课不停育","云"中课堂一如既往地做到立德树人。

一、全校教师坐稳了"主播椅"

在延期开学期间,全校教师积极落实学校课程思政建设规划,以"所有的课堂都是育人的主渠道,要守好一段渠、种好责任田,同向同行,形成协同效应"新理念为指引,挖掘课程思政元素,有机融入在线课程的课堂教学,呈现了各具特色、精彩纷呈的教学设计,在特殊时期让课程思政接地气、入人心。为保证网络在线教学效果,联大推行了7种可供选择的在线教学方式,采用中国大学 MOOC+SPOC、BB 网络学堂、蓝墨云班课、数字马院、iSmart、iSmart+U 校园、正保创业学院理实一体化教学平台,由任课教师在最大限度达成课程教学大纲中预定学习目标的前提下,结合课程特点、资源情况、自身优势,恰当选择教学方式。各位教师通过精心的准备和演练,从习惯站在三尺讲台上,到从容面对镜头、变身主播,在适合自己的网络平台上为同学们呈现了一堂堂精彩的线上直播课程,快速高效地坐稳了"主播椅"。

案例1：根据教学任务安排精心做好准备工作

师范学院张蔚老师根据教学任务安排精心做好准备工作，核实企业微信群中学生名单人数，开学前一周在企业微信群中发布Android应用程序开发课程课前准备通知，告知学生课程学习平台注册认证方式和课程代码、密码等信息。同时复制异步SPOC课程资源，编辑课程介绍页信息、录制微课，制作课件、课件提问、单元测验、作业等课程资料，上传至中国大学MOOC平台，为顺利开课做好精心的准备。

案例2：提前公布课程资源，给学生充足的课前准备时间

师范学院张银霞老师在动态网站设计与开发课程网络教学中，根据往届学生上课时出现的问题得出，这门课程之前的数据库课程会用到SQL Server数据库软件和Visual C++的软件开发环境，于是提前发布网络资源，告诉学生如何登录平台，到什么模块学习什么内容，下载安装软件的方法及联系老师答疑的方式。

案例3：指导准备不忙乱

商务学院沈桂兰老师为了便于学生顺利地关注课程资源及实验平台，在个人公众号中写了《Python类课程开课前准备》和《Python类课程网络教学软硬件准备》两篇文章，分别于2020年2月24日和26日发布给学生，指导学生提前做好相关准备工作。

案例4：学生参与课前调查，阅读课程资料

应用文理学院王春美老师在媒介经营与管理课程网络教学中，引导同学们参与课前调查，参与"疫情与媒体"讨论。针对"你认为此次疫情对媒体有什么影响"，有19名同学参加了讨论。参加讨论的同学不仅会获得经验值，而且在调查结束后会看到其同学的答案，互相参考。教师会根据回答的情况给予不同分值。这个功能的开发有益于课程教学设计。课程资源区建立后，教师督促学生查看，以便学生了解课程的基本情况，预习第

一课的资料。通过开展上述活动，一方面学生对平台功能有所感受，另一方面学生可以学习课程资料。为确保课堂效果，在开课前一天，王老师还发起了签到、举手、抢答等测试，激发了大家参与课堂活动的兴趣。

二、教师以身作则形表率

推进课程思政建设的内在要求是广大教师要以身作则，为受教育者做出表率和榜样，潜移默化地影响学生的人生观。新冠肺炎疫情让学生的生活和学习发生了变化，同时给学生心理带来了不同程度的冲击，在这个特殊时期广大教师要尊重学生、爱护学生，以同理心与热情去感染、带动学生。

案例 5：疫情期间上"有温度"的课程

商务学院刘洁老师在服务管理课程教案里提到：雅斯贝尔斯曾说，教育的本质意味着，一棵树摇动另一棵树，一朵云推动另一朵云，一个灵魂唤醒另一个灵魂。于是刘老师以积极的心态、饱满的热情，用她早起的生活方式来带动、影响同学们，她在群里提醒同学们要早起。在上课当天的 6：30，刘老师就将她 5：30 早起的打卡图片发在群里，并发送了一张前一天拍摄的日出照片，课程还没开始就充满人情味和正能量。

案例 6：讴歌战斗在一线的"逆行者"

艺术学院毛美娜老师在讲授声乐演唱技巧中，结合防疫和教学工作，为学生们选取了歌曲《夜空中最亮的星》，寓意此次疫情中坚守在一线的医护人员，他们就像夜空中最亮的星，为患者指引着生命的方向。毛老师通过讲授让学生体会语言在歌唱中的作用，以及如何用正确的音乐语言方法歌唱，更好地在歌唱中做到有表现力，进而讴歌战斗在一线的"逆行者"。

三、将价值引领有机融入专业课教学

在教学目标与教学内容上，联大教务处要求各位教师根据学科专业特点,从知识层面、应用层面、整合层面、价值层面等六个层面进行阐述,"把做人做事的基本道理、社会主义核心价值观的要求、实现民族复兴的理想和责任融入各类课程教学之中",使各类课程与思想政治理论课同向同行,形成协同效应。

案例7:工匠精神融入专业课教学中

旅游学院孙果老师在讲授餐饮产品生产与设计实践课程中,以"当代厨师的工匠精神"为教学目标,引导"00后"了解手艺人的艰辛,探究手艺人对专业技术的执着与精益求精,学习如何尊敬老手艺人以及新时代大学生怎样传承老一辈厨师的优良品德。同时,也引导学生喜欢上这门手艺,热爱这门专业,也让学生了解工匠精神的精髓。通过真实故事,将工匠精神融入专业课教学中,引导学生树立正确的世界观、人生观和价值观,见图1。

图1 孙果老师讲解工匠精神

案例8:传统文化融入专业课教学中

艺术学院杨慧子和王丹谊老师在讲授雕刻工艺创新设计综合实践课程中,结合具体学习目标,引导学生学习历史文化知识,掌握雕刻造型、装饰纹样的基本规律,设立阶段性目标。在课程内容上结合中国传统文化对学生进行指导，增强学生的文化自信；通过学习优秀的传统文化，帮助学生深度了解和认识祖国，从而建立起高度的民族认同感和自豪感。

四、在教学内容中找到课程思政元素的"触点"

推进课程思政建设，广大教师要结合课程的目标，在课程内容中寻找与德育元素相关的"触点"，并挖掘提炼专业课程蕴含的思政元素，将其融入课堂教学。抗击疫情的故事、精神都是生动的、鲜活的教材，充分提炼其蕴含的价值基因，通过隐性渗透、元素融合等方式，实现思想启迪和价值引领。

案例 9：责任和担当，同向育人

师范学院马可利老师讲授的是大学英语课程。在课程教学内容设计上，马老师让学生观看录制的开学篇小视频了解新冠肺炎的命名过程及世卫组织为其命名的英文名 COVID-19（Corona Virus Disease-2019），引发学生更深入地思考责任和担当、理想和情怀等。同时，马老师引导学生体会疫情期间中国在国际上体现出的负责任的大国风范和担当，奋战在疫情防控斗争第一线的医务人员的职业担当，从而引导学生意识到完成好各项线上学习任务、提高自主学习能力和自律能力就是担负起特殊时期赋予当代大学生的责任。

案例 10：动态网站设计与开发课程案例

师范学院张银霞老师在讲授动态网站设计与开发课程中，通过和视频课程内容的恰当结合，将思政元素以片头、片尾的形式融入视频内容中，在背景音乐的熏陶下，通过语言、文字、图片的叮嘱、提醒、展示和宣传，提醒大家在抗击疫情期间，用自己的实际行动做出自己的努力。

案例 11：加强课后教学任务指导

在课后指导中，老师们给学生课后布置的讨论、作业或测验依然紧密结合实际，如商务学院王玲老师在讲授保险学课程时，要求同学们结合疫情发生后，我国如何承担大国责任，发挥制度优势，控制疫情的发展，并取得良好效果的实践，撰写相关风险控制方案报告，测试学生收集、整理及应用保险相关信息的能力，让学生们结合当下既能复习学到的新知识，亦能感受到在灾难面前令人震撼的中国力量。

新冠肺炎疫情阻隔了师生的正常见面，却阻挡不了教师的责任心和学生的求知欲。特殊时期，特殊课堂，我们全校师生正在携手谱写网络教学新篇章。隔屏不隔爱，北京联合大学的教师们牢记立德树人的使命，时刻提升人才培养水平。云端开展丰富的在线教学活动，有效地发挥"课程思政"润物无声的育人功能，实现网络在线教学思想性与知识性的统一。

撰稿人：北京联合大学教务处肖章柯

2020 年春天的成长

> "要用好课堂教学这个主渠道,思想政治理论课要坚持在改进中加强,提升思想政治教育亲和力和针对性,满足学生成长发展需求和期待,其他各门课都要守好一段渠、种好责任田,使各类课程与思想政治理论课同向同行,形成协同效应。"
>
> ——2016 年习近平在全国高校思想政治工作会议上的讲话

2020 年的春天,注定是一个不平凡的春天。受新冠肺炎疫情的影响,本着"延期开学不停学、计划不变变模式"的原则,北京联合大学充分发挥"互联网 + 教育"的作用,将"传统课堂"转变为"在线课堂",教师们修炼"十八般武艺"、克服种种意想不到的困难,利用多种信息手段拉近师生距离,实现了师生"见面",共同学习,在云端继续展现课堂的魅力。云课堂上,教师们努力践行习近平同志的讲话精神,"把做人做事的基本道理、把社会主义核心价值观的要求、把实现民族复兴的理想和责任融入各类课程教学之中",使课程思政与思政课程同向同行,引导学生做社会主义核心价值观的坚定信仰者、积极传播者、模仿践行者。

教师们在课程教学过程中,结合理工、管理、人文、艺术等各专业门类的特点,精心设计教学环节,有机、有意、有效地将思政元素纳入整体教学布局和课程安排。那么,他们到底是如何开展课程思政,如何将思政元素有机融入专业课程,如何做到春风化雨、润物无声的呢?

一、教育者先受教育

课程思政的三项基本功之一就是教育者先受教育,教育者要始终注重以德立身、以德施教、以德铸魂,不断加强自身的思想道德修养,在先

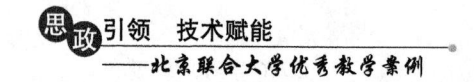

受教育中着力提高自己的"理想信念、道德情操、扎实学识、仁爱之心"，在以德修身的过程中实现以德育人、以德服人、立德树人。

案例1：课堂教学的五个境界，思索中前行

每次开学前我都要读一读刘润清先生谈语言课堂教学的五个境界，主要是为了提醒自己每次课的教学设计是否追求了其中的某些境界，课堂教学结束后，反思我的课堂是否达到了这几个境界。这五个境界从低到高是：第一，起码要充满信息；第二，尽量让信息都是事实；第三，最好把事实放在一个系统中成为知识；第四，更理想的层次是让知识充满智慧；第五，最理想的境界是把智慧上升到哲学。而今，这特殊时期，网络在线课是推动还是阻碍了这五个境界的达成，一直是我思索的问题。目前，我的体会是如果利用好在线资源进行一定程度的翻转，督促好学生平时自学课文，而教师利用有限的在线课堂时间去升华课文的语言知识点，为学生搭建语言学习框架，揭示语言的文化内涵，将有助于提高他们对语言的认知，促进他们跨文化视角和批判性思维的形成。——商务学院计晗老师

二、言传和身教相统一

子曰："其身正，不令则行；其身不正，虽令不从。"教育者只有坚持严于修身、身体力行、以身作则、率先垂范，做到正人先正己、大道我先行，才能为受教育者做出表率和榜样，起到上行下效、师行生效、群起效仿的作用，使受教育者在同教育者的接触以及日常学习和生活中受到潜移默化、春风化雨、润物无声的影响、感化和引导。

案例2：教师的示范，就是无形的课程思政

应用文理学院的常子冠老师在公众演讲与表达课程布置绕口令的练习作业后，他率先垂范，自己每天也完成绕口令作业，通过"小打卡"App程序进行打卡；给每个参与练习的同学点赞，并有选择地点评；对于表现突出的同学，除了置顶学生的练习之外，还会直接分享到班级微信群，通过各种方式鼓励学生。"相对于言传，我更相信身教，老师与学生一起写

作业，一起练习，以此来带动更多的同学加入练习中来，鼓励学生把我PK下去。"

案例3：教师身体力行的影响是最有力的感召

"语言学习本身是需要每天扎实跟进的，在开学前三周，我每天在微信群里推送一到两个与国内外时事或学生生活相关的英文视频，进行简短学习交流和指导，不占用学生太多时间，主要是保证每天有新鲜、纯正语料的输入。"商务学院计晗老师在大学英语Ⅱ课程的教学过程中，将更多的关注点放在学生的学习效果上，注意学生平时的语言浸润。

与此同时，"我一直让学生打卡我设计的地道英语学习栏目——'你以为你以为会是你以为的吗？'开学后，企业微信'投票'工具，使得这一学习打卡方式更为简便，相信每日点滴学习能促进学生日常口语的地道表达"。

三、知识传授与价值引领相结合

推进"课程思政"建设，需要挖掘提炼专业课程蕴含的"思政元素"和承载的"思政功能"，将其融入课堂教学环节，顺其自然而不是牵强附会，潜移默化而不是生搬硬套，采用学生喜闻乐见的方式，润物无声地将知识教育同价值观教育结合起来，使专业课程与思想政治理论课同向同行，形成协同效应。

案例4：从公关专业到人生启迪，育人于无声

应用文理学院的冯春海老师在教授公共关系课程时选择《摩纳哥王妃》电影，从公关专业和人生启迪双重视域下展开翻转教学、研讨教学和视频化案例教学，使同学们初步感知公关的魅力，并获得相应的人生启示。研讨内容从公关专业视角进入到人生视角：我们该如何面对角色、责任与担当？王妃的经历和这部电影给我们哪些人生启示呢？从微信群里的课堂讨论环节可以看到，同学们就角色、责任与担当等进行了中肯、到位和高质量的发言，育人于无声中。

案例5：精益求精的中国工业精神

机器人学院佟世文老师结合过程控制课程特点，引入天气预报的建模案例，引导学生做事要精益求精。为验证天气预报模型，通常要进行大气运动的仿真。一般来讲，当气流遇到比较矮的山时会爬过去，遇到高山时会绕过去。几十年前的天气预报时常不准，在建模的过程中，研究人员发现无论遇到矮山还是高山，气流都会折回来。研究人员百思不得其解。后来，在攀登气象塔、从空中俯瞰地面的时候恍然大悟，原来没有考虑地球自转的因素。在考虑地球自转以后，模型预测精度得到了大大提高。如今，由于遥感卫星等技术的发展，天气预报就非常准确了。

四、潜心问道和关注社会相统一

一场战"疫"就是一堂终身受益的思政课、人生课，为立德树人提供了鲜活素材，用好抗击疫情的实践教材，使学生从中感悟爱国情怀和中国力量，充分理解什么是担当、什么是责任、什么是热爱。

案例6：英语老师这样做——树立文化自信，跟世界交流

（1）师范学院的顾亮和老师在课前与学生分享新冠肺炎疫情期间感想的基础上，通过两个英文小视频，使同学们体会中国人民共克时艰的家国情怀，不管是封城还是交通停运都毫无怨言，给宅在家里在线学习的大学生以鼓舞和激励；引导学生对比中美两国政府对感染新冠肺炎公民的不同做法，切身体会我们党和国家切实把人民群众生命安全和身体健康放在首位，尽最大努力做好疫情防控措施，不惜代价挽救更多患者的生命。通过欣赏 We are all fighters 朗读者质朴而有力的语音语调，感受她为所有正在经历这场疫情的同胞传递信心和希望，让世界听到中国人民不屈的斗志和必胜的决心。

（2）旅游学院的蒋卓颖老师在旅游翻译课上播放视频 We are All Fighters，与学生一起讨论：战"疫"（COVID-19）下的学习生活。旅游学院任俊老师结合当时我国全面打响的疫情防控阻击战，利用企业微信会议

功能，组织同学们讨论与新冠肺炎疫情相关的词汇，指导学生学习新冠肺炎疫情高频词的读音和表达法。通过讲授习近平同志讲话的中英双语版，对学生进行思政教育，体会在应对重大突发公共卫生事件时，中国特色社会主义制度"集中办大事"体现出的制度优越性和中国共产党领导的显著优势。

旅游学院的胡嫣茹老师要求学生学习并掌握新闻媒体中"新冠肺炎"相关的英语热词，重申词性的重要性：以网上一则关于美国确诊的第一例新冠肺炎的新闻错误翻译案例引入讨论，并讲解时事热点新闻翻译，讨论词性的重要性以及翻译者的职业素养。

案例7：工科老师这样做——科技创新改变生活，知识丰富人生

机器人学院的张亚霄老师在物联网控制技术与应用课程中讲授EPC的应用时，告诉学生EPC的应用除了给我们的生活带来很多的便利，还减少了很多传染途径。例如，在各地疫情防控、疫情态势研判和重大决策过程中，电子付账就可以切断纸质人民币这条传染途径。

结合生活中的实例让学生更深刻体会EPC的应用：①验证身边商品的一维条形码的校验码；②自制一个二维码。通过以上两个作业让学生感受到，我们所学的知识和我们的生活是紧密相关的。

案例8：特教老师这样做——聋生的云课堂，更需要教师的倾情投入

特教学院邢蕊老师讲授品牌形象设计Ⅱ——招贴设计课，结合聋生需求进行手语直播授课，根据疫情时事，在公益海报内容讲授中增加"十分"中国环节，教学过程结合历史、文化及国情讲解专业知识点，让学生在进行公益海报设计时思考传统符号在现代设计中的应用，认识到文化传承与发展的重要性。通过与时事结合的招贴设计主题，使学生明白作为一名设计专业人士应具备的社会担当，提高信息敏锐度的同时，更要在设计中宣传正能量以及正确的价值观，和祖国肩并肩，为打赢疫情防控阻击战贡献出自己的力量。

"聋生的心态以及适应能力是出乎我意料的。学生们的学习态度及热

情都不亚于面授上课。遇到问题时都能及时向老师反映，如打手语的速度快慢是否合适、上课时长没有控制好感到疲惫、课堂某个问题没有看懂……"——邢蕊老师

案例9：艺术老师这样做——以"礼"思想，以"仪"践行，用声传情

（1）艺术学院的刘兴云老师结合社交礼仪课的教学内容，给学生上了一堂"非常时期"的"非常"文明礼仪课。刘老师从知识和应用层面、情感和价值层面，引导学生学会控制自己的行为，认识疫情防控礼仪的重要性，在日常生活和学习中自觉运用疫情防控礼仪。学会理解疫情之下，每一个人都是一道防线的理念，树立"礼待自我，礼待他人，礼待自然"的观念；面对疫情，从自我做起，树立当代青年的责任意识。

"我真切地感受到，疫情防控期间与学生在线交流更需要我们对学生进行思想的引领和精神的鼓励。其实这种'云端'上课的方式，为我们开展'课程思政'提供了更大的平台和更丰富的教学手段。在之后的教学过程中，我将进一步关注学生的思想动态，深入挖掘教学内容中的'思政'元素，与学生一起共克时艰。"——刘兴云老师

（2）艺术学院的王少艳老师在声乐训练（Ⅱ）课程中，让学生通过声乐课的学习，学会用歌声表达情感，用歌声表达对美好生活的愿望，抒发对祖国大好河山的赞美。通过对歌曲的分析，让学生知道：无论是1998年的洪涝灾害，还是当前的疫情，只要全国凝聚一心、团结一致就能战胜一切困难，从而提高学生的凝聚力，有感而发进行演唱。

案例10：管理学院老师这样做——审计学中有担当，专业伦理潜课堂

（1）管理学院李俊林老师在审计学课程中通过让学生观看疫情期间奋战在防控斗争一线的医务人员和焦点访谈中审计作用的小视频，引发学生思考：什么是责任和担当？人生的意义何在？引导学生树立正确的人生观和世界观；通过梳理并讲解第一章审计概述的主要内容，包括审计的产生与发展、审计的本质、审计的种类以及审计组织和审计人员，不失时机地融入思政元素，如介绍审计的产生与发展时，引导学生思考马克思主义唯

物史观、认识事物的基本方法，促进学生身心健康全面发展。

（2）管理学院的王晓红老师在讲授网页设计与制作课程中，注重培养学生遵守网络信息发布与传播基本规范和相关法律的意识，在网页制作过程中强调不要随意转载网络信息，不要传播虚假信息，使用网络图像时要注意版权问题等。

三全育人和课程思政现已成为联大教师的两个高频词，"课程门门有思政，教师人人讲育人"的氛围已经形成。全体教师正积极在课程思政的道路上努力践行，将教书育人的内涵落实在课堂教学主渠道上，让所有课程都上出"思政味道"，让立德树人"润物无声"，我们相信在课程思政的大课堂上必将涌现出更多优秀的教师和案例。

撰稿人：北京联合大学教务处张春艳

玉汝于成

课程思政——培育大学生和谐美丽的精神家园

课程思政是一种教育理念,是落实立德树人根本任务的重要课程观。我们的教育,培养的是德智体美劳全面发展的、能够担当民族复兴重任的社会主义建设者和接班人。大学教师不仅要向学生传授科学文化知识,还要善于培养学生热爱学习、勤于思考、百折不挠的态度,同时要着意涵养学生爱国爱家、勇于担当、甘于奉献的精神品质。

一门课,在注入课程思政的理念之后,就有了新的生命与活力,就成为培育大学生和谐美丽精神家园的源泉。一个和谐美丽的精神家园,主要包括深厚的家国情怀、充实的精神世界、健康的人格品质。

一、厚植家国情怀,传承中华文化

课程思政的一个重要内容就是要培养学生实现民族复兴的理想和责任。每一个人,只有知道自己的根在哪里,才能有归属感和使命感。在课程中厚植家国情怀,传承中华文化,是开展课程思政建设的必然要求。家国情怀是一种大爱,有时激昂,有时深沉,有时壮阔,有时细微,大学生要自觉地将自己的理想和责任与国家人民的需要相扣合,与世界潮流时代强音同向共振,更好地实现自己的人生追求与价值。

教师应当激励学生自觉地把个人理想追求融入国家发展、民族复兴的事业当中,练就过硬本领,投身强国伟业,用中国梦激扬学生的青春梦。

案例1：应用文理学院叶莎莎老师档案文献编纂学课程

叶莎莎老师在档案文献编纂学课程设计中融入爱国主义教育思政元素，帮助学生了解我国珍贵的文化遗产，让学生了解我国珍贵的"侨批"档案，同时也让学生了解中国入选世界记忆遗产的项目，如清代科举大金榜（2005年入选）、清朝"样式雷"建筑图档（2007年入选）、《本草纲目》（2011年入选）、中国侨批档案（2013年入选）等。

案例2：管理学院李立威老师互联网内容运营课程

李立威老师在互联网内容运营课程讲授中润物无声地融入课程思政元素，鼓励同学们为疫情期间家乡滞销的农产品提炼卖点并撰写推广文案，体现当代大学生的担当和社会责任感。在讲解短文案写作方法时，特别强调真实的重要性，强调不能为了流量做标题党、撰写或传播虚假信息等。

二、注重精神世界的充实与提升

课程思政要求把自由、平等、和谐、公正等社会主义核心价值观内容融入课程之中，要让这些理念与思想成为构建大学生精神世界的基本元素。人的精神气质主要来自所接触的文化习俗及所接受的教育的影响。对我国学生具有重要影响的文化主要有中国传统文化、革命文化以及西方社会的一些文化。课程思政教育要吸取各类文化的精华，广纳文明成果为我所用。许多文明成果经过岁月沉淀、时间磨洗已成为闪耀人类文明进步光辉的桥梁。如传统儒家经典就有"为天地立心，为生民立命，为往圣继绝学，为万世开太平"这样的仁者情怀和大无畏气概。又如，革命战争年代所形成的"一切依靠群众、一切为了群众""独立自主、艰苦奋斗"等红色文化与精神品质，已经成为我们战胜一切困难和挑战的精神支柱和信心之源。另如，西方文化中的重视法制、看重契约精神等特点，也是建设现代化国家所必备的精神要素。

让新时代的文明火炬烛照学生们的精神世界，是建设课程思政的重要方面。

案例3：智慧城市学院章学静老师电子技术基础课

在讲授电子技术基础课时，章学静老师给同学们推荐经典好书。法国名著《小王子》是一本"最温馨、最真挚、最感人的故事，写给大人的关于爱与责任的童话，一则充满生命和生活哲理的寓言"，全书字数不多，也容易理解，特别适合学生抗"疫"期间居家阅读，以缓解学生的紧张情绪，见图1。

> **课堂特色：创新"课程思政"形式，线上"i阅读"活动。**
>
> 本学期开始了"i阅读"活动,具体操作是每次直播时，用3~5分钟给学生分享自己读过的经典好书，这些书是各大高校、名家名师推荐的，比如《小王子》《人类群星闪耀时》等。家里有这些藏书，上课时推荐给学生看也比较清楚、方便。
>
> 本周给学生分享了法国名著《小王子》的读书感受，《小王子》是一本"最温馨、最真挚、最感人的故事，写给大人的关于爱与责任的童话，一则充满生命和生活哲理的寓言"，书很经典，不厚也容易理解，特别适合学生抗"疫"期间居家阅读，以缓解学生的紧张情绪。还给学生分享了自己到日本东京箱根小王子博物馆参观的体验和感受。作为一名教师，每次出国或外出调研都会有心积累这样的素材，我给学生分享的思政内容都是自己原创的或亲身经历的，会给学生"耳目一新"的感觉。

图1 电子技术基础课教案

案例4：生化学院吕明老师国际工程管理课程

在讲授国际工程管理课程中，吕老师结合我国近年来对巴基斯坦及非洲国家的国际援助工程体现出的我国大国援建精神，通过援建工程项目共同构建人类命运共同体，让学生树立人类命运共同体的理念。

三、健康人格的教化与养成

课程思政的重要内容之一就是要把做人做事的基本道理,如奋斗、敬业、诚信、友善等道理有机地融入教学,为教化和养成学生健康的人格发挥作用。习近平同志说过,"奋斗是青春最亮丽的底色"。今天生活条件好了,但奋斗精神一点儿也不能丢。"奋斗的道路不会一帆风顺,往往荆棘丛生、充满坎坷。强者,总是从挫折中不断奋起,永不气馁。"这些宝贵的人格品质,应成为学生成长道路上的永久陪伴。

"合抱之木,生于毫末;九层之台,起于垒土;千里之行,始于足下",青年学生正处在人生成长的关键时期,学习能力最强,接受新事物最快,精力最旺盛,可塑性最强,处于人生的"拔节孕穗期",然而要做事先做人,青年人首先应具有健康的人格,懂得感恩,懂得奋斗,明白幸福的生活来之不易。

案例 5:艺术学院阮海云老师的音乐赏析课

为了帮助学生增强克服困难的勇气和斗志,阮老师特意选择了《黄河大合唱》和《长征组歌》作为"大型声乐体裁"的主要教学谱例,并且还围绕这些作品开展了头脑风暴。学生们被这些优秀的音乐作品深深地打动了,他们在头脑风暴中真切地抒发了自己欣赏作品的感受,并表示一定要向革命前辈学习,以他们为榜样,不怕困难,知难而进……音乐的力量是巨大的!

案例 6:应用科技学院王新苹老师工程数学课程

王新苹老师说:"一方面,我会随时关注学生们的信息资源,尤其是对本班学生的报道。面对疫情,看到有学生参加抗击疫情志愿公益活动时,会及时在企业微信群里进行宣传并表扬他们,让其他同学学习他们'学习公益两不误的精神'。另一方面,我仍然会随时挖掘课程思政元素,比如在课程中,讲到行列式按行(列)展开定理时有这样的结论,行列式等于它的任一行(列)的各元素与其自己对应的代数余子式乘积之和,而行列式任一行（列）的元素与另一行（列）的（不是自己的）对应元素的代数余子式乘积之和等于零。根据目前北京新冠肺炎新增人员全是境外输入的情况，我利用这个定理向学生解释说明。"

撰稿人：北京联合大学教务处吴智泉

坚守教育情怀 战"疫"云课堂

习近平同志在全国高校思想政治工作会议上强调,"高校立身之本在于立德树人。要坚持把立德树人作为中心环节,把思想政治工作贯穿教育教学全过程,实现全程育人、全方位育人"。

北京联合大学不断深化课程思政建设,坚持思想引领与知识传授的有机结合,将思政教育元素贯穿在课程实施全过程中。目前联大课程思政已覆盖到2016级至2019级四个年级,涉及不同类型课程。联大教师围绕课程思政三方面主要内容(见图1)挖掘课程思政元素,并有机融入课堂教学。

做人做事的基本道理

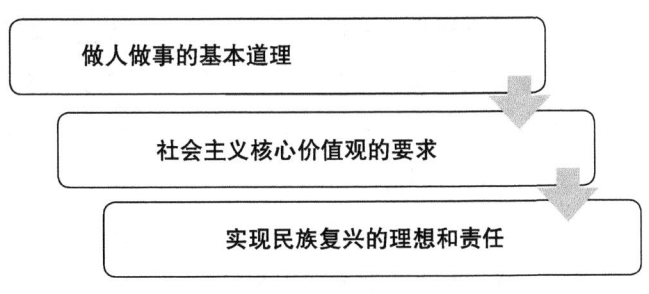

社会主义核心价值观的要求

实现民族复兴的理想和责任

图 1 课程思政三方面主要内容

一、因时而进,育人"润物细无声"

疫情期间,本着"停课不停教、停课不停学"的原则,联大将线下教学转为线上网络教学,教师以"立德树人"为教学的根本任务,结合网络教学的特点,不失时机地着力锻炼培养学生乐学的态度、善学的能力,形成好学的风气。

案例1:机器人学院韩玺老师现代传感器原理及应用课程

机器人学院的韩玺老师,根据现代传感器原理及应用课程知识点本身就具备碎片化的特点，让学生通过在线自主学习电阻式传感器基础知识，再通过单元测试检验学生的学习效果。本着"科学任务带动人才培养"的教学理念，通过企业微信群直播，指导学生研读学术论文的方法，了解学术论文的基本结构，积累课程大报告素材。在完成直播课教学内容后，指定5名同学各自查找1篇学术论文，并在下次直播课时以会议的形式进行5分钟／人的研读汇报。通过这样的方式不仅引导学生多读、多想、多思，提升自主学习能力，而且能够促进学生逐渐形成科学严谨、富有逻辑的工科思维。

案例2：基础课教学部张立新老师高等数学Ⅱ课程

基础课教学部的张立新老师讲授高等数学Ⅱ课程，他在课前发布教学资源及教学要求，在BB网络学堂的讨论板和企业微信课程群里发布话题，让学生参与讨论，培养学生分析问题、解决问题的能力。课后在网络学堂讨论板里发布任务，引导同学们踊跃提交他们的解题方法，既巩固课上所学，又拓展学生思路，还能增加学生学习的积极性，使学生养成积极思考的习惯。课下让学生根据课上所学做知识网络图，厘清知识点脉络。张老师构建学科专业知识网络，利用知识网络化的思想进行教学，并采用适当的方法帮助学生建立自身的知识网络，有效改善了学生的学习和思维方法，提高了学生综合运用知识的能力和创新能力。

案例3：机器人学院赵林惠老师单片机原理课程

机器人学院赵林惠老师制作"光荣榜"树立学习榜样，通过荣誉感引导学生积极向上，进而形成人人好学的风气。赵老师提前统计好前一周的学习数据，根据上传的学习照片选出状态标兵，根据讨论区发帖活跃度选出交流标兵，根据课堂测验和作业得分情况选出成绩标兵。进入直播后，利用等待开始的时间播放"光荣榜"。

二、因势而导，价值引领专业性

在教学过程中，教师除了引导学生做人做事的基本道理，还要充分发挥课堂立德树人的"主渠道"作用，将思政教育与专业课程进行充分融合，培养学生的专业素养、专业能力及爱国主义情怀。

案例4：管理学院田玲老师网络营销课程

管理学院田玲老师在讲授网络营销课程过程中，以 OBE 理念为导向，以企业家精神为主线，选用网络营销相关的创新创业案例导入，通过生动的多媒体课件，以实际案例生动、真实地讲解网络营销相关的概念和方法；结合岗位需求和职业素养，组织学生进行小组合作交流学习，讨论本教学单元的疑难点，小组交流汇报，教师进行点评与讲解。通过小组协作交流学习，树立团队合作意识，锻炼沟通技能和表达能力，同时培养学生领悟网络营销从业人员的岗位需求和职业素养。

案例5：应用科技学院田雪姣老师经济学课程

应用科技学院的田雪姣老师在讲解 GDP 核算这部分内容时，为同学们准备了一份非常震撼的视频，视频展示中国从 1962 年至今的 GDP 变化过程，并对中国经济的未来发展做了预测。视频非常直观地展示了改革开放之后我国经济的飞速发展，视频播出后，同学们都表示受到了强烈的鼓舞，激发了他们的民族荣誉感与自豪感。与此同时，在讲解到 GDP 的福利缺陷时，她向同学们展示了我国在追求 GDP 增长的同时，注重保护环境与兼顾社会公平。另外，我国提出了经济"可持续发展""经济高质量发展"以及"绿水青山就是金山银山"的发展理念，让同学们深切体会到中国在全球大家庭中的使命感、大国风范和长远智慧。

三、因实而华，投身战疫大课堂

学校教师密切关注抗疫形势，紧密结合专业课程特点和疫情防控进展，及时将战"疫"一线涌现出的先进人物、典型事迹融入教学之中，充分发掘爱国主义、社会主义制度优势、生命教育、感恩教育等思政素材，在传授知识和培养能力的同时，将价值观塑造贯穿始终，培养学生战胜疫情的信心和正确的人生观，让同学们从感性角度上升到理性思考，切身体

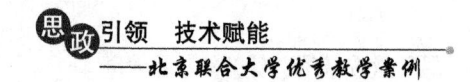

会到中国速度、中国力量和中国精神。

案例6：公共外语教学部李丹丹老师大学英语Ⅱ课程

公共外语教学部李丹丹老师在所讲授的大学英语Ⅱ课程中，通过疫情新闻阅读和讨论，帮助学生近距离接触平凡又伟大的一线人物，反思大疫情下包括师生在内的小人物们的奉献和坚守。例如，学生在前一周阅读 ChinaDaily 的疫情新闻后，在播报活动中评价快递小哥战"疫"故事——"Delivery man fight epidemic by keeping residents at home"。有的学生说"Everyone can be a hero at this time"，有的评价快递小哥的工作"an industry that plays an important role"。课中讨论时，大家对这一平凡行业群体的奉献表示了敬佩，并呼吁同学们尽量少叫外卖，降低快递小哥们的风险。

案例7：应用文理学院戴红老师Access数据库应用课程

应用文理学院戴红老师在讲授Access数据库应用课程中，指导学生在关注疫情的同时，从计算思维和数据建模的角度，重新认识世界以及正在发生的事情，进行更全面深入和科学专业的思考，开展相关讨论，完成以此为主题的数据库大作业，记录特殊历史、保存珍贵资料，为坚定信心、研判疫情、科学防治、精准施策提供帮助。

案例8：机器人学院赵林惠老师单片机原理课程

机器人学院赵林惠老师在单片机原理课程讲授过程中结合当前疫情的应用案例"小笨智能干雾机器人"，通过分析产品技术特点，一方面使学生开阔视野，帮助学生树立专业自信；另一方面让学生认识到学习专业知识的重要性，进而培养学生的责任意识。

案例9：艺术学院高璐静老师动画设计Ⅰ——原画设计课程

艺术学院高璐静老师将所教授的动画设计Ⅰ——原画设计课程大作业调整为以"抗疫"为主题的艺术创作，鼓励同学们一定要珍惜千万人奋战给我们带来的安宁,通过网上学习共同努力抗击疫情,为我们国家能够顺利度过难关贡献自己的力量!最终该班 16 名同学共同完成以"抗疫"为主题的艺术作品 165 张。高老师在教学反思中这样写道:"在课程开展之初,有同学不理解创作主题,经过老师长时间的耐心指导,学生终于理解艺术来源于生活并最终要为社会服务的道理,懂得了不朽的艺术作品都充满了真实的人类情感。通过深挖主题,同学们切身体会到疫情期间祖国强大的组织动员能力、高效的决策能力,以及透明的信息处理能力,同时也感受到人民在灾难面前共同进退的团结精神、捐款捐物的奉献精神、众多逆行者的牺牲精神,以及国家的伟大、人民的伟大,使其受到一次思想教育,这比口头说教要直接深刻得多。"

新的时代,新的挑战,突发的疫情下,教师们虽然没有冲在治病救人的第一线,却坚守在教书育人的最前沿,化疫情之"危"为教育之"机",让学生在现实的真切体验和正向的课程思政中体验到满满的正能量,做到了云端教学与思政教育相结合,不断拓展和创新课程思政新途径!

撰稿人:北京联合大学教务处刘佳

在学生心中播撒真善美的种子

云端教学已开始两月有余,面对这场史无前例的大规模在线教学,每一位教师都体验了从紧张到兴奋,再到从容的心路历程,正如教育部高教司司长吴岩所说,"从现在起,我们要把这种新鲜感转变到高等教育教与学的新常态,这是疫情期间在线教学实践给我们留下的弥足珍贵的经验与成果,要很好地持续下去"。为实现"思政课程"与"课程思政"双翼齐飞,北京联合大学全校总动员,全体教师正积极地不断探索挖掘各门课程所蕴含的思想政治教育元素的广度、深度,以及有机融入课堂教学的效度,用理想信念指引教书育人,在学生心中播撒真善美的种子;通过课堂教学主渠道,将思想政治教育的"精神养料"浇灌到大学生的心田,在春风化雨中落实立德树人根本任务,达到育心铸魂之功效。

一、弘扬传统文化,坚定文化自信

中华民族几千年来形成了博大精深的优秀传统文化,这为挖掘课程思政元素提供了深厚力量和重要资源。应用文理学院张登毅老师在课程中通过文物见证历史、以史鉴今、启迪后人,让文物说话、把历史智慧告诉我们,激发学生的民族自豪感和自信心,从而引导学生坚定文化自信。城市轨道交通与物流学院孙静老师在课程中引入经典文化,培育学生诚信、廉洁、谨慎、利他的优秀品质,将美德和修养内化于心。

案例1:以史为鉴,启迪后人

正如应用文理学院张登毅老师所说,教师的使命是教育,而教育的本质是"生命影响生命的过程",教师在课堂上的一切,是对学生生命的影响。教师的"教"是为学生的"学"服务的。他的文物测绘与资料整理课程通过对考古发掘与考古地层学的讲解，强化文物出土背景的重要性，丰富和深化文物作为文化遗产的内涵和外延，把习近平同志的重要指示精神落实到课堂，让文物"活起来"，深化保护文物及文化遗产的意识。同时帮助同学们树立思想：文物是历史文化研究和现代科技文化创新、发展的依据；历史文物是道德教育的好教材，对加强德育教育、以德治国具有重要的意义；文物是先人为我们留下的宝贵财富，具有证史、借鉴及教育等重要作用。

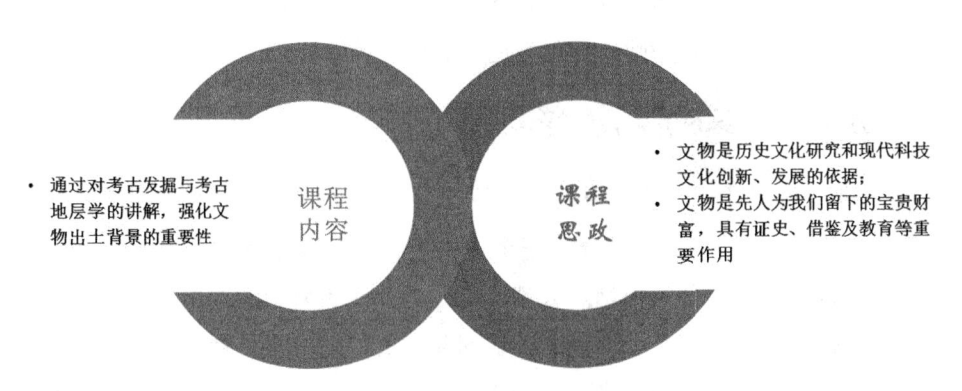

图 1　考古发掘与考古地层学内容中的思政元素

案例 2：引经据典，领悟做人道理

城市轨道交通与物流学院孙静老师结合采购管理课程自身的特点，在教学中尝试引入经典文化。做好采购工作，除了专业技能外，更重要的是需要具备诚信、廉洁、谨慎、利他等多种品质，以及竞争、合作、双赢等理念。在授课中，通过引入的案例透射出这些经典文化的素养，使学生在掌握专业知识的同时，也将所需的美德和修养内化于心。借助经典文化潜移默化地影响学生的思想观念、行为和生活方式、情感样式，提振他们的精神力量，让他们能以更饱满的精神和动力投入到日后的学习和工作中。学生从授课内容中自己领悟到了做人的道理，之前没有言明的意图已经达到。

二、隔屏也走心，爱在细微中

教育是一门"仁而爱人"的事业，爱是教育的灵魂。旅游学院修宇老师和智慧城市学院张争珍老师坚守教育情怀，以情动人，用爱培育爱、激发爱、传播爱，通过真情、真心、真诚拉近与学生之间的情感距离，滋润学生的心田，使自己成为学生的好朋友和贴心人；她们把自己学习学科知识的方法、体会和收获呈现给学生，让学生在教师的以身示范中去体验、感悟；她们用自己掌握知识的方法教育学生，用自己掌握知识的结果去引领学生，达到"学高为师、身正为范"的育人效果。

案例3：架起爱的桥梁，做好学生的引路人

"晚一秒到手，学习就多耽误一秒""磨炼这回事情，就如同风雪中的梅，愈冷愈开花"，旅游学院修宇老师在她的生物化学课程上常用这些激励的话语，给学生们以鼓励。云端上课，缺少了面对面的视觉交流，她特别注意依靠语音语调变化、停顿、提问等方式实现对学生的知觉唤醒、维持注意、激发探究。针对多数同学感觉知识点多，记忆、理解有困难，她就发布"导学"，提出更明确清晰的学习"指令"。教学内容的设计上也更严谨、更丰满，注意让学生发现新知识与已有知识和生活经验之间的联系，让学生发现新知识可以用来解决生活中的实际问题。在学习的不同阶段根据学生的需要持续地给予支持和维护，使学生对成功拥有更高的期望，相信自己能够取得成功，使学生觉得所学知识有用、做的还不错等，从而激励学生主动持续学习。

修宇老师分享了自己学习生物化学的历程，在本科、硕士学了2遍，考博前又去大学蹭课，到后来教学工作中又经历了5轮打磨，所以特别理解同学们在初次学习中的困惑与迷茫，以此和学生实现情感共鸣。然后分享自己的学习方法，邀请大家加入线上答疑，使同学们感受到在学海泛舟的同时有老师相伴。学习的过程虽然艰辛，学懂后却也会成倍收获喜悦。这样的奋斗经历将会伴随我们一生，成为人生进步的筹码。

案例4：好的教育，能够打开学生的心扉

智慧城市学院张争珍老师为了能够顺利开展短距离无线通信技术课程直播教学，全身心投入到学习使用各新型平台之中，不断摸索适合学生的教学方法，通过短视频的制作工具比如抖音、哔哩哔哩、快手等，给同学们制作一点课堂小知识视频，增加一些趣味性。向同学们讲述该课程在科技发展和应聘工作中的重要性，如我们的网络教学和短距离无线通信技术必不可分。在完成本节课书本上知识点的基础上，补充一些相关知识点，如针对大家关心的疫情分布情况，可以通过WiFi定位来查看，同时叮嘱大家注意疫情期间的防控并积极配合学校实时上报情况。

三、聚焦疫情重融入，激发爱国励志情

用好疫情"活教材"，将专业知识的学习与当前疫情防控紧密结合，向学生传递科学严谨的治学态度的同时，激发学生的家国情怀。虽不能上战"疫"一线，但我们可以用自己的方式表达对家国的热爱、对奉献者的敬意。师范学院赵佳老师让同学们以画笔为戈，共同抒发抗击疫情的决心；基础课教学部倪小虹老师用专业的数理统计知识，教同学们为口罩厂解决人员缺少但产量不变的危机；商务学院宗艳红老师教学生如何用国际视野看疫情，思辨什么是企业家精神。

案例5：用画笔描绘希望，以作品凝志战"疫"

师范学院赵佳老师所教授的绘画Ⅱ课程，以色彩装饰画来表现"战疫"和爱党爱国的主题。在全国人民抗击疫情的大环境下，同学们感受到了团结抗疫的力量，并充满了对奉献者的敬意和对生命的珍惜。学生说，"感觉收获很多，每一次起笔，都是灵感的绽放"，他们用手中的画笔把这种感受表达出来。很多同学们都选择表现"战疫"这一主题，也有同学表达了对我们国家和民族的热爱之情，整个活动充满了正能量。

案例6：营造线下课堂氛围，运用数理知识助战"疫"

基础课教学部倪小虹老师讲授高等数学Ⅱ课程时，在等待学生进入会议室的时间段，她为学生分享《琴键上的战疫时间线》，舒缓学生的心情，调整状态，感受"莫道春光难揽取，浮云过后艳阳天"的景象。选择学生熟悉的上课铃声，在正式授课前响起，并设定在45分钟后自动打下课铃，在一对一的网络授课时营造线下课堂的氛围，满满的仪式感，增强学生的角色代入感。

倪老师结合实际，设计应用案例——受疫情影响，口罩厂如何调整人员以保证在缺少工人的情况下其产量不变。

案例7：思辨企业家精神，用国际视野看疫情

商务学院宗艳红老师讲授大学英语Ⅲ课程，讲到海尔在美国打造"酷"形象时，以课文内容为"表"作为处理素材，通过评论、阐释、提问等方式，对企业家精神进行辨析，鼓励学生进行思辨性思考，引领价值认同。她将每课中的重点词汇对应在党政文件英文版中的句子摘取出来，补充到例句中，不但增加了这些重点词汇的学习厚度，而且也将蕴含的思政价值挖掘出来，从而达到思政赋能词汇学习的效果。

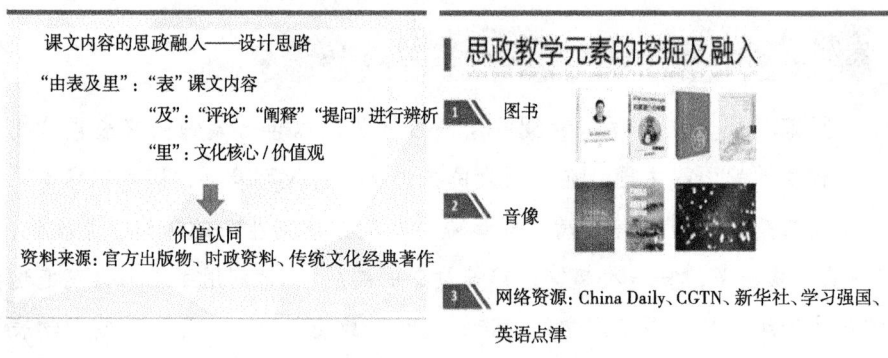

图2　思政教学元素的挖掘及融入

疫情之下,"云端"之上,课程思政的教育理念已走进每一位教师的心里,他们自觉将真善美的种子埋进学生的心田。"一花独放不是春,百花齐放春满园。"北京联合大学的校园里,思政之花次第开,姹紫嫣红入画来。

撰稿人:北京联合大学教务处张春艳

践行"学生中心",助力"拔节孕穗"

青年学生正处在人生成长的关键时期,学习能力最强,接受新事物最快,精力最旺盛,可塑性最强,处于人生的"拔节孕穗期"。大学教育不仅要帮助学生在头脑中主动构建特定的专业认知模型、获取专业知识、锻炼专业能力,还要塑造培育学生的价值观、道德情感、意志品质等。

云教学环境中,要坚持"学生中心"理念,围绕学生发展、学生学习、学习效果等方面开展课程思政建设,将课程学习目标与思政教育目标有机结合,强化教学设计。只有围绕提高学习效果,思政教育元素才能更好地融入;只有围绕学生学习,针对专业特点挖掘思政教育元素,才能收到更好的思政效果;只有围绕学生发展,站在学生视角,解决学生关心关注的问题,才是融入思政教育元素的有效策略方法。

本期案例经编者整理提炼,呈现了部分教师在教学设计、教学过程中践行"学生中心"理念的经验做法,从中可以看到,"学生中心"理念与深化课程思政建设具有一致性。

第一,只有提高学习效果,思政教育元素才能更好地融入;只有针对专业学习特点提炼思政教育元素,才能收到更好效果。课程思政教育必须紧紧围绕学生的特点、专业的特点、时代的特点,才能让教育元素更好地落实到教学的实践中,才能做到"润物细无声"。

案例1:管理学院段华老师基础会计课

段华老师在云教学中通过心理建设、增加仪式感等措施,提高学生的学习效果,并根据学生提出的问题设计调查问卷,逐步实现"学生的课堂学生做主"。

(1)在授课开始之前,给学生进行心理建设,帮助学生克服疫情期间的情绪波动给学习带来的不利影响。对于不能按时上课的个别同学，问清缘由，单独沟通，单独解决问题。

（2）在授课过程中，严格按照课表时间正式上课，每次上课下课都播放铃声，就像大家真正走进教室学习一样。这样的仪式感使学生尊重线上课堂，可以更好地投入到学习中来。

（3）在课后总结时，请学生对已经学过的内容畅所欲言，根据学生提出的问题设计调查问卷，根据学生对调查问卷的回答调整教学进度和方法，逐步实现"学生的课堂学生做主"。

（4）在基础会计课程中，让学生懂得财务人员最重要的品质就是遵纪守法、诚信公正。因此在教学设计过程中，引导学生学习会计法规体系的核心内容，使学生知法懂法不犯法。因此在云班课中设计了头脑风暴，"以某会计师事务所作为案例，让学生判断哪些行为违背了什么会计原则？"学生会自主认识到遵纪守法的重要意义。

案例2：商务学院王彤彤老师财务管理双语课

王彤彤老师基于学情数据，分析学生诉求，进行精细化教学设计，以问题为导向，耐心启发引导，培养学生发现问题、提出问题、解决问题的能力。

在开课前一周，教师通过学生处老师联系班干部，建立学生微信群，并加入有重修意愿的学生，使用问卷星了解学习目标、教学方式、学习评价等诸方面问题，回收有效试卷44份。通过调查，教师提取代表性的学情如下：

（1）学习目标：66%的学生学习目标高度集中于就业与毕业。此外，证书考试占比62%，考研占比也较以往显著提高，达到45%。学生学习诉求更加多元化，教师授课目标兼顾的难度增大。

（2）教学方式：出乎意料的是，86%的学生更青睐传统的教室授课，48%的学生可以接受网络教学，教师进行线上教学设计时可以考虑将教室教学的特定元素进行有效迁移。

（3）学习成果：82%的学生倾向于"拥有良好的学习体验"，80%的学生倾向于"记住章节的知识点",希望"拥有判断、决策能力"的学生达到75%,希望"加深知识体系的理解"的学生占比64%,"形成良好的自学能力"与"提供课本以外的新知识"也分别得到55%与50%学生的选择。总体而言,千禧一代更看重体验、能力与知识并重的学习过程与成果导向。

(4)课堂建议:面对开放的问题,老师依然成为中心,知识点、每节课、作业、答疑、顺利是学生集中关心的话题。传统的成果输出仍然依赖于每节课的讲授(见图1)。

图1 "课堂建议"词语云

基于学情调查结果,课程的教学定位为"唤醒""辅助"与"支持",提升学生的满足感与成就感,减少学生的挫败感。在教学过程中适时融入思政元素,寓无形于有形,并引导学生在日常学习中积极践行。首先倡导学术诚信,养成乐学、好学的习惯;在小组活动中注重培养团队合作、自我学习、自我表达的能力,倡导小组之间竞争合作、努力进取。在专业知识学习过程中,建立专业伦理认知与良好的职业道德,在拓展学生国际化视野的同时,特别注意建立国家认同意识,尊重多元文化,从点滴小事塑造责任意识。此外,关注互联网上人们的言行,适时发布讨论区发帖规则,提示讨论时尊重他人的不同意见,荡涤污泥浊水,共塑网络之清朗空间。

第二,只有站在学生视角,解决学生关心关注的问题,才是融入思政教育元素的有效策略。根据学生的特点,有针对性地设计、组织思政元素,是确保专业学习目标和思政教育目标实现的基础性工作。

案例3：外语部都宁老师视障生大学英语Ⅱ课

都宁老师根据视障生的特点，并结合所学专业特点，将自信培养、英语学习、专业情感有机融入教学过程中。

（1）学生才艺展示。特教视障生是一个有朝气的群体，他们心怀理想和憧憬从全国各地来到北京求学。有些学生英语水平很弱，但多给予他们鼓励，给予他们自我展示的平台，就能看到他们身上在不同方面都有闪光点，所以在都老师的英语教学中，每次课都设计一个才艺展示的环节。针推班孙稟贺给同学们进行简单科普，讲述了量子是如何被发现的，量子是什么。由科普小故事引出"跳出固有思维圈"这一话题。通过提问"如何添加一笔将罗马数字Ⅸ变成6"，引发思考如何通过不同视角解决问题，继而表达了自己的观点：解决问题的方法很多，抱着必胜的信念就可以。音乐班有一个曾在英语课堂回答老师问题时战战兢兢的学生，如今也充满自信地站在讲台前，在才艺展示环节给同学们清唱歌曲。在小组活动环节，她优雅自如地坐在钢琴前给其他同学伴奏。都老师深深地感受到：教师能够传递给学生的知识也许有限，但能给予学生的激励和爱可以无限，而激励和爱可以最大程度地激发他们的潜能。

（2）结合疫情培养专业认同、提升英语水平。在课堂环节中，教师设计了头脑风暴有关疫情的词汇、翻译、听力等环节。此外，在本次战疫过程中，中医发挥了巨大优势，都老师将相关材料发给学生学习，增强针推班学生的专业信念，激发他们的文化自信。都老师还将抗疫公益歌曲推送给音乐班的学生，让他们自己听写出英文歌词，鼓励音乐班学生好好学习专业知识，增长本领，将来积极将中国音乐作品推广至世界各地。

案例4：应用科技学院肖琳老师C语言程序设计课

肖琳老师采用"按课表集中授课 + 集中答疑 + 一对一辅导"的方式来进行教学，发扬线上教学环境优点，进行较充分的互动交流，了解学生学习情况，及时解决问题，保证教学目标的实现。在教学过程中，根据学生实际，让学生认识自己、接纳自己、肯定自己、提升自己，实现课程思

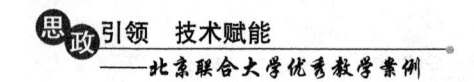

政教育目标。

由于专科学生在自学能力方面较本科生会有一定差距，有些同学不是不想学，而是不知道如何学，尤其面对这么多的网络资源，没有教师课堂的教授和同学的带动，可能更难跟上学习进度。所以，为了保证学习效果，采用"按课表集中授课 + 集中答疑 + 一对一辅导"的方式来进行每周的教学。

1. 在企业微信中按课表集中授课

在企业微信中利用"文字 + 图片 +Live 直播"的方式授课，依据提前准备好的教案，尽量模拟线下课堂教学的步骤，带领全班同学按步骤完成在线学习：

第一步：在企业微信中用回执消息的方式发布 Step2 的任务要求，可以查看学生的活跃情况，对于不活跃的学生做单独提醒。

第二步：在慕课后台实时查看学生完成情况，在企业微信群中有针对性地选择学生进行课内分享，引发讨论，鼓励同学们积极参与。

第三步：在企业微信中随时进行答疑，对于比较常见的问题，不要着急回答，鼓励同学们互相帮助，营造良好的学习氛围。

第四步：对于普遍的问题或者比较难理解的问题，在企业微信中开直播进行集中讲解。

2. 在企业微信中集中答疑

3. 在企业微信中一对一辅导

通过每堂课的言传身教、私下的交流指导，学生对学习的热情在不断高涨。在这样一个特殊时期，能够学会合理规划自己的时间，遵守学校的规定，不离家、不返校，用心投入到专业学习之中，对于学生来说，这本身就是一种磨炼。相信通过这学期的网络学习，同学们都会有所成长，重新认识自己。肖老师还有一个小秘密没有告诉学生，她选择的中国大学 MOOC 是一门面向本科生的国家精品课程。她想在期末的时候告诉学生：本科生的课程，你们也可以学会！

案例5：师范学院奥登老师学前教育学课程

学前教育系相关调研结果指出，教与学过程的二元分离，导致教的内容、方式与学生需要不一致，教学设计要以学生需求为先导，改变学生不愿学、被动学、不会学的现状。在课程第一节课，奥登老师对学生想要学习的课程内容和拓展内容进行了调查，初步分析学生更想学习实践性内容，比如学前儿童教育教学案例，研究方法、论文写作等。同时，大部分学生认为线上同学之间的"聊天聊地"式的讨论更能增加学习兴趣，拓展知识面。因此，奥登老师根据学生需求，适当改进教学方式和内容，他特别增加了文献阅读内容，在复习总结中，引用相关参考文献，并将文献拆解，分析其研究过程和方法，初步培养学生的科研能力。

案例6：管理学院边婷婷老师管理沟通课

边婷婷老师根据联大学生的学习基础，选取适合的沟通案例、视频和学习资料作为补充教学资源。

她在每讲后设置一些测试题，并且立足教学对象，特别设计"沟通观察月记"。

由于Spoc课程内容不能完全契合联大学生的学习基础，根据疫情时期实际状况，学生居家与家人和亲朋好友的沟通机会较多，边老师设计安排"沟通观察月记"，并在小组里讨论和整改，通过小组合作学习和师生互动的讨论，加深学生对知识点的理解和运用，并做到应用于实践。

在多目标的教学改革实践中，坚持"学生中心"理念，围绕学生发展、学生学习、学习效果等方面，主动对云教学的教学内容、教学方法、教学手段进行改革探索，深化课程思政建设，是教育工作者的责任与使命。

撰稿人：北京联合大学教务处吴智泉

思政引领　技术赋能
——北京联合大学优秀教学案例

打造实现学生更好发展的金钥匙

云教学期间，联大教师思想统一，认识明确，把课程思政建设作为落实立德树人根本任务的基础性和全面性工作，挖掘各门课程所蕴含的思想政治教育元素，并融入课堂教学各环节，实现思想政治教育与知识体系教育的有机统一。在第十一周的教学中，广大教师结合课程各自"出招"，找准课程思政的切入点，大幅提高课程思政供给的"引领性""精准性""有效性"，努力打造实现学生更好发展的金钥匙。

一、强化学生主体地位，推进课程思政建设工作

课程是高校人才培养的"最后一公里"，为此必须提高课程质量，实现从"水课"向"金课"的转变。"金课"建设不仅应该强化教师课程教学的主导地位，精准定位教师的课程教学价值目标，而且应该强化学生课程学习的主体地位，正确引导学生的课程学习价值目标，实现教师课程教学价值目标和学生课程学习价值目标的主体性协调一致。广大教师在线上教学中有效保障学生的学习主体地位，提高学生课堂参与率，引领学生课外自主学习和互助学习，提高学生的学习积极性、主动性和创造性。

案例1：工科综合实验教学示范中心李青老师 Python 程序设计课程

李青老师为培养学生良好的在线学习习惯，每周在固定时间学习这门课程，要求原则上按学校课表每星期二上课时间（最晚每星期二晚上22点前）看完本周课程视频，每星期五晚上22点前（最晚每星期六前）完成当周所有练习和作业，并在 Python123 平台提交。每星期一在班级企业微信群发布本周学习任务和要求进行自主学习指导。学生在 Python123

在线实践平台完成每周练习题后,对照正确答案,自我检查学习效果。同时,李青老师坚持以学生为中心,为方便学生答疑,方便与学生沟通,与2个班Python程序设计课、1个班全校选修课的97个学生建微信私信联系,点对点进行交流互动,关心学生的学习情况等,对学习进步的学生主动联系进行表扬鼓励,督促还没完成每周学习任务的学生抓紧完成。

案例2:城市轨道交通与物流学院刘景云老师现代物流装备课程

刘景云老师在轻直播中进行教学知识点补充、交流答疑与讨论,学生参与度很高,发言积极。同学们参与讨论即可获得基础经验值得分,精彩发言、积极发言的同学会有点赞加分。轻直播/讨论内容均会提前布置,让学生做好调研和准备,上课过程中让学生发表自己的观点,教师做相应提问与补充,为精彩发言点赞。此外,轻直播中还会补充一些学习内容,由教师用"语音+图片"方式直播。在冷链物流的学习讨论中,学生最高单人发言次数达到45次。

案例3:管理学院李雪岩老师金融工程概论课程

管理学院李雪岩老师在"慕课堂"中给学生布置各类讨论问题,将开放式讨论与考查知识点的标准习题进行有机结合,学生可当堂回答,也可以随着所学知识的不断积累,在有了新的想法或解法后,随时在"历史课堂"版块中补充回答,李老师对于回答充分的同学及时予以点赞,答案的质量构成学生的平时成绩。

在学生的课堂互动方面,李老师精心选择教学工具,在线上教学过程中注重培养学生的思考习惯。合理利用基于数据的激励方式,通过教学互动的数据对学生进行正向反馈。

案例4:基础课教学部杨玉洁老师高等数学(Ⅱ)课程

杨玉洁老师在课程中增加师生互动、生生互动。高等数学因为牵涉的公式多,计算繁杂,学生在学习中很容易因听不懂而走神分心,甚至会出

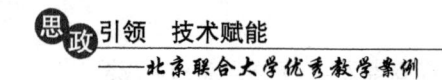

现用手机参与直播人却离开的情况。为此，杨玉洁老师在直播中增加了在线提问、学生自由提问和讨论等环节，增加与学生的互动性，将"学生中心"的理念切实落实到教学环节中。

案例5：基础部李晓梅老师物理实验课程

学习实验课程，必须对实验仪器有基本的认知，同时教师也要对学生的实验数据有合理的预测。基础部教研室的老师录制了在实验室的真实实验操作视频供学生学习。李晓梅老师为了满足特殊教育学院听障生的学习需求，在视频中特别地增加了手语讲解窗口，基本实现了全程手语授课，以保障听障生的学习主体地位。

图1　为听障学生增加了手语讲解

二、巧妙融入课程思政元素，润物细无声

思政元素之于专业课，就像将盐融入汤，让汤更有味道。联大教师找准课程思政的切入点，在专业课程中挖掘自身的特色和优势，提炼出了专业课程当中蕴含的文化基因和价值范式，将其转化为社会主义核心价值观具体化的有效教学载体，在"润物细无声"当中，融入理念层面与知识层面的应用，实现思想政治教育与知识体系教育的有机统一。

案例 6：应用文理学院周爱华老师测绘学基础课程

周老师在讲授水准测量是高程测量的主要方法时，从珠峰高程测量入手，引入水准测量，并向同学们介绍珠峰高程测量、施测者（国测一大队）以及水准测量在珠峰高程测量中的应用，并引导同学们思考我国完成珠峰高程测量的重大意义，以及国测一大队爱国、敬业、不畏艰险、甘于奉献的精神。将课程思政的内容融合于教学内容之中，在授课视频中展示。

案例 7：工科综合实验教学示范中心李青老师 Python 程序设计课程

李青老师在课程中选定 2020 年 3 月 2 日《人民日报》上刊登的《同学，你认真学习的样子真好看》，在 3 月 3 日开学第一课发班级企业微信群与学生分享学习，照片是西藏斯朗巴珍同学（因为家里信号不好，雪山顶信号好）正在雪山上网课的情景。认真努力，一分耕耘一分收获，以此激发学生的学习兴趣、热情和愿望，促使学生积极主动地去学习知识技能。

三、充分建设与利用课程资源，提升育人成效

课程资源的开发与利用是课程教学实施的重要保障，课程资源的丰富程度决定着课程目标的实现程度。联大教师充分开发课程资源，围绕专业人才培养目标和课程教学目标，将思政元素有机融入专业课程，围绕教学目标进行了有效的在线课程教学设计，学以致用，提高课程育人目标的达成度，实现知识与价值的同频共振。

案例 8：机器人学院刘建老师液压与气压传动课程

刘建老师在建立的云班课里充分进行教学资源准备，截至 2020 年 12 月底一共上传了 94 个资源，涉及自行录制的视频资源有 40 个（总计约 1000 分钟），各章内容 PPT，回顾、研讨及拓展 PPT，辅助教材 PDF 等。在课后活动准备中，开展各类活动 40 个，涉及作业、答疑直播、问卷调查、

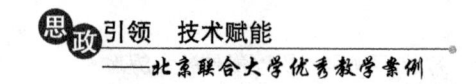

测试、头脑风暴、云教材学习等多种类型，提高学生主体有效参与，提升学生的学习积极性、主动性和创造性。

案例9：公共外语教学部马静老师大学英语Ⅳ课程

马静老师根据教学目标在上课前一天，在企业微信发起会议预约，同时发布次日教学安排，对本次课的主要内容、需准备材料、课中流程和涉及的同学进行沟通和详细说明。

马静老师利用在线授课和学习生成的数据资源进行初步的分析和处理，使之简化便于学生了解。对于需要特别提示的学生，提前做好沟通，了解问题的原因，在技术和方法上给予帮助，尽可能随时发现随时解决，使每位同学在了解自己的具体学习成绩的同时也可以把握自己的学习趋势，从而随时调整学习状态。

马静老师还在课程中结合四级高频词汇 movement 和 campaign 来讲解"五四运动"的翻译；跟着外交部发言人的讲话来学习"中国速度""中国力量""中国实践"的表述方式；围绕所授内容进行测试，采用当下较新的材料突出授课的核心内容。例如，节选英国女王的讲话，让学生在学习语言的同时体会到习近平同志提出的"人类命运共同体"的深刻内涵。

联大秉承 OBE 教育理念，深入推进课程思政建设，坚持学生中心、产出导向、持续改进，不断提升学生的课程学习体验、学习效果，既达到了培养学生分析问题、思考问题、解决问题的能力的目的，也体现了立德树人的教学成效。同时结合专业特点推进课程思政建设，深入梳理专业课教学内容，结合不同课程特点、思维方法和价值理念，深入挖掘课程思政元素，有机融入课程教学，达到"润物细无声"的育人效果。

撰稿人：北京联合大学教务处肖章柯

学生中心　价值引领　内化于心　外化于行

2020年5月，教育部印发《高等学校课程思政建设指导纲要》（以下简称《纲要》），全面推进高校课程思政建设。《纲要》指出，全面推进高校课程思政建设是深入贯彻习近平同志关于教育的重要论述和全国教育大会精神、落实立德树人根本任务的战略举措，高校要深化教育教学改革，充分挖掘各类课程思想政治资源，发挥好每门课程的育人作用，全面提高人才培养质量。

全面推进课程思政建设，课堂教学是"主渠道"。在联大全面开展三全育人"大学习、大讨论、大落实"的背景下，全校所有教师、课程都应承担好育人责任，坚持学生中心、产出导向、持续改进的教育理念，将显性教育和隐性教育相统一，寓价值观引导于知识传授和能力培养之中，让学生通过学习丰富学识、增长见识、塑造品格，成为德智体美劳全面发展的社会主义建设者和接班人。

一、科学设计，提升学生课程学习体验与学习效果

按照《纲要》的要求，课程设计和课堂教学应结合不同课程的教学特点和育人要求，坚持问题导向和效果导向，积极探索适合的课程思政内容和方法，提升学生的课程学习体验与学习效果，增强课程思政的针对性和亲和力。

案例1：商务学院鹿然老师大学生学习导论课程

该课程以培养学生求职能力为目标，通过问题导向组织教学过程，使更多学生主动思考，线上互动教学取得较好的效果。通过云班课的线上"签到""弹幕""投票""举手""提问"等功能，一定程度上提高了学生

的学习热情，教师也能及时获得学生的反馈。

通过调查问卷获取学生需求，精准实现教学目标。本课程的教学对象主要是市场营销、信息管理和信息系统专业的大三年级学生，为了能够更有针对性地满足学生的需求，精准地完成知识内容的传授和教学目标的实现，教师在课前设计了课程内容调查问卷，了解学生对教学内容的知晓程度。

第6题 你在制作简历时是否遇到过以下的事情？　　[多选题]

选项	小计	比例
不知道从何入手，格式、内容都不清楚	30	62.5%
不知道如何梳理自己的经历	32	66.67%
经历太少，不知道怎么丰富简历内容	38	79.17%
不知道自己的简历是否过关，是否有竞争力，缺少一个标准	35	72.92%
其他	3	6.25%
本题有效填写人次	48	

图1　调查问卷结果——学生对拟课程内容的了解情况

从学生的反馈情况看，大多数学生在大学三年并没有制作过完整的求职材料；对于求职材料的准备不知如何入手；有些学生在课前通过对求职材料的梳理认识到职业生涯中的问题。通过了解学生的实际情况，教师进一步明确了教学中的重点和难点问题，真正做到"因材施教"。

采用问题导向教学方式，发布课前预习资源和课前思考题。在课程开始前，教师针对学生特点及课程内容的重难点，提出启发式、能够引起学生兴趣的探索性问题，让学生经过课前的自主学习和充分的思考，带着问题走进课堂。根据学生问卷结果及实际情况，布置了课前预习作业——制作自己的简历，以便对照上课内容更明确找到差距及时修改。

课中问答，呈现重点，加深理解。为了保证学生在听课过程中能够集中精力且与教师授课同步，在讲课过程中就重点内容以问答的方式让学生加深理解，并进行课堂管理。通过视频"面对面"讨论能够加强学生对回答问题的重视，并及时了解学生的学习状态；同时采用群交流方式，让更多学生及时参与讨论，调动课堂气氛。

课后任务，转化视角，模拟用人单位招聘。学生往往不能认真读懂招聘信息，因而准备应聘材料时比较盲目。本周的课后作业是让学生以小组形式，根据提供的招聘信息和30余份简历，以模拟用人单位招聘部门的形式选取合适的应聘者，课后在企业微信进行交流讨论，并在下节课进行小组讲解和展示。

二、以学生为中心，转换表达方式激发学生学习兴趣

网络教学如何吸引学生的注意力，让学生全情参与投入，需要我们教师树立以学生为中心的理念，转换表达方式，寓教于课、寓教于乐，要把"有意义"的事做得"有意思"。讲多少其实并不重要，学生听进去多少才重要。

案例2：商务学院邓晓虹老师国际贸易学课程

线上教学和线下教学有很大的不同。刚开始上课时，老师发现学生们出勤很好，但提问时发现总有个别同学没应答或所答非所问。排除网络原因，个别同学是"假装"上课，手机在线，注意力不在线。针对这种情况，邓晓虹老师注重引导学生自主学习。例如，增加中国大学MOOC内容，设置丰富的课后巩固任务，加入读书环节，推送国际贸易热点时事，撰写读书笔记，绘制思维导图等，让学生可以根据自己的时间，自主选择学习的内容，激发学习兴趣。

在学情调查和分析方面，邓老师将"外国直接投资与跨国公司"模块安排在第13~14周，在上课前围绕本次授课内容做了课前小调查。结果显示，学生们对于全球跨国公司、国际投资的影响因素等内容有一定的认识；对于《中华人民共和国外商投资法》内容，有32%的同学不了解；对于美国参议院一致通过的《外国公司承担责任法案》内容，有68%的同学没有听说过。据此邓老师进一步明确了本次教学重点，重新设计了教学安排，融入国际贸易领域的新动态，做到与时俱进。

课堂中融入国际贸易热点问题讨论环节，引导学生自主学习。在学生

学习完相关知识后，教师给出对外投资环境和转移价格讨论题目，要求学生查找资料，分小组讨论汇报，激励小组自主学习、团队学习。因为不能和学生面对面交流，不能现场掌握学生的学习程度，也为了加强课堂学生的参与度，安排了提问、打卡、小组汇报等方式。通过这些互动，教师能准确了解学生对知识的掌握情况，也能强化学生的课堂真实感，提高参与的积极性。

设置丰富的课后巩固任务。(1)延展阅读——读书笔记。给学生发送《一件T恤的全球经济之旅》《贸易的真相：如何构建理性的世界经济》《贸易的冲突：美国贸易政策200年》《全球贸易和国家利益冲突》4本电子版书籍，请学生选取一本写读书笔记。(2)课程总结——思维导图。学生通过画思维导图的方式，总结知识点，对比理论间的异同，对理论进行梳理，加深认识和理解。在完成作业批改后，及时给同学反馈。细化打分点的同时，给学生们一些具体意见，如建议将大篇幅内容拆分，找到从属关系，缩减文字数量，便于理解与记忆等。

结合专业知识讲授，融入思政内容。结合专业热点问题，如2020年5月美国参议院一致通过的《外国公司承担责任法案》、中美贸易摩擦和中美第一阶段经贸协议等，给学生传递我国经贸领域的新问题，让学生体会到我们所面临的复杂国际经济环境、遇到的新问题和挑战，理解我国对全球经济问题的立场和主张，培养勇于担当的爱国情怀。

案例3：商务学院张艳秋老师基础会计（全英）课程

无论是线上教学还是线下教学，学生永远都是课堂的主角，尤其是目前的线上教学，要给学生足够的"存在感"，让他们真正参与到教学中。张老师在细心准备原版教材、注重中外会计实务区别对比讲授的同时，增强课堂互动，通过高频次的互动，提高学生的注意力和学习效率。

张老师注重准备高质量的原版教材。开学之初，张老师与出版社沟通协调，向学生推送世界经典会计学原版教材 Accounting: the Basis for Business Decision（第17版）扫描版。该原版教材已被世界很多高校采用，内容紧密结合商务实际，增加了大量包括会计职业道德在内的案例、问题、测试等教学资源。

注重中外比较，既放眼世界又落地中国。原版教材和慕课中的内容均是美国会计准则约束下的美国会计体系。虽然会计原理基本相同，但由于中美两国国情不同，具体的账务处理、会计资料等方面也存在一定差异。因此在讲解美国会计体系的基础上，再对比中美在会计方法、步骤、会计资料等方面的差异，让学生在学习美国会计体系、学习其先进性的同时，了解中国会计方法和实务，方便学生在会计领域的继续学习和落地中国从事会计或管理工作。

加强课堂互动，提高注意力，增强学习积极性。在每次课前安排一个内容回顾环节，给学生发言的机会，通过随机提问的方式来检验学生对所学知识的掌握情况。在授课过程中不定时开展互动，学生通过微信群语音、连麦等方式发表自己的看法，若有合适内容会让学生进行线上主题分享，并及时对学生的积极表现进行肯定和鼓励，营造轻松的学习氛围，增强线上学习的积极主动性。此外，上课过程中高频次的互动提问交流，还可以帮助学生提高注意力和学习效率。

绘制思维导图梳理总结。强调复习巩固的重要性，线上教学阶段没有纸质版教材，更应如此。要求学生根据电子版教材、PPT、视频以及课上所做的笔记进行复习巩固，并将所学内容用思维导图整理汇总，尤其对于调整分录的理论知识这一学习难点更应加强梳理，在规定的时间内完成并拍照上传。

三、价值塑造，提高课程思政内涵融入课堂教学的水平

《纲要》中指出："落实立德树人根本任务，必须将价值塑造、知识传授和能力培养三者融为一体、不可割裂。"课程思政要深度浸润每一门课程的教学内容和方法，充分发掘各类课程所蕴含的思政要素，将价值塑造的成分有机地融入能力培养和知识传授之中，做到春风化雨、沁人心脾。

案例4：应用文理学院闫琰老师消费行为学课程

作为一名专业教师，闫老师将立德树人作为自己的根本要务，结合身边实例、时事、案例等，课上层层推进，课后持续分享，将思政教育细化落实到课程的教学过程中，提升了课程思政实效。

课上讨论层层推进。在企业微信群的讨论注重培养学生的开放性思维，用学生身边的实例抛砖引玉，启发引导学生展开思考，延伸讨论。闫老师以支付宝抽奖的"锦鲤女孩"信小呆（微博名）为例展开课堂讨论，气氛热烈。有学生问到老师是否看过最近网络热播的《后浪》视频（哔哩哔哩网站在"五四"青年节推出的为年轻人发声的视频），闫老师借机利用该视频引发的争议问题引导学生发表自己的看法。

通过讨论《后浪》视频，能明显感觉学生对自己作为后浪对于未来的迷茫情绪。首先，老师讲授相关知识并结合毕业生的实例，激励学生勇于面对未来，勇于挑战，乐观向上。其次，鼓励学生正视原生家庭的教养方式，在消费主义的浪潮里拒绝物质主义和物质主义的教养方式。学生纷纷用自己的实例来分享感想，通过学生的反馈可以看出学生积极认同这些消费理念，不仅觉得没有灌输，还从分享的角度感谢老师。

课后持续的课程思政元素浸入。借助热播网剧《我是余欢水》的剧照截图，让大家找亮点，引入期中作业，进而强调，剧中人物虽然手边常有商业经典著作，但心术不正，做出了违反商业道德和有损消费者利益的事情，背离商业准则，最终得到应有的惩罚，从这样一个充满讽刺意味的剧作出发激发学生重视商业伦理的意识。

课后持续分享疫情期间企业营销成功案例等学习资源，保证学生学习的热度和兴趣，提升学生关注社会的责任感和使命感，把课程思政从课内拓展到课外，取得了较好的学习效果。

案例5：管理学院寇颖娇老师经济法课程

如何把思政元素融入线上教学中，如何更好地利用线上资源浸入思政思想，如何与学生实现零距离互动、增进师生感情的同时随时随地传道、授业、解惑，这是寇颖娇老师在讲授经济法课程过程中一直思考的问题。

经济法课程的特性决定了它蕴含着丰富的思想政治教育资源，但如果刻意灌输，容易引起学生的反感，因此需契合学生的认知特点、匹配学生的德育需求，对思政元素和专业课知识点、案例的结合之处进行系统地梳理和分析，既要让学生掌握专业技能，又要让学生形成正确的思想意识，培养学生成为具有法治精神、家国情怀和职业素养的高素质应用型人才。

例如，在新冠肺炎疫情中，有很多涉及本课程的案例，如合同法、公司法、劳动法、反不正当竞争法、消费者权益保护法、商标法、专利法等，如何在课程中结合时政、引入鲜活的案例，同时又贯穿思政思想，培养学生遵纪守法、明辨是非、善于思考、勇于担当、有所作为的意识是值得授课教师深入思考和研究总结的课题之一。

撰稿人：北京联合大学教务处王晓蕾

笃行致远

如盐入味，打造在线教学课程思政金课

2020年年初，我国暴发了新冠肺炎疫情。在全国上下团结一致、共同抗击疫情的主旋律下，也出现了某些极不和谐的音符。如某刚毕业的中国大学生在国外社交平台三番五次发表辱国的言论，攻击医务人员。所谓"人无德不立"，一个连最基本的爱国思想和民族自豪感都没有的人，这样的"人才"又有什么用呢？习近平同志多次在讲话中强调，育人的根本在于立德，要把立德树人的成效作为检验学校一切工作的根本标准，真正做到以文化人、以德育人，不断提高学生的思想水平、政治觉悟、道德品质、文化素养，做到明大德、守公德、严私德。大学生是先进生产力的创作者，是科学文化的传播者，引导他们关注现实社会中不科学、不合理的问题，主动承担自己应尽的社会责任，对培养大学生的高度社会责任感、构建我国社会主义和谐社会至关重要，是一项重要的基础性战略工程。

为充分利用在线教学契机，进一步将"课程思政"工作落实落地，北京联合大学教师紧密围绕立德树人的根本任务，用好课堂教学这个主渠道，践行"守好一段渠，种好责任田"的使命担当，密切关注国内外疫情形势，发掘爱国主义、责任使命、理想信念、意志品格、生命健康等思政素材，将其融入各类课程教学中，实现各类课程思政与思政课程同向同行，形成协同效应，也为打造在线教学课程思政金课带来了有益启示。

一、经济管理类课程，探讨后疫情时代商业发展

"假如你是海底捞的管理人员，疫情期间，你认为财务会计和管理会

计能发挥怎样的作用?""假设你是一名管理者,疫情过后,你将采取什么样的商业模式来提高企业竞争力?"疫情期间人们足不出户让国内服务业陷入困境,但危机总是伴随着生机。经济管理类课程的教师们结合课本内容,和同学们一起探讨后疫情时代商业发展新模式,关注中国企业在全球危机下的责任担当,进而锻炼学生的批判性思维能力,激发其创新创业精神和青年人的使命担当。

案例1:商务学院李剑玲老师商业模式创新课程

李剑玲老师认为,课程思政是当前高校大学生思想政治教育的新理念和新模式,它让教育回归育人的本真,让专业知识承载更多的社会责任和价值引领作用。在课程教学设计上,李老师结合课程理论知识点,充分利用线上教学的便利,引导学生思考国内企业的现在及未来发展。李老师以案例讨论的形式,引导学生关注疫情期间国内餐饮企业、大型超市等生活服务行业企业发展现状,进行商业模式的分析、调整与设计、评价等,进而锻炼学生的批判性思维能力,激发其创新创业精神。通过关注中国企业在全球危机下的责任担当,激发学生的民族自豪感;通过关注时政热点,激发学生的社会责任感和爱国热情,使学生树立中华民族伟大复兴的理想,积极进取。

案例2:管理学院严鸿雁老师管理会计课程

在教学过程中,严老师也曾担心将过多的思政元素贴合教学是否会引起学生的反感。毕竟,当前的在校生都是2000年后出生的,这代人身上有鲜明的"标签"——思考力强、知识面广、话语权大、现实感弱和个性化明显。要想做到"润物细无声",就需要从学生的实际发展需求出发,从他们对于如何树立正确"三观"的迷茫和未来的发展出发,将思政"融合"而不是贴合到教学过程中。在内容设计方面,严鸿雁老师切入当前热点,关注疫情下的企业生存状况,引导学生分析财会人员应该发挥的作用,提升学生学习的动力、担当意识和职业自豪感。在成本性态分析过程中设置讨论题:"老干妈企业何以枪挑百年老店永丰辣酱?"设置案例分析题，让学生自主讨论哪些成本控制方式会影响企业信誉，并对消费者造成伤害，应该如何予以规避。

> **案例3：管理学院王晓芳老师国际贸易实务课程**

新中国成立七十多年，尤其是改革开放四十多年，中国经济取得了辉煌成就，这在无形中增强了师生的四个"自信"。王晓芳老师在网络授课期间始终将思政教育贯穿课堂，不断融入中国案例；组织学生讨论国际经济形势；在作业环节，结合中国外贸发展现状提出开放问题，让学生进行深入思考，提出独立见解。

二、外语类课程，向世界传播中国力量

外语学习本身是一种语言学习，更是一种文化学习，外语类课程教学在跨文化思考方面具有得天独厚的优势。如果说最初大学外语类教学的目的是让青年学子了解世界，那么如今的外语教学负有更大的使命担当，就是培养青年学子对民族文化的自信，激发其对传统文化与思想渊源的兴趣，促使他们向世界积极介绍中国、传播中华文化。通过将思政元素融入语言学习，将外语教学与时事政策相结合，同学们在不知不觉中受到社会主义核心价值观和中国精神、中国力量的浸润，并且能够将所学应用到外语语境中，提高学习外语的兴趣。由此可见，课程思政理念在外语类教学中的渗透至关重要，不仅体现出外语课程的工具性，而且突出了外语课程教学的文化功能。

> **案例4：公共外语教学部邓静老师大学英语Ⅱ课程**

邓静老师认为，大学英语是文化密切交融的课程，将课程设计好、教好的同时，融入思政元素，让同学们从不同途径获得正能量的感染，进而引导自己的行为，这是教师在教学过程中需要一直思考并付诸实践的。结合当前疫情，在学习课程第二单元B篇文章 *Dream Jobs: College Students Make Their Picks* 时，邓老师补充了相关阅读类文章，引发学生思考。补充文章提到，大量各行各业的年轻人投入到疫情一线，他们身

份、性格各不相同，却有一个共同的名字——"00后"。"少年强则国强"，他们只是长辈眼里的"小孩子"，但是当他们戴起护目镜、拿起志愿旗时候，又变成了可以保护他人的中流砥柱。同学们都很感动，他们认为特殊时期更要调整心态、提升素质和技能，以应对今后步入激烈竞争的社会，为国家越来越强大贡献自己的力量。

> **案例5：旅游学院梁宝恒老师口译课程**

梁老师在课程中引入了全球疫情变化这样一个教学案例，引导学生了解并学习数字在生活中的重要性。梁老师发现，学生对于疫情关注仅限于微信平台消息，对于官方信息关注较少，相关词汇比较单一。针对这个问题，梁老师进行了教学反思，引导和带领同学在WHO官方网站、CGTN等查找有关新冠病毒的最新统计数字及相关资料，了解目前疫情形势，关注疫情动态；通过数据变化，及时了解国内抗击疫情的最新成果，看到中国的巨大努力和对世界的贡献，增强学生的民族自信。同时，引导学生掌握相关国家的英文拼写和发音，积累更多的素材和相关领域的知识，如通过中美贸易额变化的具体数据，看清目前紧张局势，为未来中美关系发展做好准备。

三、计算机类课程，0与1的指令关注成长成才

计算机课程和思政教育，看似两条平行线，教师们经过充分挖掘、精心设计，在课程导入、网上授课、课后讨论等各环节融入思政，从而达到"润物细无声"的目的。为了鼓励学生克服线上学习的畏难情绪，陈景霞老师用"方舱医院里的舞蹈"导入课程，通过"由简及难"的编程方法让同学们体会做人做事的方法；张睿哲、张俊玲老师在课程中增加了"图灵奖"的讨论，将科学精神、创新精神融入专业知识，用计算机语言讲述立德树人。

同时，教师们也注意到，计算机类课程融入思政教育应是长期的、反复的、循序渐进的，应在教学中自然而然地渗透思政教育，让学生在学习计算机知识、训练思维的过程中，拓展视野，开阔胸怀。并不是每堂课都

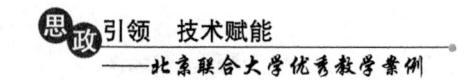

要融入思政教育,有的内容不适合加入思教元素,绝不刻意机械地嵌入思政内容,否则就是本末倒置了。

案例6:应用科技学院陈景霞老师可编程器件及应用课程

为了鼓励大家克服线上学习的意识困难,陈老师特意制作了《第五周课程先导》小视频——"方舱医院里的舞蹈"。同学们在体会抗疫一线医护人员的艰辛的同时,能够体会到她(他)们深处困境不忘乐观的生活态度。在授课过程中,以D触发器的VHDL描述为例,告诉学生"由简及难"的编程方法,并将之推广到生活中。

案例7:智慧城市学院张睿哲、张俊玲老师数据库系统A课程

基于对数据库特别是对于关系数据库的学习,课程中增加了科学精神、创新精神等思政元素的融入。开学初教师在SPOC平台讨论区发起主题讨论——图灵奖。学生通过上网查阅资料,了解数据库领域的四个图灵奖获得者的事迹,畅谈自己对科学的尊重、对创新的崇尚,坚定科技支撑中华民族伟大复兴的崇高理想。授课后有75名同学参与了讨论,随着课程的不断深入,老师也将结合新的知识点不断加以总结,提炼学生讨论中的闪光点,引导学生自我思考、互相学习、相互启发、成长成才。

四、新闻学类课程,在客观报道中融入真情

新闻学类课程教学在融入思政元素时具有独特的优势,体现在新闻学课程教学讲求理论性和实践性的结合、历史性和当代性的对比,以中国新闻业和新闻人、新闻实践及理论为主要内容,因此是进行思政教育的恰当路径之一。联大应用文理学院媒介伦理与法规课程邀请了北京青年报社助理总编辑与联大教师共同完成授课。结合来自一线的鲜活感受和及时更新的业界案例,在课堂教学中围绕疫情舆论热点问题进行剖析,就学生关注的某些争议问题进行引导,以达到在专业教学中引领学生价值观成长的思政目的。

案例8：应用文理学院沈峥嵘、徐梅香老师媒介伦理与法规课程

课程中，沈老师发起了"疫情报道中的伦理问题"这样一个案例讨论。师生围绕新华社女记者廖君的职业行为舆论进行了线上讨论交流，真切地理解了新闻瞬时判断的难度，以及关乎人性的伦理争议问题的所指。在第三周课前，老师发布轻直播——"疫情中的伦理问题，请同学们提"。同学们就自己关切的疫情报道问题进行了反馈。例如，一些过于英雄主义的宣传好不好，网络舆论"现象级"议题——青年大院系的多元对冲观点等。随着课堂学习的逐步深入，同学们提出的问题也更加兼具代入感和职业责任感，体现了他们对课程知识的理解和思考，在拓展视野的同时达到了引领学生价值观成长的目的。（沈峥嵘系北京青年报社助理总编辑，来自2019—2020年度"媒体高校千人互聘计划"。）

课程思政既是一种教育理念，也是一种课程观。在专业课教学中实施"课程思政"，关键在于任课教师的育人意识和育人责任。教师要具有"课程思政"的教育理念，要改变过去专业课只注重"授业、解惑"的知识传授，而忽视"传道"的育人使命，要坚持教书和育人的有机统一，并把这种观念贯穿教学的始终。同时，课程思政是一种体系化的运作，课程思政的良好效果来自恰到好处的内容设计、潜移默化的授课方式和师生互动的评价方式，此外影响效果发挥的问题也需要反思并寻求解决之道。北京联合大学的教师们将思政元素充分融入在线教学过程中，贯穿于教学设计和实施的全过程，如同一场沁入学生心脾的濛濛春雨，激起学生的情感共鸣，引导学生铭记使命与担当。

撰稿人：北京联合大学教务处王晓蕾

"云"阵地中坚定价值引领下的课程建设

推动课程思政的理念形成广泛共识,构建全员全程全方位育人大格局。确立学生中心、产出导向、持续改进的理念,提升课程的高阶性,突出课程的创新性,增加课程的挑战度。

——教育部关于一流本科课程建设的实施意见(教高〔2019〕8号)

根据联大正在深入推进的 OBE 教育理念,联大教师不断加强价值引领下的课程建设工作,围绕专业人才培养目标和课程教学目标,将思政元素有机融入专业课程,围绕教学目标进行了有效的在线课程教学设计,提高课程育人目标的达成度。

一、明确价值引领下的课程建设目标

坚定价值引领下的课程建设要将课程教学与学科育人相结合,加强专业课程价值引领的作用,并进一步提升和改善各专业学科的育人成效。专业课程教学既要找到契合点与切入点,把各门课程隐性存在的如同盐一样的正确价值观、育人元素融入各专业的教育教学实践中,又要体现课程建设的基本规律与高阶性、创新性和挑战度的"两性一度"要求,明确课程目标是教学活动的出发点和归宿,课程教学目标达成度是衡量课堂教学效果的核心内容。

案例1:做好教学设计,提高成效

师范学院张蔚老师在 Android 应用程序开发课程中,按照整体教学设计,根据选用中国大学 MOOC 平台的原有内容进行适应性调整,制作 SPOC 线上学习资料,主要有 PPT 课件 53 页以及补充录制的 7 个微课视频,并针对教学重点和教学难点设计了主题讨论和随堂考核内容，明晰了大作业的要求和评分标准。教师在课前发布了所有学习资源和学习任务单，使学生明确学习目标并进行课程准备，包括需要完成指定的 20 个微课视频学习、2 个课堂讨论、1 个单元测验和 1 个综合大作业。根据教学设计，学生完成学习后通过单元测验考查知识、理解层面的教学目标的阶段性达成度，通过课后作业和互评考查学生综合、评价层面的教学目标达成度。在认真互评的过程中，激发学生养成批判思维和自我学习的能力。见图1。

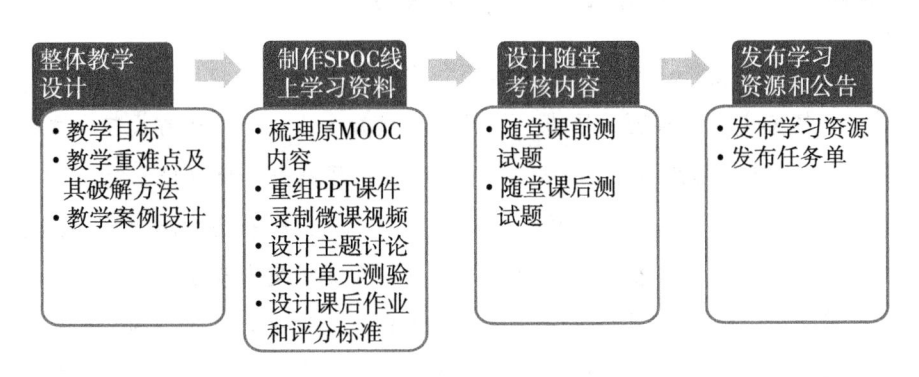

整体教学设计
- 教学目标
- 教学重难点及其破解方法
- 教学案例设计

→

制作SPOC线上学习资料
- 梳理原MOOC内容
- 重组PPT课件
- 录制微课视频
- 设计主题讨论
- 设计单元测验
- 设计课后作业和评分标准

→

设计随堂考核内容
- 随堂课前测试题
- 随堂课后测试题

→

发布学习资源和公告
- 发布学习资源
- 发布任务单

图 1　师范学院张蔚老师的教学设计

案例 2：对照课程大纲，更新课程资源

智慧城市学院江静老师在信号与系统课程中，选用了基于中国大学 MOOC 平台的课程资源，由于所选课程的授课内容与专业课程教学大纲的课程教学目标并不一一对应，江静老师对照通信工程专业课程大纲的要求，着重进行授课内容的衔接，在课程目标中增加并有机融入思政元素，发挥工科专业课程的育人功能，培养学生精益求精的工匠精神；对重点、难点进行把握，确保课程教学内容与课程教学目标能够支撑专业培养方案的毕业要求。

案例 3：应用文理学院翟杉老师美学概论课程

应用文理学院翟杉老师根据教学目标与教学内容，注重在视频课程与案例的选择与补充、学生的出勤与答疑、作业的布置与讲解，尤其是和学生的企业微信授课互动中，针对学生的反馈，及时、积极、全面地补充、回答、讨论教学视频中存在的疑难点。发挥好教师把关人与讲解员的作用，体现审美教育对于培养学生正确地面对人生、面对选择、面对自己、面对他人时的态度的至关重要性。并根据学生的表现对作业、测验进行调整，保持学生在学习中的紧张感与新鲜感，使学生免于惰性的学习方式，更好地促进学习效果，完成教学目标。

案例4：师范学院杨丹老师古代汉语课程

师范学院杨丹老师在古代汉语课程中，根据课程教学目标知识与应用层面、情感与价值层面的要求，引导学生感知古代汉语的语言文字和文化魅力。"大同"思想在中国古代社会思想史上已然是一座丰碑，对后世产生了深远的影响。引导学生理解《礼记》中"大同"社会的思想意义，并从"大同思想在当今社会中的价值和影响"角度引发学生思考，帮助学生在理解古代"大同"思想的基础上，深入思考习近平同志提出的"世界大同、和合共生"的思想，同时进一步理解"世界大同、和合共生"思想是对古代"大同"思想的升华，反映了中国人民谋求世界和平与发展以及构建"人类命运共同体"的伟大使命。

案例5：艺术学院马惠芳老师影视短片创作课程

艺术学院马惠芳老师在影视短片创作课程中，根据课程教学目标结合当前疫情下拍摄场景和器材有限的情况，用自身案例重点引导大家从小角度发现疫情防控生活中的美好并用影像记录创作，在创作过程中辅导学生形成敏锐的艺术感知，传达积极健康的自我认知，通过表达感受与创作内化为个人的认知和理解。学生通过寻找疫情防控生活中的点滴美好，用影像记录真实的美好之处，在作品中体现对美好的理解、对生活的感悟、对自己的认识。带领学生创作有内涵有价值的作品，将知识传授、能力培养与价值引领有机统一，进而提升学生的责任感和使命感。

二、课程目标达成度是课程建设成效的关键

课程是支持毕业要求达成和能力培养的基本教学单元，课程目标达成度评价是本科人才培养全过程中的重要环节，也是衡量学生是否达到本专业毕业要求的重要依据。课程是人才培养的落脚点，对培养的最终效果具有重要作用。确立价值塑造、能力培养、知识传授三位一体的课程目标，需要全体教师的不断探索，通过课程思政建设目标的达成，推进育人成效的提升。

案例6：外语教学部吕丹丹老师的大学英语 IV 课程

外语教学部吕丹丹老师根据平台数据反馈的学生学习中的各种问题，细化教学内容，调整课堂设计，进而明确下一次课程安排。着重安排每次课的课前、课上和课后要求，重点考核内容和测试方式，帮助学生对下次课程有大体的把握，做好充分准备。

吕丹丹老师在教学中通过在写作和口语练习中融入抗疫新闻素材，充分发掘疫情防控中的思政教育元素，增强"话语权"，引导学生修明自身。为达成这一目标，在教学内容中设计了新闻讨论话题："What will be the impact of Tokyo Olympics postponement to 2021？"学生的回答分为三个方面：对日本经济影响、对其他国家运动会的影响和对运动员自身的影响。总体来说，学生们概括得比较全面，但是思考深度不够。因此，在上课反馈新闻话题环节中，吕老师从全球经济一体化现状、中国2020年进出口贸易数据分析和20世纪30年代的世界经济危机等方面，阐述了疫情对世界经济潜在的严重影响，加深了学生思考的深度。

案例7：师范学院张蔚老师 Android 应用程序开发课程

在师范学院张蔚老师的 Android 应用程序开发课程中，单元测验主要考查知识理解层面的教学目标的阶段性达成度，课后作业和互评考查学生综合评价层面的教学目标达成度，因此一定要鼓励学生在作业中体现创新思维。同时，互评的评分标准务必细致且可操作性强。例如，作业要求开

发一个图文结合的综合 App 项目，具体要包含启动页、登录页、注册页、主页面和详情页。鼓励学生们在布局方式、主题和技术方面进行创新，不必拘泥于效果参考图，如果加入了额外的功能或控件，可以加分。要求提交项目源码和解说视频，视频内容包括对开发理念、创新点、开发过程和运行结果的解说和演示。

设计随堂考核内容。随堂考核测试题不同于单元测试题，它更能体现学生当堂课内的学习效率，单元测试题则是考查课内和课外的总体学习结果。随堂考核测试都依托于微助教平台。在微助教后台设置第六周课堂课前测、课后测的内容。课前测主要是回顾和检验第五周知识的掌握情况，课后测主要检测对本周教学重点的学习情况。

案例8：商务学院张秀清老师大学英语课程

商务学院张秀清老师在大学英语课程中，利用《大学体验英语综合教程 2》第三单元 A 篇课文 The Ad Council at a Glance（美国广告委员会剪影），让学生在了解课文中 The Ad Council 的相关信息和课文脉络基础上，引入公益广告的相关知识及其对传播价值观、引导公众态度、规范公众社会行为、推动全社会精神文明建设具有不可忽视的重要作用。根据课程教学目标让同学们将感兴趣的1~2个公益类广告词做成一张PPT（图文并茂）发在群里，宣传疫情防控的有效举措。（Please give one or two examples of advertising slogans of public service that impress you most. And explain them to the whole class in English.）

案例9：商务学院崔玮老师国际贸易实务课程

商务学院崔玮老师在课后任务中开展案例分析、练习及小组研讨等。通过云班课的轻直播/讨论、头脑风暴等功能，组织学生课后开展案例的分析与讨论，教师根据每位学生的完成情况给予一定的附加经验值。学生讨论完成后，教师通过语音留言方式进行总结及案例讲解，要求学生听取留言并点赞。教师根据点赞情况了解学生是否及时听取了案例讲解。同时安排以小组讨论并形成案例报告的形式进行综合性案例的分析，要求每个小组提交网上讨论的截图，并在云班课中提交案例分析报告。

联大根据教育部等上级文件要求，落实课程思政融入课堂教学建设，将其作为课程设置、教学大纲核准和教案评价的重要内容，落实到课程目标设计、教学大纲修订、教材编审选用、教案课件编写各方面，贯穿于课堂授课、教学研讨、实验实训、作业论文各环节。联大全体教师深入梳理专业课教学内容，结合不同课程特点、思维方法和价值理念，做好教学设计，围绕专业人才培养目标和课程教学目标，建设"金课"。

撰稿人：北京联合大学教务处肖章柯

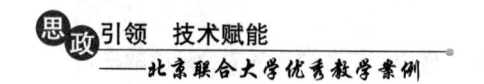

课程思政精研细磨"三部曲"

随着联大课程思政的深入推进,传统的教育观、课程观已难以适应培养担当民族复兴大任的时代新人的使命,这就要求我们立足新时代,树立思政观、育人观,用系统而全新的教育理念推动教育改革创新。为使"课程思政"教学得到有效的保障,联大教师不断加强理论研究,提升自身的德育能力,通过精研细磨,深入挖掘课程所蕴含的思政要素和德育功能,整合教学内容,创新教学方式,实现思政教育与专业教育的协同推进,以坚定的理想信念、鲜明的政治立场和扎实的专业知识成为学生的引路人。

一、思政元素同教学内容相耦合,创优教学设计

联大教师深入挖掘专业课程的思政元素,将思政元素进行梳理、提炼并融入教学大纲与教案中,整体上规划和调整教学任务。从宏观上进行规划,从微观上分层设计教学内容,设计实现专业课"知识"和"能力"目标,使"课程思政"得以切实有效地实施。

案例1:应用文理学院李若水老师文物学概论

应用文理学院李若水老师将"提升专业责任感、培养职业道德精神"作为文物学概论这门课的思政目标,他总结以往开课经验,针对网络教学的新形式,对授课对象、课程内容的特点进行细致分析,通过精心组织教学案例,将课程思政内容贯穿于文物学概论各个章节的授课中。在"文物研究史"一章,教师通过对抗战前期,中国营造学社克服重重困难对文物进行调查研究工作的讲解,使学生理解中国营造学社紧迫工作背后的"家国情怀",深切感受到文物在中华文明传承中的重要价值;通过对抗战时期故宫博物院不畏艰辛转移保护文物历程的讲解,使学生感同身受地意识

到文物工作者所担负的重要责任，明确文物工作在保护、弘扬中华传统文化中的意义。在"文物管理"一章，教师通过对"白塔寺特大文物被盗案""湖北国共合作谈判旧址被拆毁"等案例的讲解，使学生理解文物工作者所应具有的基本职业道德，认识到违反职业道德会对文物带来巨大破坏。在"文物的利用"一章，教师通过多个案例，引导学生从"文物利用原则""文物利用方式""促进文物合理利用方法"等各个方面对习近平同志"让文物活起来"相关指示进行学习讨论，使学生能够理解文物合理利用在当前中华文明伟大复兴进程中所起的作用，提升学生的专业认同和通过自己的学习工作保护历史文物、弘扬中华文明的信念。

案例 2：师范学院奥登老师学前教育学课程

师范学院的奥登老师根据学前教育学专业 2019 版培养目标及时调整学前教育学课程教学内容（见图 1）。

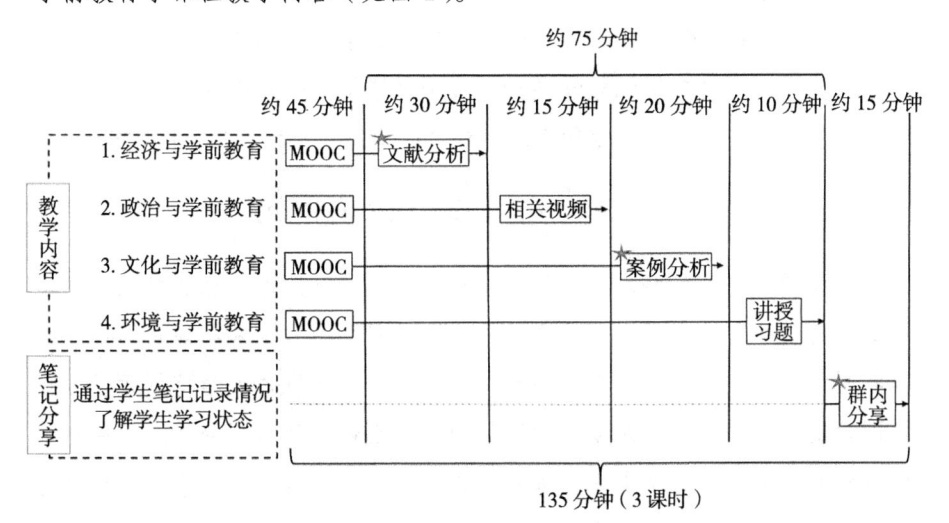

图 1　学前教育学教学内容

在慕课视频和教师自制基础课件外，增加了文献阅读内容和案例分析。结合文献深入讲解经济发展与学前教育发展的相关性，学生在阅读文献的过程中，通过独立分析与课堂内容有关的优秀探索实践类文章，对已掌握的知识进行整合、组织和运用，从而建构学生主动学习的过程。在解读文献过程中，教师通过启发式提问，将当下热点话题和思政教育元素适当地渗入教学内容中，引发学生热烈的讨论，使每个学生都十分积极地参与教师所提出的"问题"和"案例"，并发表自己的看法，加深学生对概念的理解且更有利于学生将理论应用于实际，培养学生举一反三的能力。

在课程讲授过程中，奥登老师引入幼儿园常见的教育案例，让学生带着问题去学习，把枯燥的理论转化成幼儿园工作中常见的案例，将理论转化为学生自学、思考、讨论等积极的学习行为，从而培养学生解决幼儿园教育的具体问题的能力。最后，本课程要求学生记笔记，希望学生能够通过对学习内容的归纳整理，形成自己学习的思维导图，提高学习能力，同时也可以更直观地了解学生们的学习态度。

二、思政元素同教学方式相融合，打造活力课堂

推动思政元素同教学合理、高效的结合，还应创新教学方式，这是"课程思政"育人效果的有利保障。联大教师充分发挥学生在课堂上的主体地位，设计多种多样的教学活动，吸引并增加学生对教学环节的参与性和体验感，促进情感、态度和价值观等"课程思政"育人目标的实现。

案例3：智慧城市学院陈婷婷老师模拟电子技术课程

智慧城市学院陈婷婷老师针对模拟电子技术这门课的课程特点，在理论部分的教学过程中采用"直播+慕课"的教学模式，并在课后增设了仿真实验环节。结合联大学生的特点，陈婷婷老师和机器人学院刘元盛教授共同录制了根据联大相应专业的课程教学大纲设计的系列微课。每周提前发布学习指南，指导学生先根据学习指南对指定内容进行自学，再通过企业微信以语音会议的形式为学生讲解作业疑难题目、总结知识点和在线讲解难点。线上授课采用了蓝墨云班课教学资源自学和企业微信屏幕共享直播相结合的方式，为了加深对每周学习重点内容的印象，更好地将理论与实际相结合，并有机地融入课程思政元素，激发学生的学习热情，在蓝墨云班课中以头脑风暴的形式设置了每周的专题讨论。以本周的教学内容为例，设计了本周的专题讨论内容：以三极管为核心的基本放大电路中既有

直流源又有交流源，直流电压源和交流电压源在放大电路中分别发挥什么作用？并在此基础上，设计了拓展讨论内容和巩固题目，让学生在参与讨论、积极思考的过程中，掌握静态分析和动态分析在双极型晶体管（三极管）放大电路分析过程中的目的和区别。

为了加深对理论知识的理解，同时弥补线上教学无法通过实验验证所学理论的不足，课后增设了仿真实验环节，让学生利用EDA软件实现对电路性能的形象认识。以本周的教学内容为例，配合本周学习内容，在课后布置了实验3的仿真内容，通过基于Multisim的仿真实验，进一步加深对单管共射放大电路静态分析和动态分析过程的认识，掌握单管共射放大电路的电路特点。

案例4：基础部王强教师高等数学（Ⅱ）课程

针对高等数学（Ⅱ）的课程特点——很多概念比较抽象、有些题目的计算过程对条件的使用较隐蔽、大多数知识点学习起来枯燥无味，基础部的王强教师为了有效提升学生学习高等数学（Ⅱ）课程的兴趣，在教学过程中采取了以下做法。

课堂教授中通过变相签到，提升课堂学习效果。采用做课堂作业（课堂练习）的方式，限定时间，当堂进行，即时提交（拍照或者截屏发微信的方式）。既能及时了解学生的学习情况，又可以知道学生的到课情况。另外，还对教学中比较重要的知识点，停留在知识点所在页面，让大家截屏发送到班级微信群（限时），既能让同学们将重点知识留存，便于后续的知识点总结与复习使用，又可以作为签到的替代形式。

在知识点的讲解中，更多地注意使用屏幕输入的方式，对重点知识或者需要注意的地方做出批注，并提醒学生适当做笔记，进行有效的理解转化。而对于有具体求解过程的题目，因视频录制中有些题目没有给出具体的求解过程，通过完整重现书写过程的形式，放慢讲课速度，重点讲解步骤及注意事项。为多方面多层次地拓宽学生的视野，增强课程的实用性，结合教学内容和同学们的专业情况，在课程讲授中融入专业前沿知识、相关热点问题等。例如在讲授"多元函数的极值及其求法"内容时，适时提醒同学们，该部分内容与目前热门的人工智能有着密切联系，特别是对深度学习中的一些算法的理解，具有很好的基础作用，以此为契机，建议大家自学后续的最小二乘法，从而提升同学们学好数学的意愿和动力。受视频内容的限制，有些知识点未给出对应的例题，因此，王老师结合实际需要在下课后及时通过班级群给同学发布对应的题目试做，以此增加对知识点的理解与掌握，并适当提供难度系数稍大的题目，以此为学有余力的同学提供材料。

三、思政元素同教师素养相契合，提升执教能力

习近平同志在全国高校思想政治工作会议上强调，教师是人类灵魂的工程师，承担着神圣使命。教师不能只做传授书本知识的教书匠，还要成为塑造学生品格、品行、品味的"大先生"。联大教师从专业课程的角度出发，将思想政治教育融入专业技能教学，让学生在学习中获得专业技能知识，同时担当起学生健康成长指导者和引路人的责任。

案例5：城市轨道交通与物流学院钱琳琳老师毕业设计课程

城市轨道交通与物流学院钱琳琳老师针对应用型高校毕业设计的特点，面对当前的特殊情况，采用基于网络的远程毕业设计创新模式。毕业设计是工科高校集中实践环节的重要组成部分，重在培养学生的独立工作能力和综合运用所学知识解决实际工程技术问题的能力。指导教师和学生是完成毕业设计的共同参与者，教师的有效指导与学生的认真参与是完成毕业设计的基本条件。对于工程设计实施类的课题，教师在指导过程中起到的是项目"工程师"的作用。教师们在开学前的三周调整教学方式、重新整合教学内容，在毕业设计第一阶段已经完成了课题的网络架构、硬件连线和软件安装的基础上，开始采用QQ软件授权远程操控的功能实现了毕业设计工程设计课题的具体实施。指导教师与每个毕业设计学生一对一QQ连接，学生远程操控实验室的计算机；教师负责实验室计算机、课题所用实验设备的上电和启动。如果出现硬件故障，教师反馈故障现象，引导学生自行考虑解决方法，然后由学生远程"指挥"教师排除故障，以锻炼

学生分析问题、解决问题的能力；遇到难题则可以在群视频中与学生共同探讨，针对调试中出现的新情况，指导学生不拘泥于理论、采用"独家"创新的方法进行优化和解决。学生们对于这种毕业设计的具体实现方式感到十分新颖，除了需要"遥控"教师进行硬件操作外，其他功能都由他们远程"亲自"完成，在这一阶段的毕业设计工作中学生们收获了满满的成就感和幸福感。在全民战"疫"这样一个特殊环境下，学生居家学习、远程完成毕业设计，教师不仅要帮助学生完成本科最后一阶段的学习任务，更要在生活上、身心上关心学生，起到"人类灵魂工程师"的作用。在提醒学生加强自身防护、保证自身和家人健康的同时，对学生处于本阶段的焦虑给予尽可能的抚慰和化解，为他们考研、就业提供更多的关心和帮助。对于突发疫情要看社会主流，看国家治理能力和对生命的关爱，从这几个月中外疫情应对的不同形势、不同做法让学生充分理解社会主义制度的优越性，看到中国国力的增强、制造业的不断壮大，从而对中华民族伟大复兴更加充满信心。

撰稿人：北京联合大学教务处刘佳

师生联动形成课程思政"五新"亮点

课堂是开展课程思政的着力点,课程是人才培养的核心要素。联大教师围绕教育部关于在线教学提出的"四性""五度"❶,采用"课前—课中—课后"三段模式开展教学,从学生的需求侧改革教师的课程教学供给侧,在教学目标、教学内容、教学方式、课程考核等课程建设的各个环节渗透思政教学元素,师生联动,形成全校思想上重视课程思政、行动上落实课程思政、效果上凸显课程思政的教学生态,努力打造北京联合大学的课程思政范式。

本期推文以"新探索、新挑战、新奇点、新收获、新方式"这"五新"角度为大家呈现教师们在教学各环节中的思政元素融入探索。

一、新探索:以学生为中心,创新考勤方式

在线教学给我们带来的启示就是,学校育人必须以学生为中心,注重培育学生自主学习能力。未来学校应该是一个为学生服务的大平台,教师要成为"大先生",做学习环境的设计者和引导者,支持引导学生个性化成长。就上课签到这件事,如何做到以学生为中心,开展人性化考勤,这些教师有妙招。

案例1:工科综合实验教学示范中心徐歆恺老师 Python 程序设计课程

徐老师认为学生的学习效果才是最重要的,而在课表上的教学时间内,学生未必处于最好的学习状态。所以在他的在线教学尝试中,他并不

---

❶ "四性"指内容的前沿性、互动的高效性、方法技术的创新性及知识能力素质相结合的有效性。"五度"指培养目标的达成度、社会需求的适应度、技术条件的支撑度、质量保障运行的有效度、学生学习的满意度。

强求学生几点开始学习、几点结束学习,但他会频繁地监测 SPOC 后台和 python123 后台,对学习时间和学习成绩异常的学生,在企业微信里点名提醒,以起到警示作用。

> **案例 2:师范学院吴媛媛老师幼儿园游戏课程**

吴老师在课程里创新了签到方式,让学生在企业微信群发实践作品照片签到。上课前 5 分钟,吴老师首先在企业微信群组织学生以发送上周实践作品照片的形式签到,以达到既能组织学生签到、又能引导学生讨论实践作品的双重教学目的。实施一段时间后,她所教的三个班的学生均已非常熟悉此项流程,不需要教师提醒就能自觉签到。

二、新挑战:增强师生互动,达到"同频共振"

一门金课、一堂好课的标准之一就是能留住学生的心,是专业实用的内容,是师者的人格、内涵、思考和智慧而不是所谓的技术和颜值。为打造一门金课,上好一堂具有挑战度的好课,在教学中,教师们要以实现大学课堂教学的五重境界为目标,增强师生互动、生生互动,培育学生的学习自律性和内在动机,教师要严起来,让学生忙起来,师生"同频共振",共同实现课堂教学目标。

> **案例 3:师范学院吴媛媛老师幼儿园游戏课程**

"停课不停学"是我们积极主动应对疫情的一次教学挑战,同时也为幼儿园游戏课程实践教学提供了新的思路和视野。

在幼儿园游戏课程中吴老师邀请学生介绍优秀作品,并发起讨论、教师总结评价、帮助学生整理游戏实践经验等,将游戏活动的支持与引导内容涉及的六种能力贯穿于游戏理论教学的基础上,通过游戏实践达成教学目标。第 1~12 周的实践教学表明,学生不仅没有因疫情而息学,反而能够活用生活这本"大教材"开展游戏实践。

案例4：商务学院刘静老师运筹学课程

运筹学是一门非常依赖板书和课堂练习的课程，而这两者在网课的前提下如何进行并保证效果是整个教学过程中必须重点解决的问题。参考前期对学生及其往年学习情况的调查结果，刘老师对讲课形式进行了调整。往年是在教室进行板书讲解，此次由于疫情原因及家里条件所限，教师将板书搬到了word文件中，并将代数形式和表格形式一一对应，将课堂讲述的基本内容进行记录以备学生复习时用，要求学生同步记录板书并进行展示，通过教学内容中比较难的几章内容的讲解发现效果尚可。

三、新奇点：打开学生"知识缺口"，培养好奇心

美国卡耐基梅隆大学行为经济学家乔治·洛温施坦提出"知识缺口"概念：当我们感觉自己的知识出现缺口时，好奇心就产生了。结合当下社会时事及热点，联大教师利用精心设计的教学过程，不断地用问题或任务创设悬念，打开学生的"知识缺口"，激发学生的好奇心和学习兴趣。

案例5：商务学院任靓老师国际贸易英文契约课程

有着多年教学经验的任靓老师认为，问题导向型的教学方式取得的教学效果要好于直接输入式的教学，即在课程开始前，针对学生的实际情况及课程内容的重难点等，提出启发式、能够引起学生兴趣甚至是探索性的问题，让学生经过课前的自主预习和充分的思考，带着问题走进课堂。问题导向的方式，一方面能够锁定目标，凸显教学重难点；另一方面，能够提升和巩固学习效果，学生在课前预习一次，课上学习一次，课后复习一次，如此下来，这些重难点内容就会由难变易，直至学生完全掌握。

培养学生主动关注本专业热点及前沿问题的意识：学生对外资立法相关情况知之甚少，一方面反映出学生对这些热点问题的关注不够，另一方面也暴露出学生应用专业知识的意识不强。日常学习中，学生更多地聚焦书本本身，针对拓展能力不足、知识面狭窄等问题，任老师从任课教师的角度引导学生树立"学以致用、知行合一"的理念，提高学生对现实问题

的敏感性及认知能力。

> **案例6：商务学院李春玲老师审计学课程**

以任务为导向重构教学内容，创新教学方法和教学模式。线上教学与线下教学存在很大差异，在线上教学的过程中，教师需要重构教学内容。李老师在教学中，基于网络平台的各种教学资源，结合本校教学大纲和教材，拓宽学习资源，利用上市公司热点事件开发系列教学案例，激发学生兴趣。在每节课中都设置一个或多个问题或项目，以具体的学习任务作为目标导向，将知识学习与技能训练融入整个任务完成过程之中。合理设计教学任务后，教师以任务为导向，耐心启发引导，遵循学生认知规律，精心设计多种活动，培养学生发现问题、提出问题、解决问题的能力。

四、新收获：享受技术红利，"双师课堂"显效果

哪怕是最好的技术，如果没有与使用这种技术相适应的教学，它在教育环境中就毫无用处。联大教师充分应用中国大学MOOC线上"金课"进行本地化改造，探索线上"金课"的多种应用模式，打造适合本校学生特点和培养目标需要的"金课"，构建由中国大学MOOC课程资源里的教师和实施真实教学的任课教师组成的"双师课堂"，调动全情投入的积极性，增强课程思政的时代感和吸引力，提高课程思政的教学质量和育人效果。教师们在这次在线教学的实践过程中，体验并发现了由信息技术带来的优势及弊端，得到惊喜的同时还有意外收获。

> **案例7：商务学院李春玲老师审计学课程**

精心选取教学资源。中国大学MOOC平台有十几门审计学理论课程，其中受众较广的是中央财经大学、上海立信会计金融学院、西南财经大学、江西财经大学等高校开设的课程。为了选择最适合的课程，李老师一一试听了这些课程。中央财经大学的课程是国家级精品课程，但其授课内容与联大的教学大纲背离较远，只好放弃。江西财经大学的课程与联大的教学大纲最贴近，但教师的讲解过于枯燥，不利于调动学生的兴趣，也

不能入选。上海立信会计金融学院、西南财经大学的课程资源不够丰富，而且与联大的大纲也不一致。经过反复考察和筛选，最终李老师选择了东北财经大学祁渊团队的审计学课程。东北财经大学的审计学课程已经是第3轮开课，累计有4万多名学员参与学习。虽然还不是国家精品在线课程，但授课团队经验丰富，教师讲课风趣幽默，课程内容与联大的教学大纲非常接近。

案例8：师范学院吴媛媛老师幼儿园游戏课程

本门课程本学期选择的中国大学MOOC课程资源为南京师范大学邱学青教授的儿童游戏课程，即本门课程所订教材《学前儿童游戏》的编著者。由幼儿园游戏领域的权威专家、教材编著者"亲自"授课，给学生带来一种新奇的学习体验。聆听高质量的专家授课，对于学生来说是一件幸福的事情。

充分体验网络教学带来的便利。教师实践教学记录在网络教学中获得了重大解放，中国大学MOOC系统可以自动统计学生学习情况，为教师减轻了大量教学负担。企业微信群的聊天记录，也完整保留了实践教学的真实过程。学生的游戏实践记录按照要求，有三种保存路径，即单元作业上传、企业微信群签到、自建文件夹留存。本学期学生游戏实践记录的缺憾在于，由于采取个人游戏为主的教学方式，学生无法体验到完整游戏过程的连续性。

案例9：商务学院任靓老师国际贸易英文契约课程

此次疫情让线上教学真正地走进了课堂，这种变化让教师们更加充分地认识到线上和线下的各自优势，认识到将线上和线下有效融合能大幅提高教学效果。

线上教学能快速且大量地传递信息，拉近与学生的距离，降低交流的时间成本；此外，线上的诸多功能让师生的"对话"变得更加灵活，如通过作业和测验了解学生对基础知识的掌握情况，通过讨论区的讨论能够培养学生的发散思维和认知能力等。因此，在线下教学中要深入地引入线上功能，让教学内容更好地渗透日常。与线上的网课比较，线下教学的现场互动优势十分明显，而线上网课在这些方面受到了很大限制，所以，线上授课时，需要教师通过增加"问答"频次来了解学生的"动向"及其对讲授知识的掌握情况，从而更好地控制教学进度。

> **案例10：工科综合实验教学示范中心徐歆恺老师Python程序设计课程**

多种技术平台的充分融合，为学生打造全方位学习环境。本课程的网络教学选用的是中国大学MOOC+SPOC，作业和练习选用Python123平台，教师讲解回播平台选用bilibili视频网站，图文答疑选用企业微信+QQ。

为了更好地教学，采纳多数学生的意见，徐老师对作业和练习中有共性的题目录制了讲解视频，并将其发布到bilibili视频平台。为最大限度地保证教学效果，聚集学生的学习注意力，每个视频录制前徐老师都编写了脚本，录制后还专门进行了剪辑，保证每个讲解视频足够"短小精悍"，且操作过程一气呵成。

从bilibili网站的情况来看，讲评视频的播放次数达2400+，粉丝数也超过了所带的2个Python班的总人数，甚至还无意中吸引了bilibili网站上的一些"路人粉"。

五、新方式：诚信为本，探索在线教学考核方式

在考核上，师生不是对立的关系，二者的目标是共同的，教师应该让学生明白"考核不是目的，只是手段"这个道理，做通学生的思想工作，有利于他们主动掌握知识和能力。教师们在探索实践中，实现了在线教学考核方式的多元化、考试内容的多样化。

> **案例11：商务学院谢博婕老师金融学课程**

为保证线上闭卷考试的公平、公正，课程拟选用"中国大学MOOC平台答题+ZOOM会议监考+紧急预案应对突发情况"的方案。

（1）中国大学MOOC平台答题。结合平台特色和线上考试的特点，在题型、题量设计上都应进行新的设计，如减小客观题权重、增加开放性题

目、加大试卷阅读量等。其中客观题的构成,平台系统会根据设定的题目类型个数,在题库中随机抽取生成试卷,一人一卷,杜绝学生私下交流的可能性。

（2）ZOOM 会议监考。经历答辩季,教师已具备 ZOOM 平台的操作经验。考试前,教师可将会议室 ID 和密码提前通知学生,并将拍摄画面要求及设备的位置关系展示给学生。

（3）紧急预案应对突发情况。提前在学生中进行调研,了解是否存在困难,与学生进行充分的交流。例如,如果学生提出"考试过程中断网、掉线,怎么办?""打字太慢怎么办?""只有手机怎么办?"等问题,针对不同情况,都应按提前做好的预案进行详细的回答与讲解,打消学生的顾虑。

案例 12：师范学院吴媛媛老师幼儿园游戏课程

本门课程拟采取闭卷的形式,实行在线期末考试。在线考试方式为在企业微信会议（或钉钉）中进行,教师和学生均严格执行学校考试规范。考试时学生将考试用桌置于房间中间,考试用桌半径 2 米以内不许摆放其他用品。待确认学生清空考试用桌后,在规定时间内发放并回收电子版试卷,考试全程录像。用红色字体电子批阅试卷并签字。完成成绩登录及考试材料、教学材料的电子归档。

案例 13：商务学院任靓老师国际贸易英文契约课程

线上考核分成两部分：

第一部分主要考查学生对知识内容的学习情况,通过在线答卷的形式完成。

第二部分主要考查学生对知识内容的应用能力,通过提交课程设计进行考核,在指定的时间段内完成考核,考试开始时将考试题目通过网络发布（包括考核要求和评分标准）,在网络上设置考试时段,学生务必在规定时间内提交课程设计；可以采取开卷方式。

本课程的线上考核采用 BB 网络学堂中的"测验"功能（两部分内容

的答题和提交都可在 BB 网络学堂中完成），如遇网络问题，在提交考核结果时，可适当结合企业微信群提交。

案例 14：工科综合实验教学示范中心徐歆恺老师 Python 程序设计课程

由于是纯在线考试，如何保证学生不进行私下"串联"是教师面临的一大难题。此外，如何保证各学生面对的题目难度相似，也是以往让我们头痛的问题。我们采取了"同一模块，同一题目，多种形态"的方式解决了这两大难题。

所谓"同一模块，同一题目"，指的是同一个考核模块，原则上只由教师出一道"原题"，涉及的知识点和难度相同，从而保证考核的公平性。而"多种形态"，指的是通过改变参数、改变细节要求的方式，将同一道"原题"变成多种形态的"新题"。而每个模块都从这些"变形"题中随机抽取，保证每个学生拿到的试卷尽可能不同。

从期中考核成绩分析，本课程的考核方案设计是有效且合理的，可以在期末考核中继续使用。

疫情期间的在线教学实践，带来了"四个变"：改变了教师的教、改变了学生的学、改变了学校的管、改变了教育的形态。教师们逐渐适应新的教学环境并探索创新教育教学方法。在后疫情时代，联大全校师生携手，为实现教育部提出的"让课程优起来，让教师强起来，让学生忙起来，让管理严起来，让效果实起来"的"五个起来"目标，以课程思政为抓手，继续探索前行。

撰稿人：北京联合大学教务处张春艳

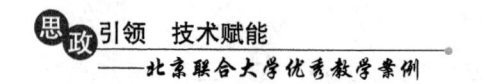

优化教学设计，构建学习共同体，积极落实育人总目标

韩宪洲书记指出，"新时代教师开展课程思政，要运用马克思主义立场、观点和方法挖掘课程所蕴含的思想政治教育元素和所承载的思想政治教育功能，确保所挖掘的内容体现政治性、饱含育人性、富有科学性、具有生动性，并能有机融入各类课程教学之中，以此实现所讲授课程在价值引领、知识教育与能力培养方面的有机统一，并在培养德智体美劳全面发展的社会主义建设者和接班人这一育人总目标上与思想政治理论课保持同向同行，形成协同效应"。❶

围绕育人总目标，各门课程不仅要深挖思政元素，有效融入思政元素，还应搭建思政元素发展发育的结构化空间，推进教学设计、教学实施过程等方面的教育教学改革，保证课程思政目标和专业教学目标的实现。

一、优化教学设计，选好思政元素融入的"切入点"与"时机"

教学是一门艺术与技术相结合的工作，既有严谨、规范、科学的一面，也有自由、灵活、艺术的特点。在教学中融入思政教育元素，要更多地体现出艺术性手法，选好思政元素融入的"切入点"与"时机"，不能简单地"生切""嫁接"。

BOPPPS是一种有效的教学设计模型，通过课堂导入、课堂目标、课堂前测、课堂参与、课堂后测、课堂总结等环节，促使学生积极参与学

---

❶ 韩宪洲. 课程思政方法论探析——以北京联合大学为例 [J]. 北京联合大学学报（人文社会科学版），2020（4）：15.

习，同时充分重视学生的反馈信息，确保教学质量。在 BOPPPS 教学模式下，选好切入点和时机，可以更好地实现知识、技能、教学目标与情感、价值观教学目标的统一。

案例1：管理学院李英侠老师"大项目中的小故事"通识公选课

李英侠老师应用 BOPPPS 模式对教学过程进行精心设计，同时挖掘案例中的故事与项目质量管理知识点、思政元素等的对应关系。教学案例部分内容整理如下：

1. 基本设计思路

（1）精心选取教学案例素材。以航空项目为案例可以体现项目质量管理的各种极限挑战，学生对航空领域的大项目通常也充满好奇。因此，选取运-20大型运输机研制项目、ARJ21-700适航取证项目、C919研制等项目。

（2）在具体的案例分析过程中，分析这组航空研制项目在国家和产业层面的重要战略意义。通过鲜活的中国创新和科研生产励志故事，激发学生的家国情怀。

2. BOPPPS 课堂教学活动

课程基于 OBE 理念，依托"知识体系+创新思维+创新方法+商业伦理"为一体的课程框架，组建学生学习小组，开展 BOPPPS 课堂教学模式。要点如下：

B——导言（Bridge-in）：引发学生学习兴趣与动机，并解释课程内容的意义。

O——目标与预期效果（Objective or Outcome）：具体描述当堂课的学习目标。同学们对课程案例有了共鸣之后，明确阐述当天的学习目标和要求。

P——前测（Pre-Assessment）：通过形式多样的测试，了解学生对课程内容掌握的程度。

P——参与式学习活动（Participatory Learning）：先讲解航电系统正向研发模型中的项目质量管理理念，然后引入视频案例。课程中通过观看视频并随时采用停顿、讲解、提问、讨论等方式，把航空项目质量管理实际与项目质量管理理论概念建立对应关系，促进学生理解项目定义、项目执行、项目组织、项目内外部因素等方面内容，并对项目和项目管理背后的管理逻辑进行探析，学生的回答反映了他们对管理逻辑的认真思考。

P——后测（Post-Assessment）：布置作业，并分享资料。要求学生将所学内容拓展到 ARJ21-700 项目，基于蓝墨云班课的头脑风暴思考并讨论，形成相应的文档及汇总。

S——总结（Summary）：

（1）巩固项目定义学习成果。

（2）理论联系实际：项目质量管理核心概念和关键技术与实际案例进行对应。

（3）理解管理逻辑：项目质量管理要点的本质以及各要点之间的管理逻辑关联。

（4）学以致用：基于项目质量管理过程框架，理解航空项目质量管理试飞和适航过程及相关安全质量要求。

（5）课程思政：中国航空项目研制中的家国情怀。

在上述 BOPPPS 模式中，一堂课实际上有多个可以融入思政元素的切入点和时机，选取更适合的"点"与"时"，可以提升融入效果。

做好教学设计，是实现课程思政目标、专业教学目标的必然途径。

案例2：商务学院钱春丽老师国际商务课程

钱春丽老师通过教学方法与教学手段的改进和创新，将启发式教学、互动式教学、体验式教学、团队式学习等多种方法融合运用，挖掘专业知识要点和课程思政要点，提升教学效果。教学案例部分内容整理如下：

1. 根据网络教学特点优化教学设计

线上教学与实体课堂教学存在媒介、情景、反馈等方面的差异，运用视频观摩、演讲展示、讨论版互动、案例互评等多种教学手段，可做到启发引导、润物无声、水到渠成，如强化基于互动的讨论版功能。

本课程在实体教学过程中每章都设计了辩论主题，鉴于网络教学无法还原实体教学中的辩论场景,将部分辩论主题转化为讨论版主题,并新增了时事案例和热点问题研讨。通过线下准备、线上互动、实时反馈、实时答疑,强化国际商务课程的与时俱进和课堂互动功能。

2. 基于 AOL（教学质量保障）进行教学设计优化,落实育人目标

国际商务课程是国际商务专业的必修课程,也是专业 AOL 检测的重点核心课程。课程设计《北汽集团进入国际市场战略》案例分析报告作为本课程专业知识与德育目标"国际商务视野,本土行动能力"的综合能力考核与检测项目。以往案例报告质量评价结果显示:学生对于国际市场环境分析和战略决策理论工具与方法的掌握不够精准,论证依据不够全面,运用理论工具解决实际问题的能力仍显不足。

为了解决上述问题,改变以往"一稿定乾坤"的静态评价过程,本课程依托慕课系统的评价系统和动态跟进机制,优化案例撰写、展示、评价过程设计。学生对于案例报告三个部分的撰写与评价分别融入课程进程中,知识模块讲授完毕后,即进行分报告撰写与评价,做到理论与实践的"实时链接、学以致用"。在案例评价过程中实施自评、互评、教师评价"三位一体"的评价过程,允许学生在过程评价后修改报告内容,实现商科课程学习效果评量的"知行合一、持续改进"导向。

案例报告将报告口头展示与文本展示双向结合,激励学生自主学习、相互学习、团队学习。截至第 13 周,已经完成报告第一和第二部分的评量和改进工作,分报告质量明显提升。同学们也用自发致谢的方式,对课上展示和点评过程表示认可。

二、构建学习共同体,点燃学生学习热情,拉近情感距离

"学习共同体"强调学习过程中的相互作用,学习主体通过人际沟通、交流和分享各种学习资源而相互影响、相互促进。它与传统教学班和教学组织的主要区别在于更强调人际心理相容与沟通。学习者对共同体的认同感有利于维持他们持续、积极的学习活动,也有助于思政元素的有效融入和效果提升。当学生把教师看成学习共同体的一员的时候,学生会更容易接受教师提供的思想政治观点。

借助网络交流工具，教师与学生在网络学习社区进行交流讨论，分享各种资料信息，展示各种不同的观点和思路；从运行上看，时间空间都大大延伸，学习超越以往教室的界限，甚至与课堂外的问题情境更多地联系起来；当学生及时获得教师、同伴的响应帮助，解决学习中所遇到的困难时，会激发起学习热情与兴趣，拉近彼此的距离。

案例3：机器人学院张保钦老师单片机接口技术课程

张老师在教学过程中，积极构建良好的师生互动、生生互动关系。这实际上就是一个学习共同体的本质特征。在这样的环境下进行课程思政元素的融入，有助于效果提升。教学案例部分内容整理如下：

1. 课中活动适时融入思政元素

（1）作业讲解。对上一节课布置的"模数转换技术"作业进行了讲解。

（2）接口技术社会应用。首先把串行接口技术融入社会应用。结合本节课的内容"串行接口技术"，简单回顾了历史上通信技术的发展，在同学们感受中国历史长河中古人的智慧和现代科技的思潮中，激励他们成为一个有梦想、投入祖国建设的大学生。引入"中国移动5G智能机器人支撑新冠肺炎救治工作"的案例，给大家介绍机器人上的单片机和无线收发模块进行串行通信，保障了远程CT影像会诊、交互式视频会诊、多学科远程会诊等工作的开展。

（3）分发课件，组织线上实践教学。课前对线上实践教学进行精心规划，结合同学们学习的特征，制作课件和准备实验材料。

（4）突出重点，精心规划线上上机实践。根据教学目标，把上机任务解析成3个层进式的上机小目标，难度由小到大，引导同学们一步步实现教学目标。

（5）转变角色，做好课堂组织者和学习辅导者。下发任务后，教师转变角色成为辅导者和答疑者，通过备课和思考，对实验中各个环节容易出问题的地方做到预见性认识，做好实验课堂的准备和组织工作，引导学生循序渐进地进行实验。

（6）问题集中讲解和分析。下课前5分钟，教师就同学们遇到的问题集中给予分析、指导和总结。

（7）对课程进行总结。

2. 课后讨论答疑不中断

下课后，张老师在企业微信群继续回复同学们的问题，分析错误原因。有时答疑到晚上10点多，第二天还有同学在提问。

案例4：基础课教学部王笛老师高等数学（Ⅱ）课程

王笛老师认为高质量的师生交互和生生交互是一堂在线课效果好的保证，因此要求学生上课时留下纸质的课堂笔记和复习资料，并在下课后拍照发给教师，以及时了解学生的学习状况。对于个性问题一对一辅导，共性问题在直播答疑课上统一讲解。依托BB网络学堂讨论板，给学生发挥主观能动性、吐槽或是提出新的问题提供一个讨论交流的场所。这些做法具备了学习共同体的基本特征，学习共同体越紧密，思政教育的效果就越好。教学案例部分内容整理如下：

1. 思政元素挖掘环节设计

按照本次课的教学内容和教学目标，梳理知识点，挖掘课程思政元素。简单介绍数学史，让学生们知道今天学习数学发展所取得的辉煌成就不是一蹴而就的，是许多著名数学家共同努力、长期坚持的结果。在课程开篇引入《庄子·天下篇》中对"截丈问题"的一段名言："一尺之棰，日取其半，万世不竭"；以及战国时期的刘徽在他的割圆术中提出"割之弥细，所失弥少，割之又割，以至于不可割，则与圆合体而无所失矣"。思考题中的调和级数蕴含着蜗牛精神，点点滴滴虽然越来越渺小，但是积微方能成著。滴水可以穿石，不放弃不抛弃，一路坚持，理想终究会实现。

2. 在线课程教学设计

由于在线教学的特殊性，王老师在如下三个方面调整教学设计：

录播直播相结合。录播的优势在于，对于上课视频中不懂的地方，学生可以多次回放，并有效地记下要点。

加强课堂的交互性和参与性。高质量的师生交互和生生交互是一堂在线课质量高的保证。

充分利用线上教学的优势,让学习更具包容性和开放性。

在课程结束时,同学们提交纸质笔记的照片,同时反馈自己遇到的问题。

总之,在情感和价值观的教育过程中,学生一般要经历注意、评价、内化等阶段。思政元素的简单融入,只可能使学生注意到这些元素;只有触动学生、感动学生,让学生对思政元素产生共鸣和共情,才能使我们的育人目标内化为学生的价值倾向。"情感是信念、原则、精神力量的血肉和心脏。没有情感这些只会变成干枯、苍白的语句。"

学生对思政元素的认同和追随,往往来自对教师的认可和信任,这也是强调构建学习共同体的原因之一。在师生这个学习共同体内,教师耐心细致的讲解、沟通,不仅促进了学生的学习进步,同时,也为有效开展课程思政打开了一扇门。

撰稿人:北京联合大学教务处吴智泉

慎终如始

课程思政向美而行

专业课程是课程思政建设的基本载体,面对联大专业的多样性,联大教师深入梳理专业课教学内容,深入挖掘课程思政元素,依据不同专业的特点,提炼专业课程中蕴含的文化基因和价值范式,将课程思政有机融入到教学的各个环节。教师在教学过程中有意、有机、有效地对学生进行思想政治教育,实现了专业性课程知识和思想政治教育资源的有机统一,在"润物细无声"的知识学习中融入理想信念层面的精神指引。

第一,经济学类的专业课教师坚持以马克思主义为指导,充分利用东西方文化的差异,传递中国教育的美好前景和中国社会的伟大蓝图,引导学生扣好人生的第一粒扣子,恪守专业精神,有所为有所不为。

案例 1:商务学院刘微老师金融营销学课程

金融营销学是金融专业的一门专业选修课程,刘微老师通过过程性考核,既完成了对学生学业的课程考核,也实现了课程思政的有机融入。该课程考核分为过程性考核和终结性考核,其中过程性考核包括平时出勤、在线平台讨论成绩、1次金融产品推介、1次金融营销案例分析、1份金融营销策划报告成绩和1份读书笔记。

(1)金融营销案例分析。学生选择某种金融产品在实务领域曾经实施过的营销活动作为营销案例,就其营销理念、活动设计、营销效果、经验与启示展开案例分析。这一作业旨在锻炼学生发现并分析金融营销中存在和潜在的问题,以及运用恰当的方法针对相应问题总结经验教训、探索解决方案的能力。例如,中国银联针对云闪付推出了一系列营销活动,比如银联62节、双十二银联半价补贴,还有商超节等,其中2019年8月推出的一部电影《大唐漠北的最后一次转账》引发了刷屏热潮，播出后云闪付App自发注册用户量提升了25%以上。结合本案例分析中国银联如何将大数据技术、跨界营销、情感营销、交互化营销等手段应用于营销活动中，通过案例分析，并有机融入民族自豪感等思政元素，充分唤起了学生民族信仰、信任的共鸣。

（2）金融营销策划报告。该作业以小组（3~5人）为单位，采用项目小组互助学习的形式，选择金融市场上现存的某一种金融产品或某项金融服务作为策划标的，撰写一份至少包括客户行为市场调查分析、营销环境分析、目标市场定位、营销策略、营销策略实施计划这几部分内容的营销策划报告。撰写过程贯穿本课程教学的整个学期，每部分内容与理论教学紧密相扣，并在相应理论教学之后着手撰写，将营销各环节的理论知识运用到具体金融产品的营销策划中，综合培养和锻炼学生金融营销的研究与实践能力，形成金融、营销理论到实践的映射。项目小组遵循"明确任务—制订计划—做出决定—实施计划—检查控制—评定反馈—明确任务"的闭环工作过程，反复修改定稿，最终在学期末统稿完成。报告的整体风格、内容格式由各小组自行创意设计。在营销策划报告的选题及策划过程中融入思政元素，如"当代青年对于环保问题以及弱势群体金融支持的关注""积极创新解决金融痛点问题的勇气"，提高了学生对"金融企业社会责任"的认识，以及"辩证地思考、解决问题的能力"，也激发了学生的学习兴趣、民族意识和社会责任。

案例2：商务学院修媛媛老师国际服务贸易（全英）课程

该课程本讲主要介绍外国直接投资的要领，跨国公司概念、发展历程、经营特点等基本状况；讲述外国直接投资理论、跨国公司的内部贸易，外国直接投资对世界经济、东道国经济、母国经济的影响等理论内容。修媛媛老师通过查阅文献，整理撰写了教学案例"服务经济与国家竞争优势"，在课堂讲授中结合专业热点问题以及国际服务贸易相关具体案例，让学生体会到我们所面临的复杂国际经济环境，遇到的新问题和挑战，理解我国在服务经济时代的国家竞争优势，以及我国对全球经济问题的立场和主张，培养学生勇于担当的爱国情怀。通过案例教学讲解使学生深入了解我国有竞争力的产业及相关产业，企业战略、结构与同业竞争，切身感受我国对外开放取得的成就，激发他们的民族自信心和自豪感。尤其是在疫情期间，让同学们充分看到中国所展现出来的大国情怀，激发他们的爱国热情进一步升华。

第二，理学、工学类的专业课教师在课堂教学中依据专业特色，扎实推进专业素养教育和职业品德教育。让学生在学好本领的同时学会做人，培养学生的科学精神和创新精神，强化自我价值与社会价值的统一。

案例3：工科综合实验教学示范中心张利霞老师多媒体技术与应用课程

多媒体技术与应用课程是一门理论性、实践性很强的课程。学生不仅要了解多媒体相关概念和多媒体关键技术，还要初步掌握收集并处理图形、图像、视频、音频等多种媒体素材的方法，能够独立开发多媒体教学课件和简单多媒体应用程序。张老师在教学过程中不仅以学生掌握图像处理、音视频处理的基本知识和操作技能讲授为目的，而且灵活运用多种教学方法，融入绘画等文化元素，让学生从优秀传统文化尤其是民族文化中理解美、发现美、热爱美，弘扬我国优秀传统文化，树立文化自信，厚植爱国主义情怀，实现课程思政的目标。

案例4：工科综合实验教学示范中心肖丽平老师单片机原理与接口技术课程

传统的单片机教学过程中，尤其是汇编语言教学时较枯燥，存在理论教学与实践教学脱节现象，在固定的教学环境、有限的学时下，多数学生只能按部就班地完成相关理论的学习，缺乏深入思考和钻研的条件，对学生创新能力培养不足，学生学习效果也不好。本部分内容采用项目教学法，其实是借鉴了5E教学模式（基于建构主义教学理论）调动学生的学习主动性。将教学过程分为吸引、探究、解释、迁移、评价5个阶段，首先将项目结果演示出来，吸引学生探究的兴趣，然后学生在教师的启发下开始进行探究实践，最后教师进行解释和知识迁移，并评价学生再次提升后的作品。每次课间播放相关"芯片"视频，如"中国芯"和"中国制造自动化"，让学生了解中国在高新技术发展的这条道路上依旧任重道远，激励学生迸发出为国家繁荣富强读书的热情。

案例5：智慧城市学院陈晓丹老师计算机网络课程

　　计算机网络课程的主要任务是讲授计算机网络的基础知识和主流技术，帮助学生掌握计算机网络的基本原理、组成和结构，局域网的交换，网络的路由与转发，互联网技术及应用等方面的基础知识和基础理论，教学中强调基础理论知识和实践相结合，培养学生对计算机通信与网络的理解、分析和设计能力。为了更好地引导学生，陈老师在课前引入思维导图帮助学生厘清章节之间的关系，各个知识点之间的关联，上下层的服务关系等。开学初通过发布公告，使学生明确这门课的上课形式，尽量安抚他们的焦虑情绪。公告里融合了这门课涉及的交换机路由器等硬件元素，以及双绞线光纤等传输介质，让学生们"眼前一亮""原来我们的生活与这门课程息息相关"。课程中发布的公告，做到有"同理心"地给学生一点学习的建议，即从学生的视角出发，感受他们学习的压力，又从教师的身份出发，帮助学生厘清章节之间的关系，鼓励学生提出切实可行的学习方案……例如，在讲授传输层时，公告栏中用诙谐幽默的语言提出传输层的重要作用，并融入了"责任与担当"的思政元素。

　　联大教师结合专业特点进行潜移默化的价值观引导，让教育者的"教"，见效于受教育者的"学"，塑造大学生良好的思想品德、崇高的政治信仰，培养大学生正确的世界观、人生观、价值观，使思政课发挥主渠道主阵地的作用，同时使其他各类课程焕发出思政活力共同育人，使得课程思政向美而行。

撰稿人：北京联合大学教务处刘佳

课程思政建设一直在路上

网络教学期间,许多教师参加了"学生中心""混合式教学""课程思政"等各类线上教学讲座,并将相关理论运用到自己的课堂上,努力践行将专业小课堂同社会、思政大课堂结合起来,由"以教为主"转变到"以学为主"。课程思政供给的"引领性""精准性""有效性"大幅提升,课程思政工作从"无处下手"走向了"如盐入水"。

一、疫情期间掀起了"学习革命"

围绕学校"立德树人"的根本任务,联大教师秉持"学生中心、产出导向、持续改进"的教育理念,以网上教学为契机,抓住教学关键环节,加大投入,积极开展教学研究,改革教学理念和教学形式,疫情期间掀起了"学习革命",引导学生全面发展。

同时,为了让特殊学生拥有良好的网课体验,教师们广泛调研、精心设计,根据听障生的理解特点制作线上教学 PPT 文件,准备教学用例操作指导手册,帮助听障生更好地理解学习内容,跟上教学进度。

案例1:工科中心鞠慧敏老师 Access 数据库应用课程

在网络教学中师生处于地理位置上的分离状态,网络教学的交互性设计直接影响到教学的效果。为保证网络教学效果的有效性,鞠慧敏老师在讲授 Access 数据库应用课程时,基于学生的知识基础、学习环境以及现有学习状态数据,对教学过程中所需的学习资源、学习评价等关键环节进行了有针对性的设计。

学习资源是学生在线学习的主要内容,其丰富程度直接影响着学生的学习效果。因此,鞠老师为学生提供了教材(电子版)、讲义、网络在线视频资源、微课实验资源等多种学习资源。鞠老师将实验任务及操作要点等录制成一个个微视频资源，并提前将这些微视频资源上传到云班课"资源"模块，供学生课前学习或实践参考，或课后进行碎片化的学习。此外，鞠老师还为每一单元内容制作了 PPT 讲义和实验任务讲义，提前上传至云班课中，学生可以查看了解每次课的主要内容与要求，结合微视频操作资源进行实验任务的实践，为进行翻转课堂教学提供了保障。

线上教学无法面对面直观地了解学生的学习状态与结果，因此本门课程对学习中的评价活动进行了重点设计。形成性评价成绩占最终评价结果的 50%，考查维度包括云班课平台中学生的学习数据统计（学习时长、参与活动次数、作业提交的数量与质量）、学生课堂及课后的互动情况。为了更有效地掌握学生的学习效果，鞠老师还利用云班课平台"测试活动"模块，在教学设计中加入"单元测验"环节，检验学生对本单元理论知识、实践操作的理解与掌握情况，根据测验结果及时调整教学内容与任务安排。

案例2：马克思主义学院曲艳老师马克思主义基本原理概论课程

曲艳老师的教学班既包括健全生，也包括特教学院的听力障碍生。曲老师平时给听障生授课通常由 PPT 演示结合手语讲解进行。转到线上教学后，听障生对于视频和文字学习是无障碍的，但并不能照搬针对普通学生的讲课方式。因此，课前准备阶段，教师需要根据听障生的理解特点制作线上教学 PPT 文件。

对于听障生来说，理解教材的逻辑结构非常重要，所以 PPT 必须脉络清晰、结构明朗，每个知识节点都有清晰的结构图或者文字标识，以便引导学生串联起视频教学和教材内容。同时因为原理课程的理论、概念对于学生来说比较抽象，所以每一句抽象的理论之后都要辅以浅显、准确的解释，很多时候需要用通俗的事例来帮助理解。这些内容在平时授课时教师可以结合手语讲解完成，而网上教学则需要在 PPT 中体现出来。

案例3：工科综合实验教学示范中心穆艳玲老师多媒体技术与应用课程

多媒体技术与应用课程面向特教学院视传专业的听障学生。师生互动在现场教学中很容易发生，但在网络传输的环境中较为困难，对于听障生而言，缺少声音的互动更为困难。如何与听障生在网络教学环境中进行很好的互动，如何设计互动是课程设计的重点和难点。

网络直播过程中师生通过音书字幕速记功能进行交流互动。在交流过程中，学生需要及时抓取文字信息，听障生能够理解简单语句，抓住明确清晰的信息，但容易混淆或忽略隐含的信息。鉴于此，除常规的 PPT 外，教师在课前准备了各种教学用例的操作指导手册，手册不仅描述操作过程，也对教学用例中的学习目标和学习任务进行详尽介绍，帮助听障生更好地理解学习内容。直播时不能跟上节奏的学生，课下也可以根据手册进一步学习。

"不明白教师想让我做什么""不能明白自己疑惑什么"是听障生上网课初期与健全生的明显区别。所以，在教学过程设计方面，无论是用例的操作手册还是直播的前几分钟，教师都明确传达当天的学习内容和学习目标；在授课过程中做到步骤清晰，根据学习难点或易混淆点频繁，及时获取学生的疑惑点。学习内容的迁移是学习成果的检验标准，在课后作业布置中设计相似但不完全相同的作业内容，便于检验学习效果。

二、以课程思政为切入点提升职业素养

随着世界经济的飞速发展，社会对毕业生的职业素养提出了更新更高的要求。针对这一问题，联大教师以课程思政为切入点，探索在专业课程教学中如何培养人才的职业素养和提升人才的职业道德。

案例4：师范学院李孔文老师小学语文课标与教法研究课程

小学语文教学能力培养是小学教育专业（全科型）发展主要目标之一。听、说、读、写都需要，读、写更重要，阅读教学和习作教学是小学语文教学的核心部分，依托中国大学 MOOC 教学资源，任课教师在进行

SPOC授课设计时，以学历案为引导，着力提升学生的课程设计能力。学历案是基于学生立场的教案革命，对于职前教师培养具有积极意义，能有效帮助毕业生将来胜任小学语文学科教学工作。

针对小学语文统编教材增加了优秀古诗词的比重，教师布置了"练习优秀古诗词"小黑板学习任务。通过背诵并板书优秀古诗词加强师范生的教学基本功训练，使学生在深入理解中华优秀传统文化、确立中国文化自信的同时，落实课程思政。

李孔文老师说，教学是一面镜子，师生可以相互管窥各自在教学活动中的表现。教师率先把课程教学要求学懂、弄通、吃透，促进学生深度学习，既培养了学生，也教育了自我，从而显示出教学相长的现代意涵。

案例5：应用文理学院迟红老师公共英语Ⅱ课程

在讲授第七单元课文《诚信制度蒙羞》时，迟红老师通过对课文素材的讨论来设计读、写、译相结合的练习，启发学生用英语思考，阐述：什么样的行为会令诚信制度蒙羞？什么原因导致学术不端这种现象？教学中，把语言的显性教育与育人的隐性教育相统一，以挖掘教学内容为术，以教师行为示范为道，将语言教学与课程思政有机地融合，实现了语言技能外化于行、价值规范内化于心的全员、全程、全方位育人。

在学习文章内容时，通过评论、阐述、提问等方式，对科学家精神进行剖析，培养学生的思辨能力；分析课文中语言点、长难句时，多数表达都与期刊发表、诚信制度的建立等话题有关，通过学习学生可以自如地描述自己心目中科学家应该具有的优秀品质，进而反思科学素养如何形成。教师鼓励学生在课下组建学习小组，学生通过小组内部讨论、查询资料、整合梳理归纳与教师课下答疑四个环节，对科学家精神的内涵进行不断挖掘，培养学生的自主学习能力。

三、在课程思政中融入生态文明教育

坚持人与自然和谐共生，建设美丽中国，是习近平新时代中国特色社会主义思想和基本方略的重要内容。教育是生态文明理念渗透传播的主要途径。在高校开展"课程思政"和"三全育人"的实践探索过程中,生态文明教育应有"一席之地"。联大教师就课程思政中融入生态文明教育的实现模式展开了探索。

案例6:应用文理学院张俊娜老师环境考古课程

环境考古学的任务是研究古代人类生态系统演变的历史,揭示影响人类文化形成、发展和兴衰的环境因素,为人类社会的可持续发展提供有益的借鉴。通过学习本课程,引导学生科学认识古代人地关系,深入理解人类在自然界中的地位,并能够对我们目前破坏环境的行为进行反思。本课程教学目标分解见图1。

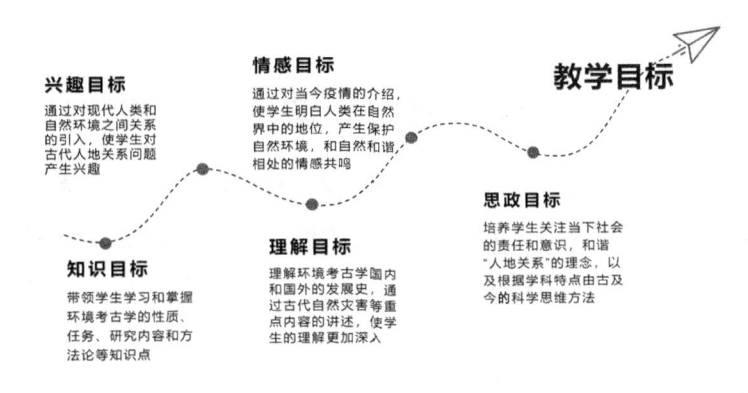

兴趣目标
通过对现代人类和自然环境之间关系的引入,使学生对古代人地关系问题产生兴趣

情感目标
通过对当今疫情的介绍,使学生明白人类在自然界中的地位,产生保护自然环境,和自然和谐相处的情感共鸣

教学目标

思政目标
培养学生关注当下社会的责任和意识,和谐"人地关系"的理念,以及根据学科特点由古及今的科学思维方法

知识目标
带领学生学习和掌握环境考古学的性质、任务、研究内容和方法论等知识点

理解目标
理解环境考古学国内和国外的发展史,通过古代自然灾害等重点内容的讲述,使学生的理解更加深入

图1 教学目标分解

张俊娜老师从"人和环境的关系"引入课程,让同学们认识到人类是自然界的一分子。通过对古洪水灾害、古地震灾害、古气候事件等环境考古研究中的具体案例的介绍,使学生在学习环境考古研究内容的同时,对大自然的力量产生敬畏,认识到重视自然和人类之间关系的重要性。将现阶段的新冠病毒及历史上的其他病毒进行分析,着重介绍了古代瘟疫的研究案例,增加了学生对当前疫情的了解及对人类自身行为的反思,从而关注社会与发展,树立责任感和使命感。

案例7:应用文理学院李琛老师人文地理学课程

李琛老师的人文地理学课程通过讲授人地关系与环境决定论、生产力发展与文化决定论及其他人地关系理论，培养学生具有较好的人文社会科学素养、较强的社会责任感，能够在实践中理解并遵守城乡规划职业规范，践行社会主义价值观。

李老师认为，结合课程思政案例的讨论要有时效性，要选择学生感兴趣的点，以提高课堂参与度。例如，根据习近平同志 2020 年 4 月 20 日到陕西省商洛市柞水县小岭镇金米村考察的新闻，教师发布讨论题目"以柞水木耳产业为例，试用人地关系理论，谈谈乡村脱贫与乡村振兴的途径"。讨论内容既结合了课程教学内容，又结合国家宏观发展战略，体现了培养合格的社会主义接班人与建设者的教育目标。同时也要注意，教师要对学生的讨论进行有效点评，分析学生的观点，肯定学生分析问题的能力，从而激发其学习兴趣，促使学生积极参与讨论。

四、厚植家国情怀，肩负使命担当

"家国情怀""使命担当"是大学生德育教育的永恒主题。教师们在专业课教学中应聚焦社会，将思想性、理论性、知识性有机结合，培养学生通过不懈努力实现中国梦的情怀和自豪感，以及为实现中华民族伟大复兴肩负的使命。

案例 8：商务学院田园老师国际商务沟通课程

在国际商务沟通课程"付款"这一章节的教学设计中，田老师通过观看视频、案例讨论、新闻热点分析、课后报纸选读等方式，在教学内容中融入了德育元素。通过对新闻《特大喜讯：2017 年 10 月 1 日开始，人民币正式成为国际通用货币！（中国崛起！）》的分析，培养学生的民族自豪感，及通过不懈努力实现中国梦的情怀；组织学生观看视频《承袭历史，创新不已——访中国银行国际结算部王国胜总经理》，感受拼搏自强的企业家精神和创新中求发展的德育元素；在讨论"信用证欺诈案例：盗用第三家银行密押诈骗案"案例时，融入体现诚信精神和培养学生正确的"三观"的德育元素。

田园老师说，"在这趟和学生们在线上相伴而行的特殊旅程中，我将继续努力进一步打通线上师生沟通壁垒，拉近师生心灵距离，承担起学生健康成长指导者和引路人的责任，真正做到知识传授和教书育人的有机统一，使学生学有所得、学有所思，无愧'教师'身份"。

案例9：旅游学院刘宇老师微观经济学（双语）课程

刘宇老师将本门课程的教学目标设定为三个：一是知识，讲好教材内容，充实学生的宅家时间；二是应用，激发学生对于疫情期间经济事件的思考，活学活用；三是价值，帮助学生树立一个比较正确的价值观，在纷繁的信息中，增强辨别是非的能力。

课程中有一个教学案例是关于石油价格的。主要是讲OPEC（石油输出国组织）如何利用寡头垄断的市场结构控制短期石油市场价格，但从长期来看石油价格仍是由市场供需决定。这部分内容学生理解起来有一定困难，所以教师将时事新闻与教学内容结合起来，向学生展示了受疫情影响OPEC正在考虑原油限产措施的相关报道，以数据图表的形式演示了石油价格走势，帮助学生理解真实世界中的经济问题。同时希望学生能深入思考新冠肺炎疫情对全球经济产生的深刻影响，给中国带来哪些变化与机遇。

刘宇老师认为，面对不断变化的形势、不同利益群体的观点、芜杂的信息，要想将现实情况与课程内容相结合很有难度。但是，作为一名高校教师，应该有这种责任感去引导学生思考，帮助他们分析，即使未必能探究到正确答案，但最起码，学生思考过了，一定会在未来的成长中留下痕迹。

"在课程思政的探索道路中，只有起点没有终点，我们只是在起点的起点，起步的起步。"北京联合大学原党委书记韩宪洲经常这样说。所有课堂都是育人的主渠道，把专业小课堂同社会大课堂、思政大课堂结合起来的做法，更加符合大学生的接受心理。北京联合大学课程思政建设一直在路上。

撰稿人：北京联合大学教务处王晓蕾

下 篇

"线上线下 同向同行"优秀教学案例

◤经济学◢

基于五星教学原理的"思"与"行"

——行为金融学课程前景理论教学单元

课程基本信息

课程名称	行为金融学	课程类型	专业选修课程
学时学分	48学时3学分	面向学生	金融学专业一年级
教学单元主题		前景理论	
课内/课外学时		2学时/4学时	

一、教学目标与学情分析

(一)教学目标

1. 认知目标

通过本教学单元的学习,要求学生能够理解传统期望效用理论的不足,了解个人风险决策过程中的两个阶段,能够解释前景理论中的参照依赖、损失厌恶、反射效应与确定效应,以及价值函数和决策权重函数。

2. 能力目标

(1)完成本教学单元的学习后,要求学生能够运用前景理论分析、解释金融市场中的一些现象及投资者的某些行为特征;

(2)能够参与协作学习,具有团队合作意识,能够就行为金融学问题撰写报告,进行成果展示和有效沟通与交流;

(3)稳步提升自主学习能力。

3. 素质目标

(1)能够理解个体理性的局限性,对自我与金融市场形成正确的认知;

（2）能够辩证地分析问题，解决问题；

（3）能够树立正确的风险观。

（二）学情分析

学生的认知结构不是一张白纸，每个学生都带着各自的前结构走进课堂。前结构是指一个人全部的知识库、经验、体验等。前结构既可以是学习活动的消极限制，也能成为学习活动的积极条件，是学生思维运行的深层基础。因此，教师在开展深度教学时，有必要对学生的知识结构、思维方式、行为方式等进行分析，从而了解学生的认知背景、现有的水平和需求，判断学生的"最近发展区"，在充分发挥前结构的正向功能的基础上设置课程。

1. 知识结构特点

本课程面对的授课对象是经管类大二学生。经过大——年的学习，他们初步适应了大学的学习生活，但是尚未接触过金融学专业的相关理论课程，尚未搭建起完善的专业知识结构，还不具备系统、全面分析问题的能力。因此，本课程注重帮助学生建构金融学的理论框架，为今后其他专业课程的学习打下坚固的基础。

2. 思维方式特点

当今的大学生，从年龄来看，多数属于"00后"，是"数字土著"一代。他们思维活跃，精通电脑和互联网，信息接收途径多种多样，好奇心强，兴趣爱好广泛，对社会热点事件具有高度敏感性和细致的捕捉能力。但比较典型的问题在于：首先，缺乏理性分析、辨识判断的能力，容易人云亦云，随波逐流。其次，倾向于就事论事，只关注社会现象，忽视了对事物本质与内在规律的探索。最后，获取的信息多为"知识碎片"，思维方式单一，不具备系统性辩证思维能力。

3. 行为方式特点

大多数大一学生的学习方法、学习习惯，受到中学时代传统课堂教学方式的影响，以被动学习为主，不爱独立思考，自主学习的意愿与能力不强；学习过程中，兴趣点变化快，自制力和持久性较差，学习效果不佳；

学习方式上习惯单打独斗，团队协作、沟通交流能力整体欠佳。但是，当今时代飞速发展、日新月异，各行各业竞争激烈。大学生作为未来社会的生力军，承担着国家发展的重任，具备自主学习与团队协作能力是时代之需。

本章为第四章，经过前三章的学习，学生掌握了一些行为金融学的基础知识，有了一定的学习兴趣，但自主学习能力仍较差，学习热情也需要进一步激发，掌握知识的踏实度也需要提升。

二、教学内容分析

本教学单元的主要知识点包括：期望效用函数的局限性；个体风险决策时的参照依赖、损失厌恶特征；个体风险态度的可变性；价值函数的含义与特征；概率加权函数的推导；前景理论的内涵与重要地位；分析并解释日常生活与金融市场中的经济问题。

本教学单元的重点包括：掌握个体风险决策时的参照依赖和损失厌恶特征；掌握个体风险态度在面临损失和收益时的可变性；掌握风险态度的四重性；掌握概率加权函数的特征与推导。

参照依赖、损失厌恶、反射效应、确定效应、风险态度的四重性，概率加权函数，这些名词对于学生来说熟悉又陌生。分开来，每个字都认识；合起来，不知道什么含义。对于部分学生来说，这些知识很抽象，难以理解。因此，针对本章节的重点内容，我们主要采取如下教学措施：（1）实验教学法。针对每个知识点，我们均设计1~2个小实验，所有同学参与实验，在对实验结果进行解读的基础上引出知识点。通过参与实验，一方面增强学生的学习热情，另一方面帮助学生深入了解理论知识的推导过程；（2）问题导向式教学。针对每个知识点，教师设计一些小问题，保持与学生的高频互动，这些小问题可能是启发性的、引导式的，或者应用性的，通过问题的穿插，强化学生的深度学习。

本教学单元的难点为应用理论知识分析、解释日常生活及金融市场中的经济现象与问题。

本课程旨向学生深度学习能力的提升，能力与素养的提升恰恰是学生深度学习的重要内容。本章节教学难点的学习，充分锻炼学生的深度学习能力。为了提升学习效果，我们采用案例分析法学习教学难点。比如在本单元，我们要求学生分析"为何下雨天打不到出租车？""如何进行工资机制的设计""为何存在股票的高溢价之谜"等案例。案例分析采取团队协作方式，较大型的案例要求学生撰写案例分析报告，借此锻炼学生的团队协作能力和报告撰写能力。

三、课程思政教学设计理念及思路

课程思政在本质上是一种教育，目的是实现立德树人。"育人"先"育德"，注重传道授业解惑、育人育才的有机统一，一直是我国教育的优良传统。课程思政需要坚持以德立身、以德立学、以德施教，注重加强对学生的世界观、人生观和价值观的教育，传承和创新中华优秀传统文化，积极引导当代学生树立正确的国家观、民族观、历史观、文化观，从而为社会培养更多德智体美劳全面发展的人才，为中国特色社会主义事业培养合格的建设者和可靠的接班人。课程思政本身就意味着教育结构的变化，即实现知识传授、价值塑造和能力培养的多元统一。在现实的课程教学中，各种原因导致这三者被割裂，课程思政从某种意义上来说正是对这三者重新统一的一种回归。健全的教育不仅包括知识的学习，更包括价值观、世界观、人生观的培养，实现对学生的价值引领。因此，教师在教学过程中应注意挖掘人文素养，使教学知识内涵更加丰富，知识教育更富情趣，能力培养更趋务实。

本课程的课程思政设计思路为以融合与联动为突破口优化课程思政的教学呈现。本课程采取基于"SPOC+MOOC"的线上线下混合式教学模式，无论是线上课堂，还是线下课堂，在推进课程思政建设的过程中，都离不开课程内容和思想政治教育元素的有机融合，以及教材、教案、内容、方法、话语、载体、资源等要素的联动，因此，以融合与联动为突破口优化教学呈现，是本课程思政建设的重要着力方向。

具体到本教学单元而言，课程思政目标包括：培养学生的辩证思维、理性思维能力，正确认识个体认知的局限性，形成正确的世界观；树立正确的风险意识；培养家国情怀，增强对优秀传统文化的认同与坚持。涉及的主要知识点包括：对于期望效用模型局限性的反思与实验，引导学生辩证思考；风险态度的反转相关实验，帮助学生理性认知自我；风险态度的四重性相关实验帮助学生树立正确的风险意识；通过"亚洲病"危机案例，引导学生建立家国情怀及人文关怀；通过股票高溢价之谜案例分析，引导学生正确认知金融市场，提升专业素养。通过教学实践，课程不仅向学生传授专业知识，同时旗帜鲜明地做好了价值引领、润物无声地进行了价值熏陶。

四、混合式教学设计理念及思路

（一）混合式教学设计理念

本教学改革依托"五星教学原理"进行设计。五星教学原理，又称"首要教学原理"，由美国教育心理学家、教学设计专家梅瑞尔教授于2002年首次提出，该原理立足于学生的学习过程，聚焦问题解决或任务完成，以引导学生进行科学且循序渐进的学习并有效提升学习效果为根本目标。五星教学原理的核心思想是：①当学习者介入解决实际生活中的问题时，才能促进学习；②当激活学习者的原有知识并将其作为新学知识的基础时，才能促进学习；③当向学习者展示新的知识时，才能促进学习；④当学习者把新学的知识进行具体应用时，才能促进学习；⑤当学习者把所学知识融入真实生活当中时，才能促进学习。五星教学原理结构如图1所示。

该教学结构以问题解决为目标和中心，包括两层互相联系的循环过程。内层循环包括"激活旧知""展示新知""具体应用""融会贯通"四个阶段，外层循环包括"结构""指导""辅导""反思"四个阶段，内层循环在外层循环的指导下完成教学任务。其中，内层循环的每个阶段又包括三大要素，一共有十二个教学要素，教师可以根据实际情况选取。在教学实施时，首先明确具体问题，之后围绕问题进行四阶段的循环式学习。第一，激活旧知阶段，教师为学生精心设计学习资源和学习任务，用

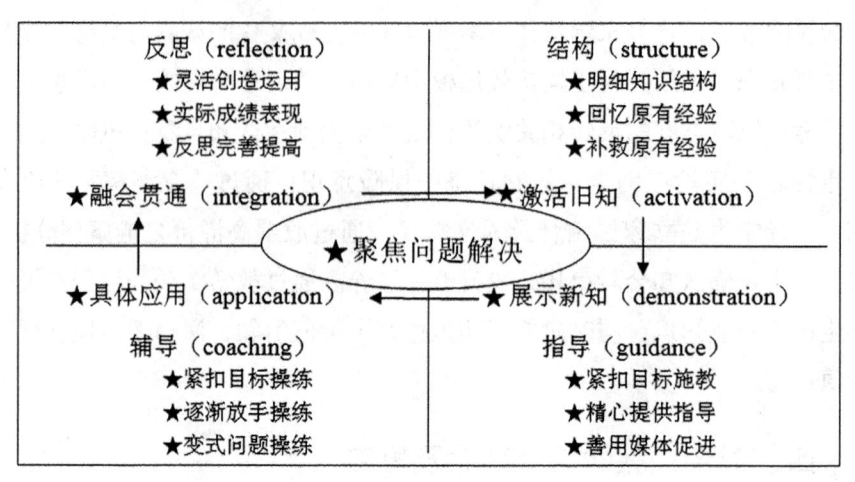

```
┌─────────────────────────────────┬─────────────────────────────────┐
│ 反思（reflection）              │ 结构（structure）               │
│  ★灵活创造运用                  │  ★明细知识结构                  │
│  ★实际成绩表现                  │  ★回忆原有经验                  │
│  ★反思完善提高                  │  ★补救原有经验                  │
│  ★融会贯通（integration）─→  ★激活旧知（activation）         │
│            ╲    ★聚焦问题解决   ╱                                │
│  ★具体应用（application）←──  ★展示新知（demonstration）      │
│ 辅导（coaching）                │ 指导（guidance）                │
│  ★紧扣目标操练                  │  ★紧扣目标施教                  │
│  ★逐渐放手操练                  │  ★精心提供指导                  │
│  ★变式问题操练                  │  ★善用媒体促进                  │
└─────────────────────────────────┴─────────────────────────────────┘
```

图 1　五星教学原理结构

于激活学生的原有知识，厘清知识结构，以便更好地把新旧知识联系起来；第二，展示新知阶段，教师指导、帮助学生将新的知识信息纳入原有的认知结构中，经过同化和顺应，将新旧知识联系起来；第三，具体应用阶段，教师辅导学生将所掌握的知识应用于实际问题当中，加深新旧知识的联系；第四，融会贯通阶段，强调反思，即教师引导学生反思学习过程，总结、提炼自己所学的知识和技能，并通过多次实践巩固和完善知识体系。

五星教学原理的实质在于聚焦真实问题的解决，培养学生分析、评价与创新等高阶认知能力。因此，我们尝试建立一个基于五星教学原理的"MOOC+SPOC"教学模式。

（二）MOOC+SPOC 混合教学设计思路

混合学习在形式上是在线学习与面对面学习的混合，从深层次上包括了不同教学模式、学习环境、学习方式等的混合。不恰当的混合教学模式极易造成浅层学习，而浅层学习对于促进学生高阶认知能力的提升有很大的局限性。因此，我们在对行为金融学课程进行教学设计时，遵循完整性、系统性与可操作性的原则。课程整体模型设计如图2所示。

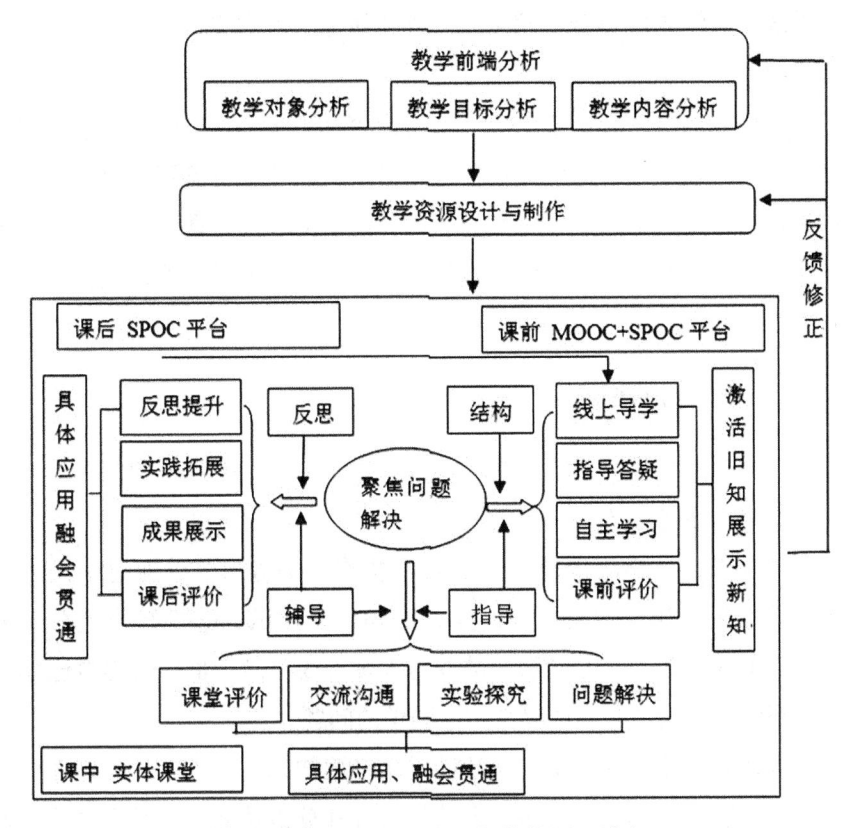

图2 "MOOC+SPOC"整体课设计程

五、教学方法及途径

（一）教学内容设计

（1）课程内容的切分与重构：为便于混合式教学的组织与开展，同时也为了方便学生利用碎片化时间进行学习，本课程对教学内容进行了切分与重构。将课程知识重新进行了章节划分，并将每个章节内容分为一个个具体的小知识点，同时安排相应数量的任务实例。

（2）线上教学资源支持：在SPOC平台上，我们依托MOOC建立了行为金融学课程。线上学习资源包括学习视频、PPT、各章节测试题、讨论主题、期中作业与期末测试。由于MOOC课程为本课程主讲教师录制，因此线上线下教学内容契合度较高。此外,线上学习内容详尽,但侧重于被动式学习。

(3)线下学习内容设计:线下学习内容基于线上学习效果生成,保证线上线下的有效衔接。课前通过章节测试成绩、微信群答疑情况、讨论区发帖等信息,分析学生学习中面临的难点与薄弱环节,课堂教学内容围绕这些薄弱环节展开。同时,线下教学采取多样化的教学方法,关注学生对学习内容的内化。

(二)教学活动进程

本课程的教学活动进程主要划分为课前、课中、课后三个阶段。

1. 课前自主学习阶段

学生任务:①学生采取自主学习、协作互助等形式,通过中国大学MOOC学习平台观看相关视频,并完成知识点测试;②进行小组合理分工,制作PPT,准备课上展示、讲授与答疑;③在微信群中提出自己学习过程中遇到的疑问,并尝试解答其他同学的问题。

教师任务:①梳理知识点,帮助学生搭建知识结构框架图,理顺新旧知识之间的联系;②通过学习平台数据统计和分析功能,对学生在线学习的进度进行监控和分析,并根据反馈信息对教学流程进行适当调整;③在平台与微信群中与学生交流互动,答疑解惑,总结学生遇到的难点。

2. 课中深度学习阶段

学生任务:①以小组为单位,通过PPT展示、讲授教师布置的本章节任务,讲解新知识学习的重难点及收获,回答其他同学提出的问题。②在教师引导下,深入参与课堂教学活动,积极讨论、回答问题,完成学习任务。

教师任务:①根据学生课前的学习动态,集中总结、点评并解惑答疑。②设计一些劣构的任务及实验,引导学生参与实践活动,尝试解决实际问题,在实践中领悟、体会、建构新知识。

3. 课后拓展提升阶段

学生任务:本阶段学生的任务主要是"反思提升",即将前两个阶段获取的知识、信息进行重组和意义建构，并整合、创造成更具实际效益的新知识。

教师任务：主要是"促学"，即总结反馈前两个阶段的教学效果，一方面，采取一定的措施对前两个阶段的活动进行必要的补充、修正、完善，并通过线上讨论、优秀成果展示、课后探究等形式巩固已学知识，拓展新知识，增强知识的应用性能，运用知识指导实践、推动实践；另一方面，按照课程规划，安排学生在课后继续开展MOOC资源线上学习计划。

（三）教学方法与手段

本课程教学过程中主要使用的教学方法如下。

1. 实验教学法

我们在本节课的教学内容中设计了一些小实验，旨在通过这些实验帮助学生反思自己的行为特征，更好地理解将要学习的理论内容。同时，这些小实验的运用，也有助于活跃课堂气氛，提高教学活动参与度，提升教学效果。具体的实验包括：课程开始阶段要求学生完成"圣彼得堡悖论"实验，并反思期望效用理论的局限性；讲解损失厌恶知识点时，引入"试用新药实验"与"咖啡杯实验"，引导学生思考个体的效用函数特征；讲解风险态度的四重性时，引入"夏皮诺实验"与"价值函数分析实验"，帮助学生深入理解个体风险态度的不一致性。

2. 生活案例分析法

为了锻炼学生学以致用的能力，教师针对每一知识点设计一个案例，在案例分析过程中启发学生思考，深化对事物的认知，更好地把握现象背后的经济原理。比如，在学习损失厌恶时，要求学生分析波斯顿的房价案例，以及工人工作效率的田野实验案例；章节内容结束后，要求学生讨论案例"克拉尔需要一个心理医生"与"股票高溢价之谜"，并针对"股票高溢价之谜"撰写案例分析报告。

3. 讨论式教学法

为了增强课程的趣味性，调动学生的学习热情，本课程教学过程中穿插大量问题，引导学生展开讨论。通过高频率的师生互动、生生互动，既能营造热情高涨的学习氛围，又能推动学生深入思考，发挥主体能动性，培养学生分析问题、解决问题的能力，训练其高阶思维。比如，学习完参照依赖知识点之后，引导学生讨论"你认为在股票投资决策时有哪些参照点"；讲解禀赋效应时，引导学生讨论"你认为科斯定理的均衡会实现吗"；讲解决策权重函数时，引导学生讨论"你认为期权微笑是怎样产生的"。

本课程的教学手段为线上中国大学 MOOC 平台与线下多媒体教学。

（四）教学评价

教学评价是对学生学习活动结果的考核评估，既关乎教师的教学成效，又关乎学生的学业成绩，其反馈结果也为改进教学策略提供重要的参考依据。本课程的评价体系强调形成性评价与综合性评价相关联，使二者在一个活的系统内相补充、相协同，进而使评价结构更科学合理，使评价结果更全面客观。

（1）评价形式：按照教学评价的内容和特点，可以将教学评价分为阶段性评价、综合性评价和结论性评价。阶段性评价是就每一堂课对学生课前、课中、课后各环节的学习情况和学习经历给出的评价；综合性评价是就一个学期学生对该课程知识点的掌握情况和知识体系的建构情况的整体性考查；结论性评价是结合阶段性评价和综合性评价，就学生对该课程的全部学习内容和学习过程做出最后的考核评定。本课程综合采取以上三种评价形式。

（2）评价指向与评价要素：就阶段性评价而言，课前的评价活动主要指向课前在线的预习、准备、练习情况，目的在于指引、督促学生完成课前知识准备，其评价要素有学生的线上活动参与度、学习积极性、在线学习时间长度等；课中的评价活动主要指向学生的到课情况、课堂学习过程、学习效果检测等，目的在于组织学生参与讨论学习，督促学生内化知识、提升认知能力，其评价要素包括学生在课堂学习中的参与度、积极性、能力提升情况等；课后的评价活动主要指向知识的拓展和运用，目的在于促进知识的具体应用和融会贯通，其评价要素主要是课后任务的完成情况。综合性评价则主要指向学生课程学习任务的总体完成情况，评价要素知识点具体运用和知识体系构建情况。

（3）评价方式：本课程的评价方式分为学生自评、同伴互评、教师评价与MOOC及SPOC平台评价四种方式。

本课程完整的教学评价体系见表1。

表1 "MOOC+SPOC"混合教学模式下的教学评价体系设计

		评价指向	评价要素	评价方式
阶段性评价	课前评价	线上学习时长	学习时长	平台评价
		线上讨论互动	参与度/参与质量	平台评价/教师评价
		线上测试过关	知识掌握度	平台评价
	课中评价	到课情况	出勤率	教师评价
		课堂活动参与	情感、积极性	教师评价/学生自评
		任务完成贡献	能力、态度	同伴评价/学生自评
		学习效果检测	任务完成质量	教师评价
	课后评价	反思升华	撰写学习笔记	教师评价/学生自评
		实践创新	课后实践任务	学生自评/同伴互评
综合性评价		高阶能力提升	论文/研究报告	教师评价
结论性评价		结合阶段性评价和综合性评价，给出最终考核评价结果		

六、教学效果及成果

本课程通过实施教学改革创新，主要获得了如下成果。

（一）学生的收获

1.更强的自主学习能力

对于大二学生来说，在本学期伊始，他们并不具备较强的自主学习能力，往往需要教师不断督促，且自主学习效果较差，往往流于形式，敷衍了事。经过一个学期的锻炼，学生的自主学习能力大大提升。学生通过每章节课前线上的自主学习基本能够掌握本章节的基础知识点，课堂互动式教学的效率也大大提升，有些学生能够在自主学习的基础上提出一些颇有深度的见解与观点。课程结束后，调查问卷的结果显示，约80%的学生认可了线上学习对于自主学习能力提升的效果。当然，学生是有异质性的，依然有部分同学还不能适应这种学习方式，后续还需进一步的引导和帮助。

2. 更开阔的视野

线上学习平台为学生提供了丰富的富媒体教学资源，帮助学生按照自己的需求拓展学习。大量的视频、案例、行为金融学领域最新进展的前沿报道，帮助学生拥有全球视野，时刻关注国内外最新动态。

3. 更有趣的课堂

"MOOC+SPOC"的混合式教学模式，使课堂活动的弹性大大增加。学生通过线下的自主学习，基本能够掌握某一章节的基础知识，完成了浅层学习，课堂教学中可以引入更多的深度学习内容，通过讨论式教学、案例分析式教学、实验教学等教学方法，课堂活动更加丰富有趣，既能提升学生分析、应用、综合等高阶认知能力，又能活跃课堂氛围，提升学生的学习积极性与参与度。

4. 更好的学习效果

"MOOC+SPOC"的混合式教学通过教学评价方式的改革，将阶段性评价与结论性评价相结合，不同评价主体的评价相结合，这种新的教学评价方式能有效地督促、激励学生在整个学期都认真投入学习，而不是仅在期末考试之前"临时抱佛脚"。调查问卷的结果显示，绝大部分同学认可这一观点。

本教学改革的宗旨是提升学生高阶认知能力，破除"高分低能"。经过一个学期的实践，学生的团队协作能力，分析、解决现实问题的能力，综合运用所学知识做出评价的能力均比学期初有了大幅度提升。调查问卷的结果也显示，绝大部分学生认为本教学改革取得了较好的效果，有助于自身能力的培养。

（二）教师的收获

1. 教学改革推动教师教学技能提升

实施教学改革的过程中，教师也经历了淬炼。如何合理衔接线上课堂与线下课堂？如何设计教学内容？采取什么样的教学方法既能活跃课堂，又能"润物细无声"地提升学生的高阶认知能力？参与度不高是什么原因，如何改进？有的学生有反对情绪怎么办？有的学生还是需要"推着走"怎么解决？一个又一个的问题，考验着教师，也成全了教师的"涅槃重生"。

2. 教学改革推动教师教研能力提升

在教学改革过程中，我们也在不断观察出现的各种问题，反思其背后的原因，并试图探索解决的方案。课程结束后，任课教师申报了学校的教育教学研究与改革项目，继续对"MOOC+SPOC"双线混融教学效果的影响因素及学生行为进一步深入研究。此外，本课程任课教师的论文《基于结构模型的翻转课堂教学效果影响因素分析》也获得了北京市第十一届青教赛论文二等奖。

七、教学反思

本次教学改革前期没有任何项目支持，任课教师基于对教学的热爱与对教学效果提升的思索展开了这次探索，教师们深刻体会到，真正的教学改革都是"痛并快乐着"，经历痛才能收获乐。

1. 部分学生不理解、不配合之痛

对于一小部分学生而言，最喜欢的还是传统的教学模式。教师在讲台上侃侃而谈即可，最好不要"打扰"学生，学生不喜欢讨论和频繁地回答问题，线上学习敷衍了事，开着视频就去做别的事情了，认为"线上＋线下"的教学模式完全没有必要。尽管持有以上观点的仅是个别学生，但是为了确保"一个都不掉队"，任课教师需要和这些同学深入地交流沟通，帮助他们认识到线上学习的意义，线上线下学习是如何衔接的，线下的学

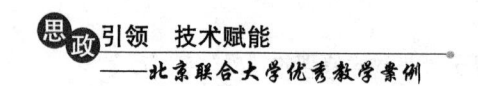

习安排有什么目的等。不被理解是"痛",但经过反复沟通后能够感受到学生态度的转变就是"快乐"了。

2. 效果不理想之痛

教师有时发现自己精心准备的视频资料,半数学生压根没看,答疑群里"万马齐喑",上课提问收获"老师,我不知道",小组讨论时"这里的黎明静悄悄",案例分析时"众口一词"……学期开始,这些问题成了任课教师心里最深的痛。对于尚不具备金融学专业基础知识的大二学生来说,行为金融学课程的有些知识点理解难度较大,如果没有课前的认真自学,课堂上的学习效果难免会大打折扣。如何解决这一问题?正视学生的实际情况,切割知识点,针对每个知识点整理出"量少质优"的学习材料,发挥小组帮扶与监督的作用,连拉带推地帮助学生往前走;课堂上的问题讨论分割成层层递进的一系列小问题,一步步引导学生逐步深入;改变教室布置形式,将行列式排列转变为圆桌式分布,营造互动式学习氛围;设置奖状与小奖品,颁发给表现优秀的学生……努力终有收获,本课程后半学期的学习氛围已经大大改善,上文提到的问题基本解决,"痛"正在慢慢转化为"乐"。

3. 自我怀疑之痛

教学改革的进程并不是一帆风顺的,遇到难题的时候也会想,为什么要进行教学改革?传统的授课方式不好吗?学生也"轻松",教师也"轻松",不用绞尽脑汁设计教学方法,不用埋首于电脑前面搜集、整理、发布富媒体的学习资料,简单地把课讲好,不要过多要求学生,学评教分数可能还能高一些。有时候也会怀疑,是不是自己设计的教学流程不科学?是不是给了学生太多负担?这种安排到底能不能提升学生的能力?自我怀疑的同时,再去俯首查阅更多的资料、文献,坚定自己的信念,汲取"他山之石"的营养。自我怀疑的迷雾散去,痛也就转变为更加坚定的乐。

作者:史丽媛,北京联合大学商务学院金融学专业,讲师。

教育学

真实模拟体验，树立教育信念

——教育心理学课程学习动机教学单元

课程基本信息

课程名称	教育心理学	课程类型	专业必修课
学时学分	32学时2学分	面向学生	大二年级师范类专业
教学单元主题		学习动机	
课内/课外学时		1学时/1.5学时	

一、教学目标与学情分析

（一）教学目标

教育心理学是师范生的专业必修课，属于教师教育课程。教育心理学主要支撑师范生的三个毕业要求：教学能力、师德规范、教育情怀。学生在本课中通过自主学习、教师指导、小组讨论、案例分析等活动，掌握必要的教育心理学基础理论和基本知识，充分理解学习者的发展和需要，理解认知和学习的规律，掌握促进学习者获得知识和技能的方法，能够对真实教育情景中的复杂问题进行综合分析，同时树立坚定的教育信念，具备爱心和责任心，为成为高素质的中小学教师奠定基础。

归因理论是学习动机一章中的重要内容，主要的教学目标为：

1. *知识目标*

（1）能够说出韦纳归因理论的三个维度，并知道常见的原因属于哪些维度；

（2）能够说出成功和失败归于某种原因可能造成的心理、行为；

（3）能够理解哪些因素可能影响学生归因的方式。

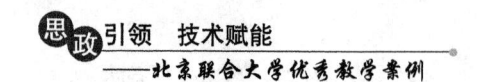

2. 能力目标

能够正确应用归因理论，激励学生的动机。

3. 情感态度和价值观目标

理解教师的言行对学生动机的影响，进一步认识教师角色的社会意义。

（二）学情分析

教育心理学主要面向师范学院大二的师范生，包括英语、汉语言、数媒、计算机、音乐五个专业，学生430人左右。教育心理学属于教师教育类课程，不属于该专业的学科大类课程。师范生对心理学类课程较为陌生，他们往往会觉得教育心理学非常枯燥。由于他们大多数还没有开始实习，缺少教育实践经验，因此也难以将教育心理学与教学实际工作结合起来。另外，虽然本课是教师资格证考试的重要内容，但由于教师资格证考试是在大三，学生们还没有意识到本课的重要性，学习动机也不够强，如果授课内容偏理论，学生就容易走神。因此在教学中需要创造一些让学生体验教育实践的机会，如让学生尝试站在教师的角度去处理一个教育问题，或者观摩一个教学活动等。

笔者所教的是音乐大二和数媒大二的混合班，班级有63人。班级人数较多，教室不是阶梯教室，坐在后排的同学往往难以将注意力集中在课堂内容上。两个班的风格差异也很大。音乐系的同学活泼好动，上课喜欢发言，回答问题比较大胆，但也容易走神，学习往往没有什么计划，布置的课前预习或课后复习任务总是不能按时完成。数媒系的同学则比较安静，课下作业完成情况好，但上课时发言的积极性不太高。笔者在组织活动时一般会考虑双方的特点，促进两个专业同学的相互学习和相互了解。比如音乐系的同学表演能力比较强，可以考虑设计一些需要上台展示的活动，带动全班气氛。

二、教学内容分析

从2019版培养方案开始，教育心理学课程从3课时改为2课时，在本课之前的学期增加了发展心理学课程，学生对心理学类课程的了解有所加强。因此，在新版的教育心理学课程教学大纲中，对教学内容进行了大幅度的修改，减少了发展心理学部分的内容，增加了学习心理、学习动机方面的内容。修改之后的课程大纲中，学习动机是本课的重点，在课时安排上都比以前更宽裕，让教师有更多的时间可以用于组织课堂讨论。

（一）主要知识点

本教学单元属于"第五章学习动机"中的第二节，主要知识点如下。

（1）归因的概念：人们具有理解世界和控制环境这两种需要，满足这两种需要的最根本手段就是了解人们行动的原因即归因，并预言人们将如何行动。

（2）归因的分类：美国心理学家伯纳德·韦纳（B.Weiner，1974）认为，人们解释成功或失败的原因主要可以有以下六个：能力高低、努力程度、任务难度、运气好坏、身心状态和外界环境（如他人帮助）。韦纳又从关注点、稳定性、可控性三个维度进行划分，将常见的六个主要原因划分到这三个维度中，具体见表1。

表1 归因方式的分类

维度关系 因素	稳定性		关注点		可控性	
	稳定	不稳定	内在	外在	可控	不可控
能力高低	√		√			√
努力程度		√	√		√	
任务难度	√			√		√
运气好坏		√		√		√
身心状态		√	√			√
外界环境		√		√		√

（3）归因的影响：一个人成功时，如果将成功归因于能力和努力等内部因素时，他会感到骄傲、满意、信心十足；反之，将成功归因于任务容易和运气好等外部原因时，他产生的满意感则较少。而当一个人失败时，如果将失败归因于缺乏能力或努力，则他会产生羞愧和内疚；反之，将失败归因于任务太难或运气不好，他产生的羞愧则较少。归因于努力比归因于能力，无论对成功或失败均会产生更强烈的情绪体验，努力而成功，体会到愉快；不努力而失败，体验到羞愧。

（4）归因理论的意义：在教学中，教师可以通过引导学生对行为结果进行正确的归因，或者做专门的归因训练来激发学生的学习动机。

（二）教学重点和难点

（1）重点：掌握归因的三个维度；理解影响归因方式的因素。
（2）难点：能够正确应用归因理论，激励学生的动机。

三、课程思政教学设计理念及思路

师范生是未来的人民教师，他们的职业道德水平关乎未来教师队伍的质量，因此师范生的思政教育尤为重要。教育心理学作为师范生的教师教育课程，学生通过学习本课将学会从一名教师的角度来思考问题，他们要开始理解作为一名教师的思考方式，意识到教师的责任，开始去学习、去理解孩子的想法，初步建立起教师的职业道德观。

《中小学教师职业道德规范》中第三条和第四条规定：

三、关爱学生。关心爱护全体学生，尊重学生人格，平等公正对待学生。对学生严慈相济，做学生良师益友。保护学生安全，关心学生健康，维护学生权益。不讽刺、挖苦、歧视学生，不体罚或变相体罚学生。

四、教书育人。遵循教育规律，实施素质教育。循循善诱，诲人不倦，因材施教。培养学生良好品行，激发学生创新精神，促进学生全面发展。不以分数作为评价学生的唯一标准。

教师职业道德规范应该是内化在师范生的心中，而不仅仅是让他们记住这些条例。师范生在以后的教育教学实践中要做到以上两条，他们需要能够真正理解儿童心理发展规律，树立正确的教育观。例如，有些人认为"孩子不打不成器"，这个观点与教师职业道德规范中的"不体罚和变相体罚学生"相违背，要解决两者在认识上的矛盾，就必须充分理解"惩罚"和学生行为之间的关系，认识到"惩罚"从长远来看可能导致的负面后果。教师如果在教育观上不够科学，就容易出现违反职业道德的问题。

在学习动机激发中，比较常见的一个场景是：当学生在考试或其他学习任务上表现得不好的时候，教师应该怎样跟学生谈话才最有利于激发学生的学习动机，有些教师会严厉批评，有些会教师鼓励，还有些教师会用"激将法"。如果教师在选择方法时主要根据自己的直觉经验，而并没有认识到这些方法会造成的后果，就有可能对学生造成伤害，从长远来看反倒损害了学生的学习动机。

归因理论可以解释这个场景中，学生的归因方式可能如何导致后续学习动机，以及对学生的情感、自我价值观产生的影响。师范生在学习这部分内容时，需要能够充分认识到教师引导学生形成正确的归因方式的重要性，树立正确的学生观、教育观，为以后在教育实践中自觉遵守《中小学教师职业道德规范》奠定基础。

四、混合式教学设计理念及思路

教育心理学课程的教学普遍存在理论教学和实践脱节的问题。学生之所以不能将课堂上所学的知识灵活地应用在新的实际情境中，是由于学校所教的知识都是经过简化处理了的结构性知识。然而，师范生在教育实践中面临的是结构不良问题，不能简单套用某个原理或经验，而是需要在原有知识和经验的基础上重新分析。因此，如何促进学生对结构不良领域知识的学习，即高级知识学习，是教育心理学的难点。

我们课程团队经过多年的探索，将教育心理学的学习分为初级知识学习和高级知识学习（见图1）。初级知识学习是指对基本的概念和事实的掌握，高级知识学习则需要学生把握概念的复杂性、运用概念进行推理和推导，以及为迁移做好准备，适合解决结构不良领域的问题。本课程将初级知识学习和高级知识学习的整合作为课堂教学理念，认为应该基于高级学习过

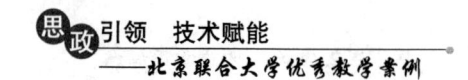

程及学习需求创设相应的学习环境和学习条件，以便有效实施教育心理学课堂教学。

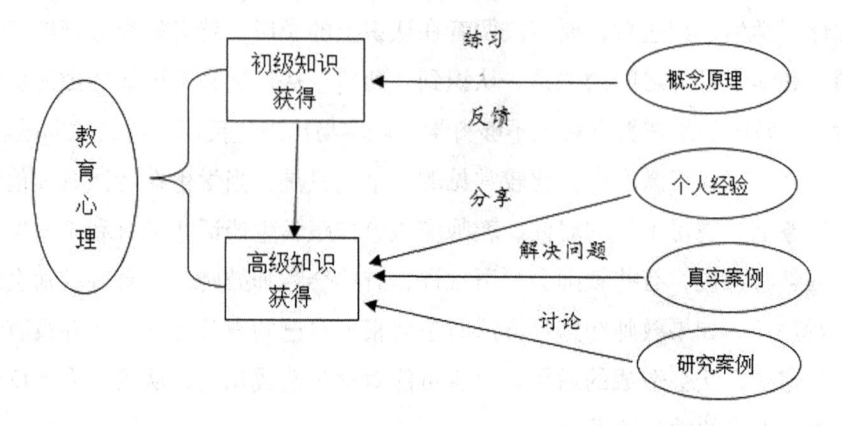

图1 教育心理学两种知识的关系

基于以上教学理念，我们将教育心理学的课程内容分成初级知识和高级知识，针对两种不同的知识学习设置了不同的教学环节，并借助网络技术构建了一种新型的混合式多元互动教学模式（见图2）。这种模式将面对面授课、网络自主学习和协作学习相融合，开展多主体、多层次的互动，以促进师范生在教育心理学上达到初级知识学习和高级知识学习的整合。

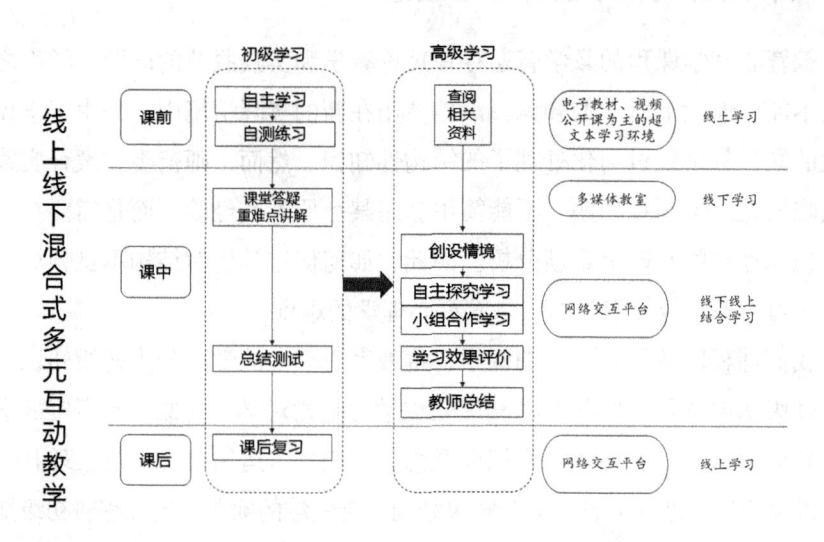

图2 教育心理学的线上线下混合式多元互动教学模式

五、教学方法及途径

（一）本课的教学方法

教学内容设计：我们通过云教材和 MOOC 课建设，对原来的课程内容进行重新建构。在课程结构上，将教育心理分解成绪论、学生心理、学习心理、教学心理四个部分；在具体内容上，压缩理论部分，加入真实案例、研究实例、经典实验和测试题；在呈现形式上，采用图片、视频、测验、交互活动等多种元素。由于教学内容的改革，传统的纸质教材已经不能适用，因此我们在 2018 年制作了蓝墨云教材，实现了富媒体编排设计和交互设计。2019 年我们制作了中国大学 MOOC 平台在线课程——教育心理学，并于当年上线，并在 2020 年秋季学期开设了教育心理学的 SPOC 课程。

在教学活动上，我们采取了自主学习、案例学习、小组任务等方式。对于初级知识的学习，主要以学生自主学习和自测练习、教师答疑重点讲解、学生课后练习为主。对于高级知识的学习，则主要采取案例学习、小组活动、角色扮演方式，向学生呈现多个复杂的情景问题。其中情景问题主要有三个来源：①真实教育情景中的案例（文字或视频）；②学生的个人经验；③教育心理学研究案例。在案例分析和小组活动环境中，教师通过对话提供帮助与支持。

在学习效果评价环节，学生或小组借助网络平台分享学习成果，对学生的学习结果采用教师评价和学生互评等方法。在 SPOC 课程中，学生通过匿名评价其他同学的作业，进一步巩固对知识的理解；学生在课堂交流区参与话题讨论，教师和其他同学通过点赞的方式对学生的回答进行评价，鼓励学生深度思考。此外，教师在课上对评价结果进行反馈，帮助学生进一步梳理概念，总结知识，促进学生的高级知识学习。

（二）本教学单元的教学设计

第一部分：课前线上学习

1. 观看视频

学生在课前观看中国大学 MOOC 平台上的授课视频。MOOC 平台上的教育心理学课程由本课程团队开发，本人为课程负责人，其中学习动机一章由本团队的田莫千老师主讲。

2. 完成单元测验

学生在观看教学视频后，需完成单元测验，以检验学生的学习情况。

3. 思考题

在前一周给学生布置了一道思考题，要求学生2~4人一个小组，提前讨论题目的内容，并准备下节课的展示。

题目：小明平时英语成绩很好，报名参加了一次市里组织的英语演讲比赛。为此小明准备了很长时间，很有信心。但最后他在比赛中并没有获奖，而且当时参加比赛的选手有80%的获奖比例。小明受到了很大的打击，觉得自己没有学习英语的天分，在英语课上也提不起精神。英语老师发现小明的情况，想找小明谈谈，鼓励一下他。

如果你是英语老师，你会怎么跟小明谈？

要求：请准备一段你准备跟学生说的话（1分钟左右），课上进行角色扮演并讨论。

第二部分：课堂线下教学

（1）**热身活动**：课堂测验，检查学生预习情况。（1分钟）

（2）针对同学们在SPOC中的单元测验答题情况和课堂测验情况，对本节知识点中的关键之处进行重点讲解。（5分钟）

（3）小组讨论：分享对思考题的预习，进行角色扮演的预演。（8分钟）

（4）课堂演示活动。（三组同学上台演示，每组演示1分钟，"演员"解释3~5分钟）

①请一个小组的两位同学上台，演示教师与学生的对话。

②其他同学观察，并通过手机在线评价，要求学生说明"学生"的话体现出了哪一种归因方式？"老师"的话试图引导学生选择哪种归因方式？这场谈话的效果如何？

③请台上的"老师"和"学生"分别解释自己为什么会这样说？

（5）学生发言＋教师点评。（5~8分钟）

①教师总结学生们的在线点评。

②教师针对这段表演中的关键问题向台下学生提问。

③"老师"的这段对话，"学生"听后有什么感受？

（6）教师总结。（5~8分钟）

教师根据学生们在课堂演示中的表现，解答同学们在实际运用归因理论时会出现的困惑。本节涉及的总结要点如下：

①每个原因究竟归于哪个维度，还需要看这个人对该原因的解释。（例如，有人认为英语能力是可以通过能力来提高的，那么能力就成了一个不稳定、可控的因素。）

②事情是失败还是成功的标准并不是固定的，可以变化。（例如，有些学生可能认为，只要能够参加竞赛，就是成功。）

③学生在失败之后的沮丧情绪需要先处理，教师在与学生的谈话中要注重与学生的共情，有共情才能够与学生建立良好的关系，后续的谈话才能顺利开展。这部分要与学习理论中的"人本主义"相结合。（例如，很多学生可能不知道第一句话应该怎么开头。）

④学生的归因方式有一定的惯性，不能生硬地归于某个原因，要依据学生的人格特点、过往经历、本次事件的具体情况来做具体分析。

第三部分：课后拓展讨论

布置线上讨论主题：我在生活中如何应用归因理论？

当我们在生活中应用归因理论时，往往发现情况会比理论复杂得多。想一件你自己或者你的朋友遇到的成功或者失败的事，回答以下问题：

（1）你自己或者他们是怎么解释原因的？这个原因在三个维度上分别是什么样的？

（2）你觉得这样的解释对你自己或你朋友的心情和以后的行为会有什么样的影响？

（3）你觉得是否可以有更好的解释？为什么？

六、教学效果及成果

本课在大二第一学期实施，使用一节课的时间。

学生们的预习做得不错，课堂练习的正确率达到了 82%，这部分知识点其实不难理解，也比较容易记忆，学生通过课下在 MOOC 线上学习，基本掌握了归因理论的主要内容。在这个环节，学生基本完成了初级学习。

线下课堂主要进行高级学习，本课主要通过角色扮演、小组讨论，为学生提供模拟真实案例的机会，让学生能够在一个更复杂的真实环境中重新理解知识点，将所学知识与自己的经验结合起来，形成自己的认知结构，并能够用于解决结构不良领域的问题。

在学生小组讨论时，笔者现场巡视发现，学生开始表演时比较生硬，毕竟大家不是专业演员，但进入角色之后就开始"放飞自我"，这时候学生们完全忘记了本节课讲的内容，开始凭借自己的个人经验来处理这件事，确实也表现出了很多问题。比如有一个小组中的"老师"对"学生"说："你到底还想不想学？不想学你就滚！"笔者问他为什么这样说，学生理直气壮地说："以前我们老师就是这样跟我们说话的！"

建构主义学习理论认为，每个学生进入学习时，头脑中都带有已有的知识经验和背景，新的知识需要在已有知识经验的基础之上进行建构。学生作为教育对象，已经长期接触了各种教师的教育，他们对"教育"应该是什么样已经有自己的认识，但以往的教学中我们常常忽略这一部分。这次展示则通过真实情景模拟的方式，让学生们将自己真正的想法暴露出来，对教师来说，这是一个很好的教育机会。

接下来，在展示环节，有 3 组同学上场做了角色扮演的演示，每一组学生都充分表现出了他们的直觉经验中对"动机"和"归因"问题的理解。

笔者本来以为前面小组讨论中"老师"表现出负面评价不会再次在上台展示中出现，但第一组的学生就让笔者大吃一惊。扮演学生的说："老师，我上次竞赛没有取得名次，我都不想学英语了。"扮演老师的学生则回应："你都知道自己这么差，那你还不努力！"当时全班哄堂大笑。

在他们展示结束之后，笔者问"老师"为什么要这样说话，"老师"说她是想使用激将法，让学生充分认识到自己与其他人的差距，奋起直追。但"学生"则回应说："我一听老师这么说，我就更郁闷了，更不想学英语了。"

"激将法"使用得当会取得比较好的效果，但如果使用不当，就可能对学生造成很大的伤害。这组展示的对话与前面小组讨论中出现的"爱学学，不爱学就滚"的思路比较类似。笔者意识到这可能是我们学生在长期接受教育的过程中较多地接受到了这类教育方式，使得他们认为这种方式是理所当然的，而且认为这种方式是"对学生有好处的"。

那么，"激将法"与学生归因方式是什么关系？这是一个讨论的机会，于是让大家谈谈"激将法"会引导学生如何归因，会对学生带来什么样的影响，与哪些因素有关。

大约经过5~6分钟的讨论，3名同学站起来发言，发表了对"激将法"的看法，基本都是对这种方法的批评。同学们也意识到，这个方法的使用需要技巧，在使用中如果出现了对学生能力的贬低，造成学生对失败进行稳定的内部归因，就可能适得其反。

经过第一组的充分讨论，后面上台的两组学生就有了改进，他们都试图将本课所学的归因理论与真实的教育情景进行联系，但也出现了新的问题。例如，当"学生"表现得特别沮丧的时候，"老师"还在一心想着引导他的归因方式，就出现了"鸡同鸭讲"的情况，"学生"的情绪没有得到很好的疏解，"老师"的教导也显得特别没有诚意。台下的学生作为旁观者都发现了这个问题。笔者在总结时结合人本主义学习理论给大家讲了共情在师生关系中的重要性，帮助学生综合应用教育心理学的各种理论解决实际问题。

总的来说，3个组的演示各有特色，都充分体现了学生原本对这个问题的理解。经过展示—分享—学生评价—教师点评总结的环节，学生们都能够跳出原来的直觉经验，在理论的指导下重新看待问题。他们对一些原本自己会"脱口而出"的话也有了更深的思考。

七、教学反思

本教学单元通过本轮实施，取得了一些成效，也带来了一些思考，主要有以下几点。

1. 线上线下混合教学有一定的适用范围

线上学习往往在课外进行，对学生的课外自主学习能力有一定的要求。联大师范学院学生普遍反映他们课外主动学习的时间较少，而且容易被打扰，难以集中精神。因此在内容选择上不宜选择深奥难懂的知识点，内容清晰、简洁明了、相对简单的内容更适合。我们这次选择的归因理论就属于这类，知识点本身理解的难度不大，但要能够掌握其在复杂的真实环境中的表现就特别困难。因此以理解、记忆为主的初级学习可以在线上通过观看视频和做练习题的方式进行，高级学习则需要通过线下对真实案例的讨论来进行。

2. 课堂上也可以使用线上教学手段

线上学习除了课下自学在线材料之外，也包括课上使用手机进行学习。如课前的小测验，学生使用手机答题，教师可以立刻看到学生的回答情况，以判断学生预习的质量，并对重难点内容进行再次讲解。在后面的角色扮演环节，也是使用手机作为学生评价的手段，这样可以为后面的讨论节省时间，给每一位同学发表意见的机会。

3. 角色扮演可以让学生进入"教师"的状态，引出他们自身的教育观，并与所学知识发生联系，形成对复杂问题的理解

每个人都有对教育的内隐理解。学生们虽然在课堂上学习了很多关于教育的知识，但可能并不会改变他们内隐的教育观。而"角色扮演"让学生们将自己置身在教师角色中，从而将教育观表现出来。此时学生才有机会审视自己的教育观，并与课堂所学知识发生联系。这时学生可能发现其中有矛盾，如有的学生认为"自己英语水平不行"，这应该属于"能力"，是内部的稳定归因，但又认为"英语水平不行就应该更努力，才能提高英语水平"，也就是"能力"是可以增长的，这样来看就是不稳定的归因。这时学生既可以通过自己的思考来解决这些矛盾，也可以将自己的困惑表达出来，教师或其他学生提供其他的看法，帮助学生来解决问题。只有学生主动将所学知识与经验进行联系，并主动去思考、重组自己的知识结构，才能真正理解复杂问题。

4. 教师需要做好充分的课前准备

在本课线下教学的实施中，学生活动和讨论占了绝大部分时间，看起来教师的工作比较少，但实际上教师需要在课前做大量的准备工作。教师需要对学生在讨论中可能出现的各种情况预先做好方案，在课堂讨论中也要随时把握讨论的方向，避免出现讨论偏题的情况。

5. 明确线上教学的规则，制订紧急预案

若把课堂的主动权交给学生，又有线上的活动，很可能出现一些意想不到的情况。例如，学生在线上讨论区输入一些与课堂无关的内容，有的甚至是对其他学生的人身攻击。还有的学生在课堂线上练习时出现手机死机退出的情况。教师在本课程刚开始的时候，就应该向学生强调线上学习的规则，如禁止用无关内容刷屏、禁止人身攻击等。同时还应该制订一些紧急预案，以防意外情况打扰课堂进度。

作者：牟书，北京联合大学师范学院应用心理学专业，副教授。

文学

云班共演经典，感百年本土话剧体与用
——中国现代文学史课程曹禺话剧表演和分析教学单元

课程基本信息

课程名称	中国现代文学史	课程类型	专业必修课程
学时学分	48学时3学分	面向学生	师范汉语言文学1901（3）班
教学单元主题		曹禺话剧表演和分析	
课内/课外学时		2学时/3学时	

一、教学目标与学情分析

（一）教学目标

1. 知识目标

学生知道曹禺话剧代表作品的名称、主要人物、创作时间和主要内容。

2. 应用目标

学生从《雷雨》《日出》《北京人》三部话剧中选择一部，自行组织团队进行表演；表演后能够分析曹禺代表话剧的戏剧线索、风格特征和主题。

3. 整合目标

学生能够结合曹禺早期话剧的表演经历，将曹禺早期话剧和后期话剧的主要人物、主题、风格进行对比，完整理解曹禺话剧的转型。

4. 情感目标

学生通过讨论，思考《雷雨》主题内蕴的丰富性和普适性。

5. 价值目标

学生能够通过具体表演和分析，理解曹禺对于中国现代话剧的价值所在，理解话剧这种舶来品如何在新旧过渡时期为中华民族的现代性进程做出贡献。

6. 学习目标

学生要学习看剧本、记台词、揣摩人物性格，通过对话和表演与团队其他演员合作。

（二）学情分析

汉语言文学专业（师范类）1901（3）班学生的学习积极性很高，这次课是本课程第十单元第二节的内容，因为第十单元第一节老舍部分有一个小组阅读活动，第二节的话剧表演显得任务比较重。这个课程本学期16次线下授课，每一周都有小组活动，有时候一周有两个小组活动，任务是很重的。但是从开学以来，汉语言文学专业（师范类）1901（3）班的同学从未叫苦，令人非常意外，他们从一开始适应度就非常高，不仅配合教师，而且在课外积极协调小组合作。

汉语言文学专业（师范类）1901（3）班是一个协作度非常高的班级，比如这学期有文理学院三位同学插班重修，这三名同学跟汉语言文学专业（师范类）1901（3）班的同学以前根本不认识，住的地方不一样，其他上课时间也不一样，但这个学期的小组活动，汉语言文学专业（师范类）1901（3）班的同学特别自然地接纳了这几位同学，完全看不出他们不是一个行政班，甚至不是一个学院的。因为之前几乎每一次小组活动都是提前在线上分组，可见在课下，汉语言文学专业（师范类）1901（3）的同学会积极与这三名外学院的同学联系，而且还让他们当组长。

在之前的第五单元我们已经实践过一次"五四"话剧表演，那一次是蓝墨云班课随机分组，这一次学生想自己组队。

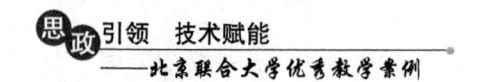

二、教学内容分析

本单元的主要知识点是曹禺经典话剧的创作时间、背景、代表人物、主要内容、主题思想和价值以及风格转型。重点是几部经典话剧的人物关系、主题和风格；难点是从《雷雨》《日出》到《北京人》的风格转变。

曹禺的代表作有《雷雨》（1934）、《日出》（1936）、《原野》（1937）等。《雷雨》是曹禺的第一个戏剧生命，也是现代话剧成熟的标志。学生在中学时期就已经接触过《雷雨》，到了大学时期，对《雷雨》的理解要求要提高。首先要清楚《雷雨》中的矛盾冲突与人物性格。这部剧人物众多，关系复杂。其中有一个问题是理解的难点，也显示出曹禺话剧的本土化努力，即谁是最"雷雨"的性格？作者本人最喜欢蘩漪，但是在不同时代数次《雷雨》改编过程中，很多人把《雷雨》主人公理解为周朴园或者周萍。所以要帮助学生理解这是曹禺话剧对西方经典话剧模式的一种改造。

更重要的是对《雷雨》主题的理解，这也是《雷雨》经久不衰、具备经典性的根本原因。它有两个层面的意蕴阐释：①现实批判性，表现血缘关系与阶级矛盾的相互纠缠冲突，从而揭露带封建根性的资产阶级家庭的罪恶。②"还原性"阐释。全剧含有对宇宙"不可知力量"的无名的恐惧。

在理解了《雷雨》的经典性之后，还有一个难点就是如何理解曹禺话剧风格的转型。《北京人》体现了向"生活化（散文化）戏剧"的转变。曹禺话剧的这种多文体混杂性，再次显示了曹禺先生剧作的创造性。

三、课程思政教学设计理念及思路

一部中国现代文学史其实就是中华民族反帝反封建、走向现代化的历史过程和细节的生动写照，但是我们文学专业的课程不会像政治课、历史课那样直接去讲，寓教于乐是文学教育的一个基本功能。在设计曹禺话剧这部分教学内容时，必须充分考虑到如何帮助学生理解寓教于乐，话剧就是很重要的一个载体，我们要让学生建立文体意识，让他们充分意识到：中国共产党于20世纪三四十年代在民族救亡的过程中，如何取得人民的信任，如何将革命的理念深入人心。在当时不识字人群占大多数的时代，让大多数人理解革命，建立对中国共产党的信任，文艺必须起到宣传和动员的作用。为什么选择话剧？因为小说、诗歌和散文这些文体只有在识字，进而有充分的文化理解能力的基础上才能阅读。而话剧，可以表演，更生动，更直观，更有群众号召力。为什么不直接选择民族戏曲？因为传统戏曲大多讲述的是王侯将相的故事或者封建落后思想。所以用一种舶来品——话剧形式讲述中国革命的起源和历程，是现代文学面临的挑战和必须完成的任务。

话剧这种形式是舶来品，所以我们必须让它本土化，为己所用。这个任务被曹禺先生很好地完成了，至今，曹禺先生的话剧仍旧代表了中国现代话剧的高峰。怎样用现代白话在短短几幕剧里讲述现代的人物关系，讲述工人如何被资本家压榨，讲述资本家的原罪，讲述在新旧交替时期各阶层人物的际遇、命运，讲述旧社会的黑暗，从《雷雨》《日出》到《北京人》都完成得非常好。为什么曹禺的经典话剧至今在首都人艺剧场复排，观众仍排队买票观看，因为曹禺先生的经典话剧成功讲述了历史转型的起因和历程。学生在中学时期就已经接触过这些经典话剧，但是在大学的现代文学史课程里，他们不仅应该"知其然"，更应"知其所以然"。本节课程思政的设计就是让学生在亲自参与的表演过程中，充分体会到曹禺话剧的文学性、经典性和意识形态价值。然后在表演的基础上，结合课上进一步的理论分析，帮助学生理解曹禺话剧主题的丰富性、永恒性，以及其风格转型的原因和价值。

四、混合式教学设计理念及思路

中国现代文学史课程属于大二年级汉语言文学专业的必修课，文学史课程具有一个共同的特点就是内容庞杂，与历史背景关联紧密，需要学习的作家作品很多，而且要学会用文学批评方法去理解和分析。中国现代文学史还有一个显著的特点就是与现代民族国家的建构紧密相连，学生学习

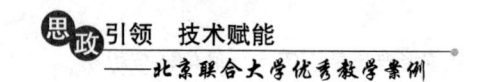

和掌握这门课程必须有正确的思想导向。鉴于这样的情势，本课程主要采用基于蓝墨云班课的混合式教学模式。

首先，学生不可能仅靠课堂时间完成这门课程的学习，必须辅助充足的课外学习时长。但是学生在课外如何坚持，教师又如何观察学生的学习效果呢？入职联大后，我在2017年"新教师研习营"学习了蓝墨云班课App的使用，已经运用了3年多，感觉非常有效。这个软件的好处是比大部分慕课更能实现与学生的直接沟通。学生能随时找到教师，学生和学生之间也能随时交流。所有的学习痕迹也都能够清晰地展示，而且无差别，所有的信息都是公开的，非常公平公正。这一点很符合现阶段学生的价值导向，故而能直接刺激生生之间的互动，大力激发他们的学习兴趣。

其次，学生阅读经典作品是这门课程的基础，但是教师如何知道学生到底读没读？理解到什么程度？以前的传统教学一般就是教师开书目、布置作业，这样做效率比较低。如今的学生已经习惯于网络阅读，所以教师在蓝墨云班课提供电子版的文学作品或者相关学术论文，并且在云班课设置相对应的小组活动，就能够迅速地检测学生的阅读进度以及效果。小组活动的形式，能够改变原来那种孤独个体阅读的处境，促进学生的阅读和分享兴趣。

最后，小组活动如何避免个别学生"搭便车"、不积极，只有一部分学生积极的情况呢？在小组活动中我们设置了学生互评的比例，组内和组间都可以由学生自己打分，不再把打分权全部交给教师，通过参与评价进一步提高学生的积极性。在这个课程里，每次小组活动共享一个分数，所以团队必须协作，但是交作业的时候，每个同学必须写自己的。这样既照顾到团队，又能显示不同学生的阅读成果。

五、教学方法及途径

（一）教学方法

本课运用的是基于蓝墨云班课的线上线下混合教学模式，结合了课堂讲授、任务驱动、小组活动、话剧表演等多种教学方法。

（二）教学活动过程

上课前一周，教师在蓝墨云班课"资源"发布《雷雨》《日出》《北京人》剧本，布置学生提前阅读，准备好分组。上课前三天在云班课发布"消息"，通知学生自行建立表演团队，学生自己报名担任导演，每个组由导演自己从这三个剧本中选择一幕，自己组队、分配演职员。教师同时在云班课发布该小组活动，并且开放轻直播间，请各组导演报到，注明自己组的演职员分工，同时抢拍三组课堂表演名额，其他组则课下录制视频。

以下为教师发布的云班课消息：

同学们，下周话剧表演活动由同学们提前从曹禺《雷雨》《日出》《北京人》中选一个剧本，同学们自由组合成立表演团队。基本程序是每个团队由导演负责，想要做导演的同学，自己主动选好剧本，根据所选剧本中的一幕选择人员。导演负责各个环节及整体工作，可以选出自己的副导演帮忙选演员。请在本周五晚10点前确定好各组名单。导演进相应直播间报到。这个活动作为期中话剧表演，跟上次一样，课堂上选3个小组进行汇报，其他组录制视频。

不要求背台词，但要注意台词表现力，注意舞台表现力，必须有一定表演性。

注意：每个团队必须有导演、副导演，提交时注明身份，都有额外加分。作业由导演提交。剧本我稍后发到资源里。每个小组最好7~8人。

以下为抢拍课堂表演名额轻直播间说明：

说明：第十章曹禺话剧表演活动作为期中成绩之一，所以放在全课里。请各组导演从《北京人》《雷雨》《日出》三个剧中选一幕（可适当删减），自己组织队员，各组最好7~10人，戏份少的非主演可兼任。本周五（6号）22点之前，各组导演到本直播间报到。组名以导演名字+剧本第几幕命名，课堂给3组名额当堂表演。当堂表演分数稍高，由导演在这个直播间接龙，先到先得。其他组录制视频。辛苦大家！期待大家的精彩演出！

正式上课当天一共3节课，第1节课教师先进行课堂讲授，简单介绍曹禺话剧代表作品的名称、主要人物、创作时间和主要内容。讲授以蓝墨

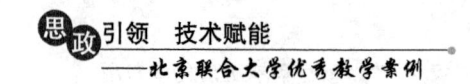

云班课的一个"前测"活动开始：你觉得《雷雨》的主人公是谁？学生们结合自己的表演经验，踊跃投票，投票结果显示意见不统一，这正是《雷雨》的特点，所以教师借此展开讲授。

以下为主要的讲授内容：

一、曹禺简介

曹禺（1910—1996），原名万家宝，祖籍湖北潜江，生于天津。

曹禺代表作：《雷雨》（1934）、《日出》（1936）、《原野》（1937）、《蜕变》（1939）、《王昭君》（1979）等。

二、中国现代话剧的高峰：《雷雨》

《雷雨》是曹禺的第一个戏剧生命，也是现代话剧成熟的标志。

《雷雨》有两个层面的意蕴阐释：现实批判性——对"人生与社会"的解释；"还原性"阐释。

《雷雨》中的矛盾冲突与人物性格：

谁是最"雷雨"的性格？

周朴园、侍萍、周萍、四凤……

教师讲授约20分钟，然后由课堂表演的3个组按顺序开始话剧表演，每组约为10分钟。课堂表演结束后，教师用10分钟展示其他录制视频组的精彩表演画面，简要介绍其演职员分工和特色。然后教师发布云班课轻直播间，由学生开始民主投票，选举课堂表演最佳导演和最佳演员，5分钟完成。

在表演和选举结束后，即这次课的最后半小时教师回到知识讲授，主要解决本课的难点，即曹禺话剧风格的转型，并总结曹禺先生的主要贡献。

以下为讲课内容：

三、《日出》《原野》《北京人》到《家》

（具体内容略）

总结：

曹禺的贡献：为中国现代话剧奉献了《雷雨》《日出》《原野》《北京人》《家》五个堪称经典的杰作；是对现实人生与人性的开掘和新的戏剧形式的试验与创造；既是中国现代话剧的开端，同时也标志着中国现代话剧的成熟。

（三）教学组织安排

这次课教师要在时间点上把握好，课前的通知、小组活动发布、轻直播间开放、信息统计都要及时和准确。课堂表演团队之间的衔接、站位，教师要组织好，课上的投票要及时进行提醒，还有课后小组活动的互评，一定要提醒学生按时完成。

（四）教学评价

本次课教学评价有两轮，第一轮是针对课堂表演的组，当堂在云班课直播间投票选举产生最佳导演和演员；第二轮是课程结束后，在云班课小组活动里，小组组员进行互评。教师的评价也在云班课活动里显示，非常直观。

从整个流程来看，本次课学生的积极性很高，各项教学目标，包括知识、应用、整合、情感、价值和学习目标达成度都很高。学生课内外学时也得到了充分保证，而且各项学习痕迹可以通过云班课和表演视频记录下来，学生自己也可以反复观摩、反思。

六、教学效果及成果

本课选课人数比较多，如果所有学生在课堂进行话剧表演，会超出课内学时计划，但是如果只是部分学生参加，又与教师的全纳教育理念相违背，教师通过基于蓝墨云班课的混合模式弥补了课内学时的不足，充分激发了全部学生的积极性。教师提前在云班课开放轻直播间，让各组导演报到，列清本组演职员名单，并抢拍3个课堂表演名额。其他没有机会在课堂表演的组，自己在课下录制表演视频，按时上交，教师选出代表性段落，课上点评。

在评价方面，教师在云班课开放投票轻直播间，由学生民主投票，选出最佳导演和最佳演员，额外加分。学生自己参与评价，进一步提高了学生的学习积极性。

（一）教学效果和成果

学生们有了真正的话剧表演经历，录制了视频，留住了学习印记，团队协作能力得到提高。这种表演活动不是个别学生参与，而是全体参与，这为他们今后进入中小学担任班主任和语文老师组织课本剧表演、阅读经典乃至组织大型活动等打下了良好的基础。另外，教师调整了评价方式，请学生互评以及在云班课民主投票选举最佳导演和最佳演员，学生参与度非常高。

（二）推广应用效果

本课程采用基于蓝墨云班课的混合式教学模式，不仅取得明显教学效果、受到学生欢迎，而且产生了国际影响。北京师范大学徐建平老师的团队这些年致力于运用全球胜任力框架构建中国教师核心胜任力，该团队是欧盟"运用全球胜任力框架构建中国教师核心胜任力"项目（TKCOM项目）的参与者。这个项目始于2017年10月，是由西班牙巴塞罗那大学（Universitat de Barcelona）Elena Cano教授发起并主持，英国诺丁汉特伦特大学（Nottingham Trent University），葡萄牙科英布拉大学（Universida de Coimbra），中国北京师范大学、西南大学、西北师范大学四个国家六所大学联合参与的国际合作项目。

徐老师的团队从2018年开始将我的混合式教学模式的课堂实践纳入项目成果之一，在2020年10月12—15日举行的"基于胜任力途径的教师教育：从理论到实践"的北京在线会议上，徐建平老师邀请我作为"职前教师培训经验分享"的两个分享者之一。我在汇报中展示了基于蓝墨云班课的混合式教学模式成果，该分享得到了专家和听众的一致认可，改变了他们对中国学生偏内向、实践能力不强的印象，我们通过混合式教学模式培养小学职前教师的成果令国内外同行刮目相看，产生了国际影响。

七、教学反思

本次课充分采用了线上线下混合教学模式，首先在蓝墨云班课发布任务，教师提前一周左右将《雷雨》《日出》《北京人》的剧本发布在蓝墨云班课"资源"里，在"消息"里提醒学生自己组织团队，及时报名。然后教师提前三天左右在蓝墨云班课里开放轻直播间，请组织了表演团队的导演到直播间报到，注明自己团队的演职员名单，并抢拍在课堂表演的3组名额，其他组则在课下录制表演视频，并按时提交。在课堂表演结束后，教师请大家选出最佳导演一名和各组最佳演员一名，这样的投票选举也在蓝墨云班课轻直播间进行，非常民主和清晰。

话剧表演的形式很受学生的欢迎，我们汉语言文学专业（师范类）学生的表达能力、台词功底和表演技巧都很不错。这种表演形式将来在学生的就业中也能直接运用到。通过表演，学生不仅锻炼了团队协作能力，而且在记台词和角色衔接过程中，不知不觉体会了人物的性格、人物关系、戏剧冲突乃至作者曹禺的文学风格和语言特点。

我们采取了导演制，将组队的权利交给学生自己，并且在轻直播间抢拍课堂表演的名额，学生的积极性远比教师想象的高。很多平时上课看上去不怎么积极的学生，在这个活动里显示出了活力和特长。

但是我们学习曹禺这部分内容并不只限于表演，表演看上去很热闹，可是它终究是为我们的文学史学习服务的，所以教师必须在课堂上回归思想和学术的提升。在学生表演的基础上，帮助他们从逻辑上厘清曹禺创作的脉络，保证学生掌握本节的学习重点，并且解决难点：理解曹禺风格的转变。

从这次课的准备和实践效果来看，学习目标基本能够达成。不过也仍然存在着一些有待提高的空间：比如考虑到学生时间紧张，学习压力大，而且为了促使所有的学生能够参加，本次表演没有要求学生背诵台词。实际有部分学生主动背了台词，做到了比较贴合舞台实际的表演，但是大多学生在背台词方面还需要加强。有个别组的角色分配不是特别恰当，以后教师还可以多和学生沟通，及时了解进度。

另外一个问题就是，课堂时间有限，能够在课堂展示的组毕竟是少数。课下录制视频是一个解决方案，但是如何能使其他同学都认真观看，可能还需要教师在加分设置上有所改进。这一次是学生要求自己组队，实际效果也非常好，这也进一步启发了我：以后要多给学生主动锻炼的机会，学生的积极性如果激发得好，产出的效果是远远超出教师期待的。为了取得更好的效果，教师今后要是能通过课程经费提供一些服装或者道具的支持，相信学生们的积极性会更高。

作者：毕红霞，北京联合大学师范学院汉语言文学专业，讲师。

智慧课堂中的绿水青山
——大学英语Ⅲ课程关爱地球教学单元

课程基本信息

课程名称	大学英语Ⅲ	课程类型	通识教育必修课程
学时学分	48学时3学分	面向学生	非英语专业二年级
教学单元主题		关爱地球	
课内/课外学时		2学时/3学时	

一、教学目标与学情分析

（一）学情分析

在"互联网+"环境下成长的大学生获取知识的渠道多元，他们重情感且对社会热点话题敏感，易于接受灵活有趣的教学方法及现代化的管理手段。但学生受传统应试教育影响深远，机械性学习仍然占据主流，这与联大应用型大学定位不符，学生缺乏学习策略，知识迁移度较弱。学生入学前已有12年英语学习经历，部分基础不佳的学生入学前已有弃学情绪。

（二）教学目标

1. 知识目标

（1）掌握有关环保主题的重点词汇；

（2）能够理解英文阅读中"词群"的概念，掌握课文中心大意，抓住要点，理解主要事实和细节，并能够进行一定的分析、推理和判断；

（3）能够阅读涉及环保话题的英文材料。

2. 应用目标

（1）能够就环保类社会热点问题进行 3 分钟左右的口头陈述讨论；

（2）能够就环保类社会热点话题以短文的形式展开简短的讨论、解释、说明；

（3）能够利用词群的阅读技巧快速了解文章大意并猜测生词的含义。

3. 价值目标

（1）正确认识经济发展与环境保护之间的关系，增强保护环境意识和自我责任意识，倡导可持续发展的战略理念；

（2）关注我国在环保方面所积极做出的努力，学生能够在跨文化交流中讲好中国故事；

（3）探讨科技所带来的改变，明确学生所在专业对社会的重要意义及贡献。

4. 创新目标

（1）能够在现代教育技术环境中进行创造性产出，能够参与协作学习，具有团队合作意识，能够与同学交流研讨；

（2）能够养成课前和课后利用各种线上线下资源自主学习的习惯和意识，提升自主学习能力。

二、教学内容分析

（一）单元教学背景

第一单元关爱地球（Unit 1 CARE ABOUT THE EARTH）包括：

文章 A：树蛙（Tree frog）；文章 B：归零使命（Mission Zero）。

单元背景介绍：本单元主要讨论环境变化的原因、后果及解决方案。A 篇课文以指示性物种树蛙为例，探讨气候变化，尤其是环境变暖带来的冰川融化、物种灭绝等问题，阐述人与自然的辩证关系。B 篇以 Interface 公司为例，探讨经济发展与环境保护之间的关系，以及建设可持续发展社会的解决方案，归零使命就是企业要对地球实现零污染。

（二）教学重点

（1）掌握有关环保主题的重点词汇。
（2）能够理解英文阅读中"词群"的概念。
（3）能够正确认识经济发展与环境保护之间的关系，增强保护环境意识和自我责任意识，关注我国在环保方面所积极做出的努力。

（三）教学难点

（1）灵活使用"词群"概念进行环保类主题文章的脉络分析。
（2）关注我国在环保方面所积极做出的努力，在跨文化交流中，讲好中国故事。

（四）重点与难点的解决方案

（1）以 GREEN 作为核心点，探讨环境问题的原因和后果，选取文章中最有特点的部分，按照逻辑关系一步步推理问题的解决方案，全班多线程协同动态生成关于环保相关的思维导图，并进一步明确词群概念。

（2）以联大应用型大学办学定位为导向，贴合学生专业，以生物化学工程学院生物质废弃物资源化利用北京市重点实验室和绿色建筑节能与信息化技术研究所为例，探讨科技所带来的改变，明确学生所在专业对社会，尤其是北京市城市环境的重要意义及贡献。

（3）借助实物道具板，将学生带入主题，深入理解本文涉及的环境保护的必要性。

（4）通过 iSmart 平台在课前提供在线教学资源，补充本课的相关背景资料，加深学生对教学内容的理解。课后仍然可以在 iSmart 平台进行有针对性的训练，并在平台活动区进行答疑和讨论。

三、课程思政教学设计理念及思路

（一）课程思政教学设计理念

秉承思政元素、专业导向、英语教学"三位一体"的课程设计。了解学生的专业背景，将公共英语课、思政元素和专业课结合起来，明确联大

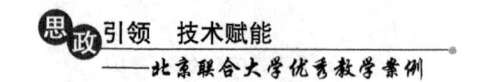

高水平应用型大学的定位，使公共英语教学服务于专业学习，实现更有效和更具针对性的学习产出；使学生们受益于自己的专业知识，热爱自己的专业。

（二）本课程整体课程思政设计思路

（1）引导学生对个人问题和社会热点问题的正确认识与理性分析，能够在实践中理解并遵守职业道德和规范，践行社会主义价值观。

（2）挖掘教材中的优秀民族文化，深刻剖析教材中蕴含的人文精神。培养英语学习者的中国文化意识，并将这一意识贯穿到整个英语教育体系中。

（3）通过中西文化的对比，使学生具有多角度辩证思维，并结合西方文化因素，进而实现向外的输出，将中华民族优秀文化推向世界的舞台。

（三）本节 90 分钟课程思政设计思路

（1）以视频为手段介绍我们赖以生存的地球所受到的伤害，使学生能够对环境"共情"，培养学生的公共意识和公民意识。

（2）从国家层面和具有社会责任感的企业家的角度展示我国在环保方面所做出的努力和改善。学生进行跨文化交流时，能够向世界介绍我国环境保护和改善的真实情况。

（3）正确认识经济发展与环境保护之间的关系，树立正确的价值观。毕业后，我们的学生将承担更重要的社会角色，为我国和全球的环境保护和改善工作做出更大的贡献、承担更大的社会责任。

（4）以联大生物化学工程学院生物质废弃物资源化利用北京市重点实验室和绿色建筑节能与信息化技术研究所为例，探讨科技所带来的改变，明确学生所在专业对社会的重要意义及贡献。

四、混合式教学设计理念及思路

（一）设计理念

主讲教师的一切教育理念都着眼于未来教育的理念，除了要满足学生的毕业要求外，更要满足学生可持续性发展的要求。

智慧化教学，多维共享、协同一体的动态生成课堂教学理念：本课程通过物理与数字空间、本地与远程的结合，实现人与环境的自然交互学习，开展合作探究的学习方式，积极为激发学生创新、发展智慧提供有利条件。实现教师—学生—学生—学生、学生—教师的多向输出，教学过程和内容由师生实时动态生成—协作共同完成。智慧化教学，多维共享、协同一体的动态生成课堂最大的优势就是每个课堂的参与者都具有平等的地位。课堂打破了时间与空间的限制，无论是疫情等特殊状况，还是跨校区、跨校之间的授课情况下，都保障了与本地授课学生同等的教学效果。

跨学科多元教学理念：顺应不同学科交叉融合是未来科学发展的必然趋势，了解学生所在专业的学科特点与学生的培养目标，结合思政元素进行有针对性的课程设计。

深度体验式教学理念：随着人工智能的发展、知识获取渠道的增加，教师的育人功能会占有越来越大的比重。教师在教学中注重对学生的思维方式、情怀、协作精神等的培养，通过深度体验式的课堂来实现直达心灵的育人效果。

（二）教学设计思路

本课程的教学设计思路见图1。

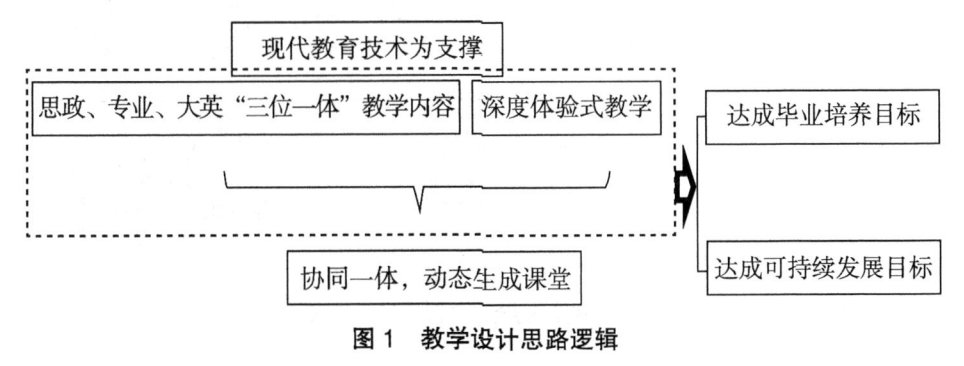

图 1 教学设计思路逻辑

五、教学方法及途径

授课形式简介：利用 SMART TeamWorks 协作数据系统完成本地（教室）学生和远程学生（特殊原因无法到校）同时授课。该授课模式的最大特点就是打破了授课地点的空间局限性，学生和教师都是同等的主体且无差别地接入课堂，每个人都是课堂内容的贡献者，教学内容在课堂中动态生成。课上生成的动态课件将以源文件格式存储，学生课后可以下载查看。

（一）本课程教学组织及模式

本课程采用智慧化教学——线上线下混合模式，见图2。

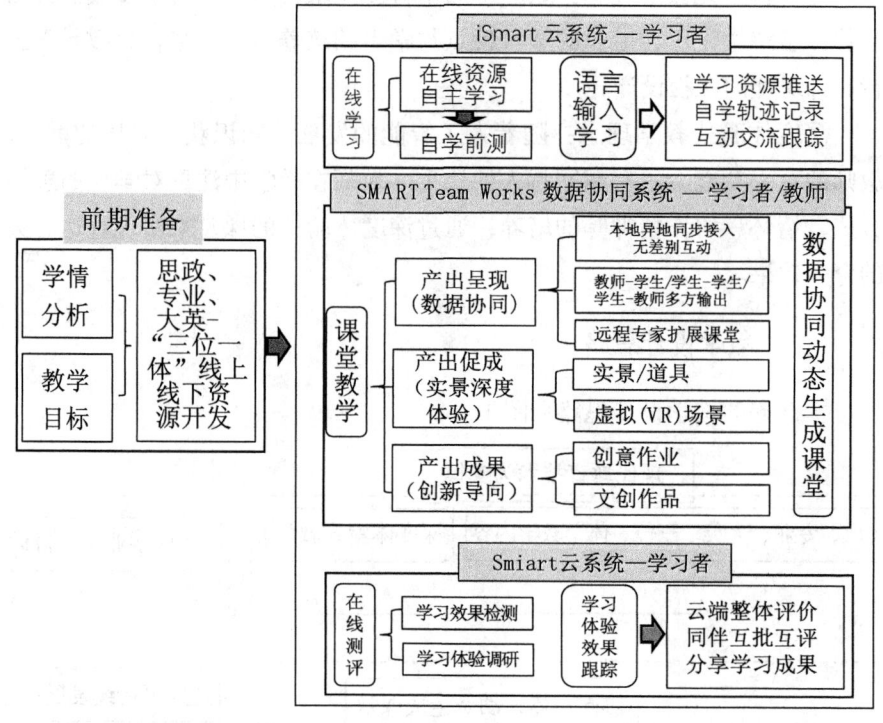

图2 教学组织、模式、手段与方法综合示意（基于王红燕老师模型）

（二）本课程教学方法及手段

1. iSmart 云系统（课前及课后）

本课程以翻转课堂的形式来进行知识的预习、补充和扩展，进行线下讨论及作业的提交。iSmart 系统实现了包括口语语音识别在内的即时自动

140

批改功能，并进行学习行为及成绩的智能分析，同一课程的不同教师能够协作进行试题库建设，实时分享。

2. SMART TeamWorks 协作数据系统（课中）

该系统（见图3）同时连接任何本地和远程设备终端，打破课堂空间和容量限制，本地（教室）和异地学生同时上课，是适应目前疫情等特殊形势的授课模式。疫情后该系统还可以应用于多教室、多校区协同上课，对于超过授课教师认知的背景知识可远程邀请专家解答。相比录播系统和远程会议的单向输出，该系统实现了本地及远程合作探究的学习，在同一个平台上实现教师—学生、学生—学生、学生—教师的多向同时输出、实时反馈，提高了课堂效率和整体参与率。师生均为课堂内容的贡献者，共同完成课程内容生成。所有课上动态生成的内容将以原笔迹的方式自动保存分发到每个参与课堂活动的教师和学生的设备终端中。

图3　SMART TeamWorks 协作数据系统图示

3. 打造深度体验的情境感知课堂

课上应用大量实景布置和道具，打造直观浸入式的深度体验。对于课堂中无法实现的场景和道具使用虚拟现实（VR）技术得以展现。

（三）本节课教学设计脉络

本节课的教学设计脉络见图4。

思政引领 技术赋能
——北京联合大学优秀教学案例

Mission Zero 归零使命

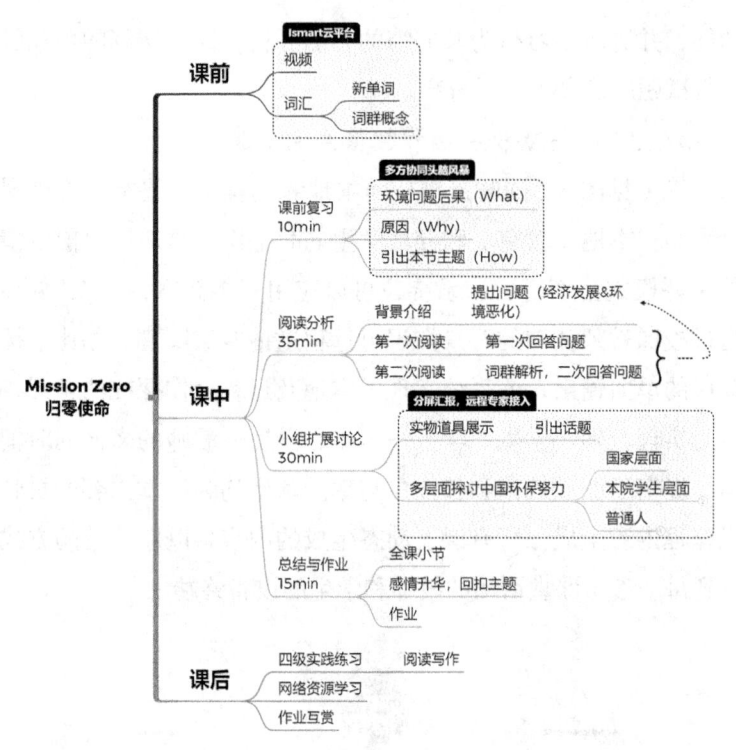

- **课前**
  - iSmart云平台
    - 视频
    - 词汇
      - 新单词
      - 词群概念

- **课中**
  - 课前复习 10min
    - 多方协同头脑风暴
      - 环境问题后果（What）
      - 原因（Why）
      - 引出本节主题（How）
  - 阅读分析 35min
    - 背景介绍——提出问题（经济发展&环境恶化）
    - 第一次阅读——第一次回答问题
    - 第二次阅读——词群解析，二次回答问题
  - 小组扩展讨论 30min
    - 分解汇报，远程专家接入
      - 实物道具展示 —— 引出话题
      - 多层面探讨中国环保努力
        - 国家层面
        - 本院学生层面
        - 普通人
  - 总结与作业 15min
    - 全课小节
    - 感情升华，回扣主题
    - 作业

- **课后**
  - 四级实践练习——阅读写作
  - 网络资源学习
  - 作业互赏

图4 教学设计脉络

（四）课堂内容设计

课前

教学手段/内容	教学内容/解释
教学手段 · iSmart系统（视频） **活动目标** · 使学生感受到大自然的壮美，激发学生对地球的热爱。 · 在视频中让学生震惊于当前的环境问题，并表达对那些可怜动物的同情。 · 练习学生听力的注意力持续时间。 **教学手段** · iSmart系统（word文档） **活动目标** · 在深入阅读课文之前，让学生做好必要的单词储备；使学生能够释义句子	活动1：课前导入——欣赏纪录片《蓝色星球Ⅱ》 要求学生欣赏纪录片《蓝色星球Ⅱ》并对其发表评论，以讨论课堂上的文化背景。 背景信息：2001年，自然历史部门展示了屡获殊荣的全球热门影片《蓝色星球》，这是世界上第一个全面的海洋系列纪录片。 活动2：在线自主学习——预习新单词和短语表达 学生应在上课之前在线学习所有相关的新单词和新表达 （节选的单词和短语，构词法和释义的示例。） A. 新单词及短语示例 B. 构词法——后缀示例 C. 同义转述练习示例

智慧课堂中的绿水青山

课中
第一部分　导入

教学手段 / 内容	教学内容 / 详细说明
教学手段 ・SMART TeamWorks 协作数据系统——多线程输入 目标 ・复习前课内容——环境问题的原因和危害 ・引出本节课的主题——如何解决环境问题？	教学步骤：多终端动态生成思维导图进行前课复习 利用 SMART TeamWorks 协作数据系统，学生从不同终端（手机/电脑）输入前课关于环境问题的原因和危害的关键词，形成思维导图的前半部分

第二部分　阅读分析

教学手段 / 内容	教学内容 / 详细说明
教学手段 ・SMART TeamWorks 协作数据系统——PPT 目标 ・启发学生对经济发展与环境保护之间关系的思考	教学步骤1：第一次阅读 ・学生阅读第一段，根据文章回答问题"Should economic development be at the cost of the environment？" ・教师图示化第一段阅读内容 结论：经济发展貌似与环境保护相冲突
教学手段 ・SMART TeamWorks 协作数据系统——PPT 目标 ・练习扫描和浏览的阅读技巧。 ・回扣标题——Mission Zero 的含义：企业要对地球实现零污染。 ・使学生了解节约能源和保护环境也可以提高企业的利润	教学步骤2：第二次阅读—小组活动—快读练习 ・教师介绍 Interface 公司的业务领域以及作为石油密集型企业可能造成的巨大环境污染。 ・学生扫读第2~8段，查找 Interface 公司作为石油密集型公司的工作及其对环境的影响。 ・教师图示化第一段阅读内容。 引出标题：事实证明，节约能源和保护环境也可以提高企业的利润。标题 Mission Zero 的含义就是企业要对地球实现零污染

续表

教学手段/内容	教学内容/详细说明
教学手段 ·SMART TeamWorks 协作数据系统——动态生成板书 目标 ·强调主题词统一的分组记忆方法。 ·明确环境问题的解决方案	教学步骤3：阅读分析 ·要求学生阅读最后两段，以找到提及环境问题主题时常用的所有单词。 ·教师讲解词语之间的逻辑关系，动态生成板书，探讨环境问题的解决方案。 ·扩展阅读——中国生态观论述的中文节选（习近平总书记科学发展观） "China highly values ecological and environmental protection. Guided by the conviction that lucid waters and lush mountains are invaluable assets, the country advocates harmonious coexistence between humans and nature, and sticks to the path of green and sustainable development." ·学生翻译 "lucid waters and lush mountains are invaluable assets." "中国高度重视生态环境保护，秉持绿水青山就是金山银山的理念，倡导人与自然和谐共生，坚持走绿色发展和可持续发展之路。"

第三部分　批判性思维训练——口语练习

教学手段/内容	教学内容/详细说明
教学手段 ·SMART Team Works 协作数据系统——多组同时投屏分享 目的 ·就此主题训练学生的口语表达能力。 ·使学生了解中国在环境保护方面的努力；使学生在进行跨文化交流时能够讲述中国环境保护和改善的实际情况。 教学手段 ·SMART Team Works 协作数据系统——远程专家连线 ·实景道具展示 目的 ·树立正确的价值观；明确学生所在专业对社会的重要作用，激励学生在未来承担更大的社会责任并为环境保护做出更大的贡献	教学步骤1：小组讨论 学生分为四个组，讨论中国在环保方面所作出的努力，多组投屏后，随机选出一组演示汇报。 教学步骤2：思维延伸讨论——实物道具展示 ·教师提出问题 "As a responsible citizen, what can we do to help the earth？" ·师生互动讨论日常垃圾的降解时间，远程连线专家给出解答。 ·引出本年度北京实施垃圾分类规定的重要意义。 生物系和建环系学生介绍健康与环境学院生物质废弃物资源化利用北京市重点实验室和绿色建筑节能与信息化技术研究所，探讨科技所带来的改变，明确学生所在专业对社会的重要意义及贡献

第四部分　总结及作业

教学手段/内容	教学内容/详细说明
教学手段 ·iSmart 系统 目标 ·培养学生知识的实际应用、社会实践和团队合作能力	1．作业（产出导向） A．四级阅读练习 B．用课上学习的与环保相关的重点单词写一篇文章来说明中国在环境保护方面的努力的文章（200字），并在 iSmart 系统中提交。 C．实践调查——小组活动 堡头社区居民对垃圾分类的认知度调查，并在下一堂课做口头报告

课后网络拓展学习资料

教学手段/内容	教学内容/详细说明
目标 ·激发学生对该主题的批判性思维。 ·提高学生的听说能力。 ·丰富学生的学习资源	1．补充资料 电影推荐：Filthy cities Dan Snow travels around the world to show viewers the dirty truth about some of our most beautiful cities. 2．网络资源 ·Experiencing English III http：//wyxy4.yzu.edu.cn/xp4 ·BB Learn http：//elearning.buu.edu.cn：8443/webapps/blackboard

（五）教学评价与校企合作

1．教学评价

重视过程性考核，构建多元化教学评价体系。加入学生入学初始水平和学习后的差值的增值性评价，使基础不佳的学生也能在学习中找到成就感。学生作为评价主体，通过学生自评和同伴互评参与教学评价。利用人工智能自动评分，并对学生学习行为及成绩进行分析。

2．校企合作

授课教师与 SMART- 科技公司合作，SMART- 科技公司提供软件及技术支持，两者共同进行智慧化教学探索。

六、教学效果及成果

主讲教师近五年教学质量评价全部优秀。

（一）学生成绩与教师本人获奖

学生成绩：一届学生一次性四级通过率100%，平均509分；全国大学生英语竞赛北京市一等奖1名，二等奖6名，三等奖3名；外研社阅读写作大赛校一等奖2名，二等奖1名，三等奖1名。

教师获奖：2017年度校级三全育人先进个人、2018年度校级师德先锋、2017—2020年度校级优秀教师。

（二）课程案例集及与文创作品

课程逐渐形成课程案例集。学生创作了专业和大英课程结合的相关文创作品。

（三）论文与课题

（1）2018年主持院级思政专项课题"基于文化认同的大学英语课程思政课程建设"。

（2）2018年参与校级教改项目"移动学习环境下大学英语通识教育选修课翻转课堂实践研究"。

（3）2019年主持校级教改项目"完全学分制下结合专业学习背景的大学英语课堂实践研究"。

（4）2020年发表论文"结合专业学习背景的大学英语课堂实践研究"。

（四）成果推广

本授课模式适用于各学科，除了学院内部应用外，也可作为案例推广到更多高校。

七、教学反思

本单元的教学设计符合大学非英语专业二年级的实际水平。多媒体的辅助教学以及基于云课程管理平台的教学设计和教学模式改变了标准化、单调化和统一化的课堂，注重学生批判性思维和协作式学习能力的培养。引导学生对社会问题能够有自己的深度思考，带来充满多重模态的交互刺激和感受，符合个性教育发展特点的现代化智慧课堂。

远程和本地同时上课解决了目前疫情形势下部分学生无法到校的难题，在疫情结束后也能继续应用于教师或学生由于特殊原因无法到校上课的情况。

多线程的协作系统使学生可以在同一时间分享自己的想法，并能在同一界面中呈现，提高了课堂的效率及学生的参与度。

思政元素的融入要能达到深入人心的效果，必须打造以情感为主线的深度体验课堂。

这几年笔者在进行思政课程建设的探索中发现，将思政润物无声地融入课堂对授课教师有着非常高的要求，对教师的知识结构、知识广度和思维深度都是非常大的挑战，也越来越觉得自己有很多欠缺。最开始的课程设计是进行点对点的融合，将某个知识点和某个思政点相结合，但是在课堂过程的设计及实施中发现，点对点的融合方式很难保证不露痕迹。如果想上好一堂思政课，需要的是点对面，甚至是面对面的融合。教师需要不断地进行学习，补充各种知识，完善自己的知识结构，同时要贴近学生生活，以灵活的课堂形式将思政元素无痕地融入课堂。

做好教学工作需要综合能力，这也使笔者感到自己存在很多不足，这也是要求教育者先受教育的一个很大的原因。最大的感触就是要深入学习，不能一知半解，所以学习是一个长期的过程。教学过程是教师和学生共同成长的一段旅程，与学生之间的教学相长也是受教的一个重要来源。在课堂中，我们用戏剧的形式一起探讨来自陌生人的爱，以及我们送出去每一份小小的关怀对他人成长的影响；我们一起体会了在极端的天灾人祸面前，生命的脆弱与坚强，这让我们更好地珍惜自己，也珍惜我们周围的人；我们一起感受了中国之美，探讨文化与符号之间的关系，同时也根据同学们自己的感悟和体会设计出了关于中国符号的文创作品。与学生们一起的这段旅程，他们所带来的故事、感动与思考也是笔者成长的重要力量。

作者：任颂，北京联合大学生物化学工程学院公共基础课教学部，讲师。

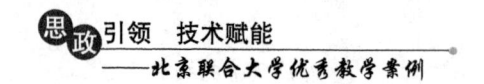

混合式教学助力下的埃及之旅文化情

——大学英语Ⅲ课程环球旅行教学单元

课程基本信息

课程名称	大学英语Ⅲ	课程类型	通识教育必修课程
学时学分	48学时3学分	面向学生	非英语专业二年级本科生
教学单元主题			环球旅行
课内/课外学时			2学时/3学时

一、教学目标与学情分析

（一）教学目标

1. 知识目标

学生能够基本听懂与埃及文化相关的音视频材料，明白其大意、要点；能够阅读涉及埃及文化话题的材料，概括篇章大意，理解人文历史景观等主要事实和细节，并能够进行一定的分析、判断；能够掌握与埃及文化和人物性格描写相关的词语。

2. 应用目标

学生能够运用基本的演讲技巧，就埃及文化的突出特点进行口头介绍；能够进行简短的口头陈述，阐明主要观点和事实；能够运用写作技巧以短文的形式刻画人物性格。

3. 整合目标

学生能够结合单元主题，整合阅读、听力和视频资料，完成3分钟口头汇报或100字左右的书面汇报。

4. 情感目标

学生能够积极进行协作学习，能够与同学交流研讨、共同完成小组任务。

5. 价值目标

学生能够结合单元主题，从不同角度思考问题，探究旅行的意义；辩证地看待文化异同，避免偏见歧视，以包容的心态去感受异国文化。

6. 学习目标

学生能够逐渐养成课前和课后利用各种线上线下资源自主学习的习惯，提升自主学习能力。

（二）学情分析

大学英语课程是为非英语专业本科生设置的通识教育必修课，大学英语Ⅲ在大二第一学期开设。课程持续四个学期，循序渐进，共同完成总目标——培养通晓外语、懂专业的高素质应用型人才。外语部自2014年通过引进和建设高水平的教学资源，录制基于校本的外语慕课，利用U校园、iSmart 和 ICclass 网络平台，实施线上线下混合式教学模式，促使学生忙起来、动起来。经过大一两个学期的学习，学生已能熟练使用慕课资源和三个网络平台，对线上学习的接受度也比较高。

二、教学内容分析

（一）教学目的和要求

在围绕环球旅行话题的6学时学习中，本次课（90分钟）要达到以下目的：

（1）语言学习：通过观看外语部慕课对文章的视频讲解和观看后的课堂讨论，了解故事主人公的人物描写，学习通过恰当的例子和细节来刻画人物的性格特点；通过语言理解和欣赏，解读作者的言外之意，进而学习用词汇刻画人物。借助 iSmart 平台进行创造性仿写，旨在通过生动的例子和细节来描述人物性格特征。

（2）文化对比：通过 iSmart 平台提供的补充阅读、听力和视频资料，了解埃及和首都开罗的概况，以及埃及女性的地位和生活情况。通过讨论女主人公性格的闪光点，了解埃及女性的优良品质，并与中国女性进行对比，取其精华去其糟粕，为中国女性的传统美德感到骄傲，树立文化自信。

（3）思维拓展：通过讨论分析作者视角和感受，从不同角度来思考问题，探究旅行的意义，辩证地看待不同文化的异同，避免偏见和歧视，以包容的心态去感受异国文化。通过 iSmart 平台的补充听力和视频资料，了解中国和埃及文化的更多异同，感受旅游带来的愉悦。

（二）重点

引导学生进行文化对比，辩证地看待文化异同。通过补充资料，了解埃及女性的地位和生活情况，概括女主人公的优良品质，与中国女性进行对比，为中国女性的传统美德感到骄傲，树立文化自信。

（三）难点

线上线下的预习和复习。通过设计完整的预习任务和课上检查任务，促使学生高质量地完成对慕课的观看和对补充新闻的阅读。通过课上充分的讨论，激发学生的兴趣，促使学生课下观看补充视频，完成听力和写作任务。

三、课程思政教学设计理念及思路

外语课作为课程思政的前沿阵地，具有得天独厚的优势。外语课兼具人文性和工具性，学生学习外语并不只是在学习语言文字语法，更多的是从一字一句中了解和感受异国文化。因此外语教师在课程设计时应尽可能挖掘课程中存在的思政点，最大化地发挥其影响力。经过近三年的教学实践和大量文献阅读，我们发现外语教师普遍使用文化对比的方法来对学生进行思政教育引导。通过比对中外文化的异同，教师引导学生取其精华去其糟粕，弘扬社会主义核心价值观和中华传统美德，以"润物细无声"的方式增强了学生的文化自信和民族自豪感。

本单元的设计以中国和埃及文化中的女性为思政融入点,以文化对比为手段,希望引导学生加强自强自立、坚强勇敢和尊重异国文化的意识。首先,从一名埃及女出租车司机日常的工作和生活入手,分析其性格中的闪光点。这名女出租车司机年轻丧偶,独自抚养几个孩子和双方父母,这体现了她的独立和坚韧。她做事认真,熟悉开罗的大街小巷,说明她勤劳和负责。在深夜的机场她帮助女性游客,说明她友善和果敢。其次,对比中国女性的优良品德,寻找异同,挖掘中国女性的优良品质,如勤劳、善良、自立自强、坚韧不拔等传统美德。最后,从作者的旅行者视角探讨旅行的意义。对比中国和埃及女性的社会地位和生存现状,使学生意识到中国妇女解放的优越性和中国女性的美德,建立文化自信。同时使学生意识到埃及女性的现状是由历史、宗教等多方面原因造成的,不能简单地认为埃及不如中国。引导学生辩证地看待不同文化的异同,避免偏见、歧视,以包容的心态去感受异国文化。帮助学生树立对不同国家、不同民族和不同文化的尊重态度,培养跨文化沟通能力。

四、混合式教学设计理念及思路

近五年来,依据联大的办学定位和人才培养目标,围绕"分级教学、分类拓展、协调发展、突出应用"的改革方针,外语部一直致力于大学英语线上线下混合式教学模式探究,如提出构成板块:"有效输入—人机交互—翻转课堂—过程考核"等。

本单元的教学设计围绕"有效输入—人机交互—翻转课堂—过程考核"的板块理念,按照"课前—课中—课后"的时间节点实施线上线下教学。

课前:根据单元教学目标,学生提前学习在线资源指定内容,完成课前任务。具体来说,学生观看教师讲解视频,完成相关填空;观看介绍埃及的视频,分组准备介绍埃及概况和女性地位的口头报告。教师通过iSmart平台监控、了解学生在线学习的情况。

课中：反馈学生的课前学习情况，针对错题进行分析与讨论。组织课堂活动强化输出，重点培养应用和整合能力。具体来说，教师总结反馈学生填空和课文理解情况，释疑解惑；总结人物性格描写的用词和手法；学生分组口头介绍埃及概况和埃及女性；教师延展话题，引导学生总结女主人公美德，口头对比中国和埃及两国女性的美德，寻找共同点和闪光点。

课后：进一步整合先前学习内容，延伸课堂学习效果，完成更有难度的任务。具体来说，学生利用所学词汇完成一篇人物性格描写的作文；听旅行意义和异国文化见闻的音频文章；口头表达北京世界文化遗产的明清皇陵部分。

五、教学方法及手段

（一）教学方法：以学生为中心的产出导向型教学法、讲授法、合作学习法

（1）以学生为中心：学生利用网络和学习平台完成课前预习。收集关于埃及，尤其是开罗的有关信息，列举开罗的旅游亮点，查找埃及女性的地位和生活情况；形成口头汇报。学生观看慕课中对课文的讲解，完成对应的作业。

（2）课堂讲授：教师反馈慕课预习作业情况；评价学生口头汇报；总结课文中人物性格描写的手法和词汇；引导学生进行口头和书面的拓展练习。

（3）合作学习：小组讨论和课堂汇报。小组任务（填表格）——用关键词刻画"开罗女司机"的外貌特征、内在性格，并寻找课文中的实例；分组口头展示自主学习成果。

（二）教学手段：教科书、黑板、多媒体设备、ICclass 网络平台、iSmart 平台、U 校园

外语部自 2014 年通过引进和建设高水平的教学资源，录制基于校本的外语慕课，利用 U 校园、iSmart 和 ICclass 网络平台，实施线上线下混合

式教学模式。

iSmart平台主要有两大用途，一是上传前期录制好的校本慕课资源，供学生课前预习使用。例如，本单元要学习的两篇精读课文对应的慕课资源包含课文原文双语版、朗读音频、教师对课文重点内容的讲解视频以及教材对应练习的讲解和答案。平台的"DASHBOARD"功能可随时统计并反馈学生的学习时长、进度、测试分数等数据。二是iSmart平台的"测试""活动"和"问答"功能很好地辅助了课前课后的线上学习。利用"测试"功能，教师可制作口语朗读、阅读、写作等题型的测试，用于收集课前预习情况和布置课后巩固练习。通过"活动"功能，学生可以将课上无法全员进行的展示活动在课后一一展示，形式也非常丰富，包含视频、图片和文字三种形式。师生可使用"问答"功能在课前针对要学的单元互相提问，教师也可在课后针对课中内容提问。U校园平台主要用于课后巩固所学的听力练习。该平台配备了外研社的《大学体验英语听说教程3》，主题与课文所在的教材《大学体验英语3》相互呼应，而且听力题型丰富，成绩反馈系统成熟。ICclass平台上有很多慕课资源及对应的练习，主要用来扩充单元主题。本单元使用了《北京世界文化遗产》系列，作为"旅行"的单元主题补充材料。

由于学生已能熟练使用慕课资源和三个网络平台，因此在教学设计上，可综合使用各平台，突出平台优势。例如，本单元写作任务使用iSmart平台，因为其写作练习题可以用批改网批改，大到篇章布局，小到字词使用，均有详细批注，学生用后均表示对其写作很有帮助。听力任务使用U校园平台，因为其听力练习主题与本单元十分契合。拓展学习使用了ICclass平台，帮助学生在了解埃及文化后，关注中国文化走出去，学习如何用英语讲述北京的世界文化遗产，而且平台还提供配套口语练习。

（三）教学过程

课前

教学目标：使学生提前学习指定在线资源内容，完成课前预习任务。

教学步骤：

（1）课前一周布置预习任务：观看 iSmart 平台上本单元 A 篇课文的教师讲解视频，完成相关填空测验；观看介绍埃及的视频，分组准备介绍埃及概况和女性地位的口头报告（3 分钟左右），课前三天将口头报告的 PPT 和文字稿发给教师；督促未完成作业的学生尽快完成。

（2）课前一天查看学生 iSmart 平台的预习情况，包括视频观看时长、观看的主要内容、填空作业的完成情况，汇总错误率高的部分，第二天课上分析讨论；将口头报告的修改意见反馈给学生。

课中

1. 介绍本节课的教学目标和学习步骤（5 分钟）

教学目标：使学生明确本节课的学习目标和学习过程安排。

教学步骤：

（1）告诉学生本节课的教学目标。

·学习如何使用恰当的词汇、生动的例子和细节刻画人物性格。

·了解埃及和首都开罗的概况，埃及女性的地位和生活情况。

·分析旅游的意义。

（2）告诉学生本节课的学习步骤。

·慕课预习作业的反馈和展示。

·文章的细读和总结，文化异同的深度讨论。

·讨论旅行的意义。

2. 慕课预习作业反馈（40 分钟）

教学目标：通过对慕课预习作业的反馈，加深学生对所讨论话题和文章的理解。通过学生的小组口头汇报，使学生了解埃及和首都开罗的概况，埃及女性的地位和生活情况。

教学步骤：

（1）教师展示预习测验分析报告，讲评出错率较高的问题并总结。（25 分钟）

根据外语部慕课视频（Unit 6 Passage A 精讲 2、3、4）填空：

① This is not exactly about_____, but a descriptive writing about _____ in Cairo.

② "It has seen a better day, there are quite a few scrapes on its body, the tires are bald and there is a crack in the windshield." This is a description of Nagat's _____ car.

③ According to paragraph 4, Nagat doesn't ask, and simply pulls the author through the crowd, so we can see the woman taxi driver is _____ and _____.

④ According to paragraph 5, Nagat supports her two teenage kids and parents on her own. We can see Nagat is very _____.

⑤ In paragraph 6, there is a detailed description of Cairo, which can be seen as a city. The writer describes the city in detail because it shows the woman driver is _____.

⑥ In paragraph 8, Nagat is the only woman taxi driver among a large crowd of her male counterparts, which shows that she is a true _____.

⑦ In paragraph 9, Nagat refused to accept help in changing a tire, which shows she is _____ and _____.

（2）学生分组做口头报告，每组3分钟，介绍埃及和首都开罗的概况，及穆斯林文化中的女性。教师讲评并总结。（15分钟）

3. 深度讨论（25分钟）

教学目标：学习如何通过恰当的例子和细节来突出人物的性格特点；总结以主人公为代表的埃及女性的优良品质；与中国女性进行对比，发现文化异同，挖掘中国女性的优良品质。

教学步骤：

（1）小组合作学习，讨论并在文章中找出描写人物性格的事实和例子，填写下表（斜体字为参考答案）。小组展示答案，教师组间指导并总结。（10分钟）

Adjectives	Facts and Examples
firm/determined	She doesn't ask, and simply pulls the author through the crowd. She takes control of her sightseeing schedule.
responsible	She supports her two teenage kids and parents on her own.
independent/ proud	She refused to accept help in changing a tire.
capable/confident	She knows every nook and cranny in and around Cairo.
exceptional/friendly	She is the only woman taxi driver among a large crowd of her male counterparts.
efficient/energetic	Her movements are energetic and she doesn't waste any time.

（2）小组讨论女主人公性格的闪光点，总结以主人公为代表的埃及女性的优良品质，以事实举例。并与中国女性进行对比，寻找异同。小组以思维导图形式展示答案，教师补充。（15 分钟）

e.g. Egyptian/ Chinese women are diligent. For example，…

4. 总结（15 分钟）

教学目标：总结要点，激发学生深度思考，促使学生完成课下复习和拓展任务。

教学步骤：

（1）教师提问，学生自由发言。问题如下：

When describing the woman taxi driver in Cairo, what is the perspective of the author?

Take into consideration the author's background, such as gender, nationality, etc.

What opinion has the author had toward Egypt after her journey to Cairo?

What do you think the journey mean to the author?

What does travelling mean to you?

（2）结合以上问题的回答，教师与学生探讨旅行的意义——体会另一种文化，包容不同文化的异同。学生分组讨论，每组代表发言，教师总结。

5. 布置作业（5分钟）

教学目标：说明作业要求，了解更多中埃文化的特点，感受旅游带来的愉悦。

教学步骤：

（1）写作，iSmart 平台，仿写一篇100字左右的文章，题目为 My Classmate。要求模仿课文 A，使用生动的例子描绘同学的某一突出性格。

（2）听力，U 校园平台，第四单元中有关旅游计划和旅游意义的部分，Conversation 1&2，Passage 1&2，在线完成听力理解题。

（3）口语，ICclass 平台，观看《北京世界文化遗产》第五课"明清皇家陵寝"，完成"口语练习"部分的任务。

课后

教学目标：使学生整合课中学习内容，完成更有难度的任务，延伸所学。

教学步骤：

（1）线下教学当天，在 iSmart 平台上通过"问答"功能要求学生总结课中所学，如描写人物的词汇和手段、对埃及的看法、旅行的意义、对待异国文化的态度等。要求回答中加入个人感受，不能复制他人的回答。

（2）至下次课前，查看学生在三个平台的作业完成情况，包括批改作文；查看听力完成情况和出错率较高的题目；收听并反馈学生的口语作业，总结问题，下次课中讲解。

六、教学效果及成果

线上线下混合式教学与课程思政的融合，既鼓励和帮助学生迎接新时代新技术带来的挑战，又帮助外语教师提高教学的效果。在实施线上线下教学的过程中，学生转变了学习观，加大了语言学习的课外时间投入，从过去的被动学习变成主动学习。课程思政促使教师转变教学观，从以讲为主到与学生互动、分享、共同提高。

（一）具体成效

（1）人才培养初见实效。学生的精神面貌和学习态度有所提升。本单元的两轮学习中，学生多数能自主完成课前和课后任务，特别是口头汇报完成质量较高；多数学生能积极参与课中讨论，言之有物，并将课上讨论内容落实到课后的写作实践中。全部门整体教学效果也很明显，近五年毕业生大学英语四级累计通过率稳步上升。

（2）教学教研能力双提升。在学校和部门的支持下，笔者积极投身线上线下教改的实践和研究，获批一项校级混合式教学教研项目，同时获得全国微课大赛北京赛区二等奖。外语部教师们在近五年的混合式教改实践中教学能力均逐步获得提升，在各类教学比赛、教学成果评比中捷报频频。部门教研成果实现重大突破，在外语核心期刊《外语界》发文，2018年获批国家社科基金"新时代大学英语线上线下混合式教学模式研究"项目。

（3）教育者先受教育，课程思政社会影响扩大。笔者积极践行"三全育人"，多次参与部门内外和校内外课程思政分享，获联大课程思政教学设计比赛一等奖、"优秀教师"称号。在课程思政的过程中，坚持教育者先受教育，只有教师自身先在思想意识上有提升，才能将思想政治教育贯彻落实到教学中。本单元的集体备课全员参与，在整体设计思路的基础上，每位教师结合本班学生情况制作个性化教案，真正做到全员、全方位的课程思政。部门的课程思政团队多次向全市、全国其他高校介绍经验，接待兄弟院校的调研。外语部党支部也获得联大校级课程思政建设先进党支部称号。

（二）课程内容与资源应用情况

新模式下的课程内容资源，由传统的单一纸质教材升级为通用大英课程＋拓展课程、教材与在线资源相互补充的立体体系。学生通过手机终端随时随地登录两个平台学习。2018—2019学年两学期学生累计平均使用36学时，超过课程设计的20%在线学时（两学期28学时，四学期56学时）。

七、教学反思

目前，大学英语课程进行了三轮的线上线下教学实践，课程思政融入后进行了两轮教学实践，取得了一定收获，同时也反映出一些问题。

（一）主要收获

（1）优质资源的使用和建设是实施线上线下混合式教学的重要基础。外语部通过引进外研社开发的智慧版听说教学资源、自建适合校本特点和需求的在线课程和微课资源、实时补充个性化资源等，构建丰富的校本资源体系，满足多校区办学需求，保证了混合式模式的"有效输入"，使学生在课前和课后有丰富的资源补充巩固课中学习。

（2）人机交互和翻转课堂是实施线上线下混合式教学的关键步骤。混合式教学应包括三方面的混合，线上教学和面对面教学的混合、教育技术的混合、教学方法的混合。除了不同时空形式的混合，不同学习媒介和软件等工具的混合也非常重要，如何选取不同的媒介以适应设计的教学任务，非常考验教师的教育技术能力。外语部以高教社 iSmart 平台、外研社 U 校园平台和 ICclass 网络平台交叉支持，微信、QQ 等社交媒体平台为辅助，构建满足外语教学的混合式教学环境。同时，教学中混合使用不同教学方法也是对教师基本功的考验，不恰当的媒介和教学方法无法有效激励学生线上学习的积极性。

（3）大学英语课程思政路径是线上线下混合式教学模式下的新探索。课前教师结合教材挖掘思政元素，设计有效输入的教学材料供学生预习。课中通过不同的任务启发学生思考，组织学生讨论，引导学生在思政点上产生共鸣。课后设计合适的任务巩固所学，引发学生深度学习的兴趣，激发学生深度思考思政点。本单元的学习中，学生对埃及女性的认识经历了一个由表及里的过程。课前任务准备的口头报告中，学生多数关注埃及女性的衣着、一夫多妻制等。课中讨论时，他们发现课文中的女主人公代表了多数埃及普通女性，他们生活在一夫一妻的婚姻中。由于宗教信仰，她们无法从事很多工作。一旦丈夫死亡，她们需要负担两个家庭的生计，面

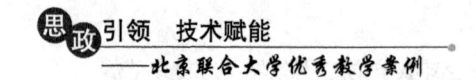

临严重的生存危机。对比中国女性现状，学生们认为中国的妇女解放使得女性地位上升。但不能通过这样的对比，就认定埃及是个落后的国家，或埃及女性生活很悲惨。带着这样的认知，学生在课后学习中能更加积极地去了解更多国家的风土人情，带着尊重和客观的态度去感受异国文化。

（二）反映出的问题

混合式教学模式下的课程思政教学中，教师是关键，很多问题都是教师在实践教学中提出的，也需要教师来解决。首先，翻转课堂的实施，教师是关键。因此需要促进教师转换理念，注重产出。其次，课程思政的有机融入，教师是关键。融入点的挖掘和升华，如何实现教育者先受教育和全员全方位育人，都是需要不断探索的。最后，如何考核课程思政的效果，也是教师们普遍关心的问题。

作者：李丹丹，北京联合大学公共外语教学部，讲师。

"知意 悟理 守则 践行"探秘二维码
——Python 程序设计课程生成二维码教学单元

课程基本信息

课程名称	Python 程序设计	课程类型	通识教育必修课程
学时学分	48 学时 3 学分	面向学生	管理类专业一年级
教学单元主题		生成二维码	
课内/课外学时		1 学时/1 学时	

一、教学目标与学情分析

（一）教学目标

1. 知识目标

（1）理解二维码的含义及应用场景；

（2）能运用 qrcode 库生成二维码；

（3）能运用 qrcode 库和 PIL 库生成带 logo 的二维码。

2. 能力目标

（1）编程实践能力：通过编程实践，运用程序调试方法解决程序编译运行中出现的问题。

（2）分析问题的能力：分析生成二维码过程中出现的问题并提出优化方案。

（3）解决问题的能力：结合专业应用场景，通过调研及研讨，利用生成二维码的方法,解决专业领域内的问题。

3. 情感目标

(1) 创新思维意识方面:以问题为导向,通过逐步引导学生探究及实践,培养学生的创新思维。

(2) 科学伦理和工程伦理方面:通过揭露二维码背后的恶意链接和诈骗案例,培养学生科学报国、技术惠民的责任感和使命感。

(3) 追求卓越、精益求精品质方面:通过阐述二维码结构中运用冗余提高可靠性的技术以及程序调试过程中多次迭代的调优过程,培养学生不怕困难、勇于实践、追求卓越、精益求精的良好品质。

(二) 学情分析

1. 学生已有的认知基础和经验分析

学生已学习过 Python 基础知识内容,掌握了 Python 的基本语法知识和常用数据结构,还没有接触具体领域的应用。

对策:二维码的生成与解析是图像识别领域的重要应用,而且在日常生活中有着广泛应用,通过该单元介绍 Python 的行业应用,可以较好地帮助学生拓展思路,促进创新应用。

2. 学生的学习能力和学习风格分析

学生属于管理类相关专业,偏文科背景,在技能性操作上有所欠缺。

对策:从学生感兴趣的二维码应用入手,引导学生探索背后的奥秘,进而培养学生运用已有的基础知识和应用相关库的集成创新能力。

3. 学生对本学科的学习方法分析

在学习程序设计课程的过程中,学生容易陷入语法知识的细节,注重语法规则,欠缺系统思维。

对策:程序设计的语法知识通过线上学习完成,线下设计通过探究式学习法,引导学生从应用出发,先观察效果,再悟原理,最后动手实践。

4. 学习时可能要遇到的困难分析

(1) 理解带自适应 logo 图片二维码的生成方法。

对策:从分析引导开始,通过互动鼓励学生思考,揭示本质,最后实践体会。

（2）运用生成二维码的知识解决专业领域问题。

对策：引导学生参与话题讨论，鼓励学生调研，了解专业问题，将程序设计运用于专业领域，真正做到学以致用。

二、教学内容分析

（一）知识点分析

本单元的主要知识点围绕"生成二维码的方法与应用"展开。按照"什么是二维码""如何生成二维码""怎样使用二维码"这三个问题的顺序逐步进行。如图1所示。

什么是二维码？	如何生成二维码？	怎样使用二维码？
・含义 ・结构	・基本二维码 ・带logo的二维码	・结合专业应用 ・个性化

图1　知识结构

"什么是二维码"，包括二维码的含义、起源、结构。通过比较二维码与一维码的异同，解析二维码的矩阵结构。

"如何生成二维码"，围绕生成带logo的二维码的全过程，首先介绍使用qrcode库生成二维码的方法，在此基础上，引入生成带logo的二维码问题，介绍运用qrcode库和PIL库生成带logo的二维码的方法。生成带logo的二维码介绍中分别从不控制logo大小位置和控制logo大小位置两个阶段，逐层深入引导探究。引导学生根据问题思考解决方案，激发学生学习兴趣，并培养学生分析和解决问题的能力。

"怎样使用二维码"围绕生成二维码的运用场景进行，举例说明二维码的应用领域，将专业领域的应用设计为讨论话题，组织学生进行分组讨论。在该部分内容中分析二维码背后加入恶意链接的违法犯罪案例，自然融入课程思政元素，注重对学生进行科学素养和工程伦理教育。

（二）重点

（1）二维码的结构分析；
（2）生成带 logo 二维码的方法；
（3）理解带 logo 二维码的本质；
（4）二维码的应用实践。

（三）难点

（1）生成带 logo 二维码的方法；
（2）理解带 logo 二维码的本质；
（3）二维码的应用实践。

三、课程思政教学设计理念及思路

课程思政教学设计从 Python 程序设计的课程特点及本单元的具体内容出发，深入挖掘其中蕴含的思政元素，尽量做到显性教育和隐性教育相统一，自然融入。作为通识教育计算机类课程，本课程注重培养学生精益求精的品质，强化学生的科学素养和工程伦理教育，激发学生科技报国的家国情怀和使命担当。具体来说，依据本单元课程内容和线上线下两个阶段进行课程思政教学设计，思路如图 2 所示。

线上学习阶段，学生要自主完成线上内容的学习，教师在实体课堂上提取学生的线上学习数据，对于表现好的同学给予表扬；同时提出克服惰性、勤奋努力的重要性，让学生明白"不积跬步，无以至千里"的道理，并真正践行。

线下的精讲探究阶段，讲到二维码的发明时，通过我国率先发明二维码"扫一扫"技术，从而推动移动支付广泛应用的案例，提出创新的重要性，此处融入习近平同志关于"创新是引领发展的第一动力"的重要论述。并在此引申：创新不是空想；找对方向，持续努力，是创新必备的条件。讲到二维码生成过程时，通过带着学生逐步探究生成带 logo 二维码的过程，介绍透过现象看本质、冗余技术提高可靠性等方法论内容，提高学生的科学素养。讲到二维码应用时，通过列举二维码被嵌入恶意链接的违法犯罪案例，介绍做到守正创新、科学报国、技术惠民的重要性。

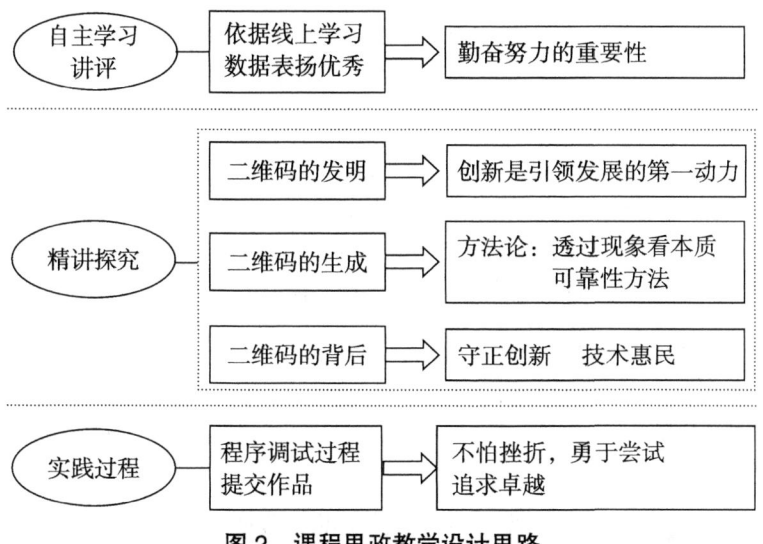

图 2　课程思政教学设计思路

实践环节是程序设计非常重要的部分。在实践过程中，通过程序调试中 bug 的解决过程，培养学生不怕挫折、勇于尝试的品质，并鼓励学生提交作品时做到精益求精，培养学生追求卓越的工匠精神。

除了课内根据教学内容进行课程思政融入的设计外，课外还鼓励学生积极参与科技社团活动、学科竞赛、启明星科技项目等，将课程思政教育从课内延伸到课外，全方位全过程培养学生的实践创新能力，这对于程序设计的创新应用能力培养非常重要。同时，在课外实践过程中，培养学生的团队合作精神，让学生养成勇于攻坚克难的意志品质。

四、混合式教学设计理念及思路

本课程的混合式教学采用 MOOC+SPOC 形式开展，混合式教学以学为中心，从整合教学资源、注重交互反馈、构建分层任务、创设学习情境几个方面进行设计，设计思路如图 3 所示。

- 定制微课资源
- 实践题库资源
- 完善精讲资源

整合教学资源

- SPOC讨论区
- 多种疑问收集
- 课内互动

注重交互反馈

构建分层任务

- 分层设置
- 递进推进
- 奖励机制

创设学习情境

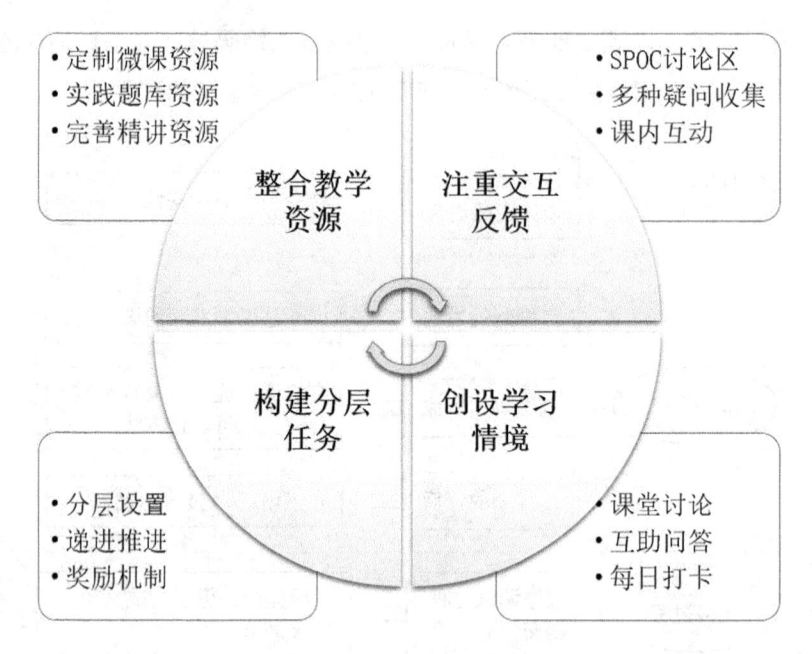

- 课堂讨论
- 互助问答
- 每日打卡

图3　混合式教学设计思路

学习资源是在线学习的前提。根据课程内容，依据学情定制微课资源，建立渐进式实践题库资源，设计完善精讲资源，做到学习资源齐全。

在整合教学资源的基础上，注重交互反馈，才能更好地了解学生的疑惑，做到有的放矢。通过SPOC讨论区的定制话题、慕课堂课前测的完成情况、课内安排的互动，多渠道收集学生疑问，有助于在实体课堂精讲中精准释义，激发学生学习的积极性和主动性。

针对实践环节，通过构建分层任务，利用实践平台，搭建一级一级攀登的阶梯，激发学生的内在学习动力。

创设学习情境，通过线上的讨论区以及平台问答区，建立奖励机制，鼓励学生相互提问和回答，形成互助学习氛围，从而提高学生的自我管理能力。

具体到本单元"生成二维码"的教学内容，采用线上自主学习、线下精讲探究、线下动手实践的流程进行混合式教学设计，如图4所示。

```
线上自主学习            线下精讲探究           线下动手实践
• 图像处理              • 总结二维码含义        • 个性化二维码
• PIL库                • 生成二维码           • 设计
• 二维码的含义           • qrcode库            • 面向专业问题
                      • 加自适应logo

   知意      →      悟理      →      践行

            守则（工程伦理、思政融入）
```

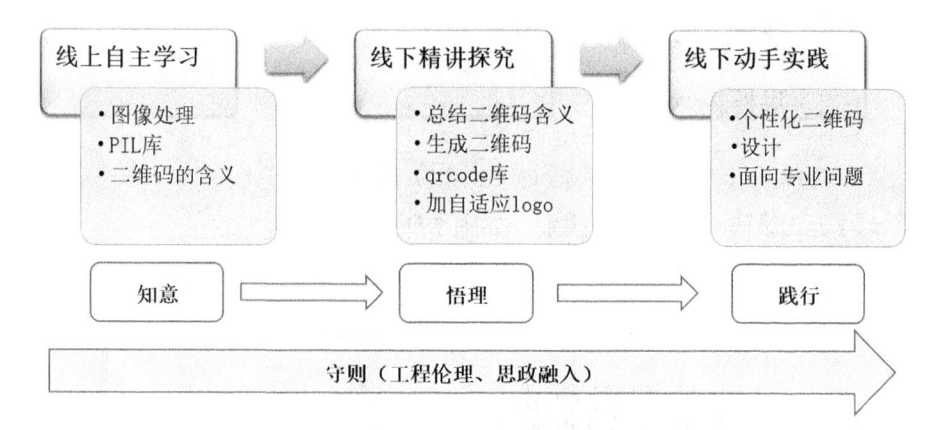

图4 本单元混合式教学设计流程

通过线上自主学习，了解图像处理的 PIL 库、二维码的含义。这些内容侧重理论，学生通过自学可以基本了解。线下精讲探究时，先总结二维码定义和结构的相关知识，重点围绕生成二维码的过程，引导学生逐步探究，每一步都按照提出问题、互动、解决问题的思路进行。线下动手实践，让学生充分发挥主观能动性，设计个性化的二维码，并且通过课内讨论及调研，引导学生面向专业问题设计二维码，促进通专融合。

五、教学方法及途径

本单元教学运用了讲授法、演示法、探究法、讨论法等多种教学方法。以下按照教学活动进程进行说明。

（一）导入新课

1. 总结线上学习情况

（1）PIL 库的功能；

（2）二维码的含义。

2. 二维码的应用场景展示

移动支付、微信、公交地铁、领红包、健康码……

3. 二维码背后的信息多样性

互动问题：二维码能存储哪些类别的信息呢？

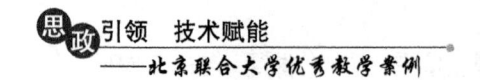

回答：文字、网址、图片、视频……

（二）讲授新课

1. 二维码（矩阵式二维码 QR code）的含义

（1）二维码与一维码的区别，如图 5 所示。

- 条形码 ＝ 仅在 1 个方向上包含有信息
- 二维码 ＝ 在 2 个方向（水平和垂直）上包含有信息

图 5　二维码与一维码的对比

①一维码只能在一个方向（一般是水平方向）上表达信息；二维码在水平和垂直方向上都可以存储信息。

②一维码只能由数字和字母组成，一般只可容纳 30 个字符左右；二维码能存储数字、字母、汉字、字符、图片、声音、视频、网址等，比普通条码信息容量约高几十倍。

③一维码不能容错；二维码容错能力极强，具有纠错功能，当其局部损坏时，照样可以正确识读。

（2）二维码的起源：QR 二维码是在 1994 年，由名为腾弘原的日本人发明。但中国人发明了"微信扫一扫"，我国的互联网企业将其发扬光大。

思政融入：引入习近平同志关于"创新是引领发展的第一动力"的重要论述，强调牢牢把握科技进步大方向。找对方向，持续努力，是创新必备的条件。

（3）二维码的结构，如图6所示。

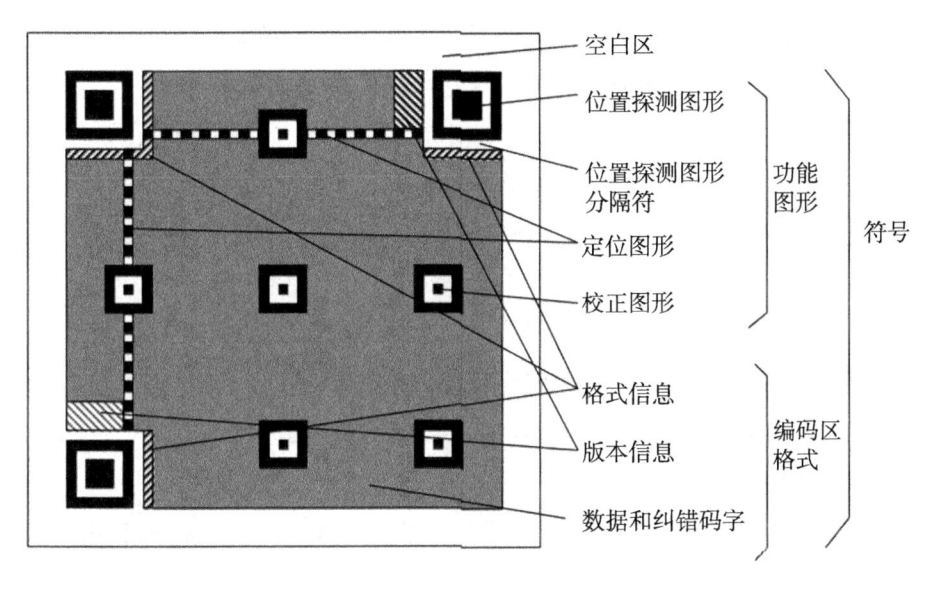

图6 二维码结构

①位置探测点：3个

互动问题：为什么不用正对着二维码，照样可以扫码成功？

回答：3个位置探测点起到定位的作用。

②最小的二维码是21×21像素，最大的是177×177像素。21×21像素大小是Version 1，25×25像素大小是Version 2，每个版本间相差4个码元。

③元素：0，1（二进制）

④二维码纠错：创建二维码的同时创建一些冗余数据，有助于QR读取器准确读取二维码，即使一部分是不可读的数据，也不会影响读取正确的信息。

介绍二维码四种级别的纠错。L：可以校准7%；M：可以校准15%；Q：可以校准25%；H：可以校准30%。

思政融入：二维码通过冗余数据实现纠错，提高可靠性，重点说明可靠性的重要性。

2. 二维码的生成（运用 qrcode 库）

（1）生成基本的二维码，以联大的主页二维码为例。

生成基本二维码的代码和运行效果，如图 7 所示。

```
import qrcode
img = qrcode.make("https://www.buu.edu.cn")
img.save("buu.png")
```

图 7　生成基本二维码的代码及运行效果

互动问题：只用一行代码就能完成，大家想想还有什么疑问？

回答：类似微信名片，带 logo 的二维码如何生成呢？

引出下一个探究问题。

（2）生成带 logo 的二维码（增加联大的校徽 logo）的代码和运行效果，如图 8 所示。

```
import qrcode
from PIL import Image
import os, sys
qr = qrcode.QRCode(
    version=2, error_correction=qrcode.constants.ERROR_CORRECT_H,
    box_size=8,
    border=1
    )
qr.add_data("https://www.buu.edu.cn")
qr.make(fit=True)
img = qr.make_image()
img = img.convert("RGBA")

img_w, img_h = img.size
icon = Image.open("buulogo.png")
icon_w, icon_h = icon.size
icon = icon.convert("RGBA")
img.paste(icon, (w, h), icon)
img.save("buulogoqr.png")
```

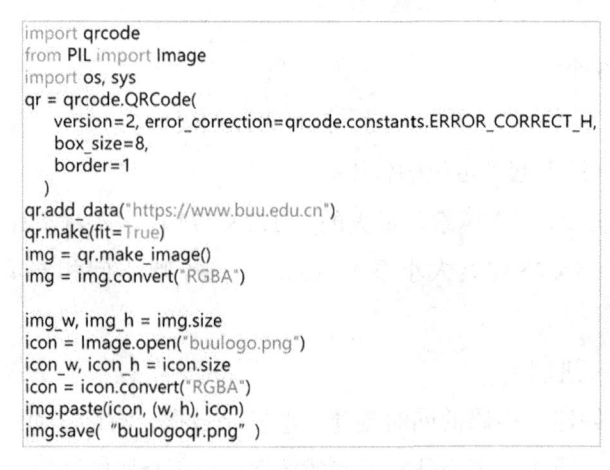

图 8　生成带 logo 二维码的代码及运行效果

互动问题：观看生成的二维码效果，为什么会这样？

回答：因为 logo 图片大小各异。

引出下一个探究问题：如何将 logo 放置在中心，且缩小到指定尺寸，生成自适应 logo 的二维码？

生成自适应 logo 二维码的代码及运行效果，如图 9 所示。

```
img_w, img_h = img.size
factor = 4
size_w = int(img_w / factor)
size_h = int(img_h / factor)

icon_w, icon_h = icon.size

if icon_w > size_w:
    icon_w = size_w
if icon_h > size_h:
    icon_h = size_h
icon = icon.resize((icon_w, icon_h), Image.ANTIALIAS)

w = int((img_w - icon_w) / 2)
h = int((img_h - icon_h) / 2)
icon = icon.convert("RGBA")
img.paste(icon, (w, h), icon)
```

图 9　生成自适应 logo 二维码的代码及运行效果

互动问题：想要自适应，需要做哪些工作？

回答：①修改 logo 图片大小（resize）；②确定 logo 图片位置；③粘贴（paste）。（注意对学生回答进行评价和引导）

互动问题：添加 logo 的本质是什么，为什么加 logo 使用的是 paste，logo 是否只能在中间，如果 paste 到其他地方是否可以。

回答：通过实践验证。

思政融入：实践是检验真理的唯一标准。

（3）提供如图 10 所示的验证图片，让学生自行扫码完成验证，揭示带 logo 二维码的本质。

图 10　logo 在不同位置的二维码验证

结论：除了三个定位探测位置，其他的地方都可以放 logo。

留作课后探究的拓展提问：只要在定位探测位置，都不能识别吗？

思政融入：透过现象看本质，由表及里。

互动问题：logo 大小是否有限制呢？

回答：扫码实践验证。如图 11 所示。

图 11　logo 大小不同的二维码验证

结论：logo 大小不能随心所欲调整大小，要保证在容错范围内。

思政融入：通过图片大小与容错间的平衡，领悟平衡的哲理。

3. 二维码背后的故事

展示二维码中隐藏恶意链接导致违法犯罪的案件，指明生成隐藏病毒的二维码是趋利心态下的错误行为。

思政融入：做负责任的创新，技术惠民，工程伦理和职业道德。

4. 二维码的专业应用

从专业问题出发，思考：何种信息适合生成二维码，会带来哪些便利。

组织课堂讨论，讨论话题：结合自己专业，说说生成二维码可以用在哪些方面，怎样为民众提供便利。

分组汇报讨论结果，教师点评，鼓励在此基础上完善总结。

（三）归纳总结

从知其意、悟其理、守其则到践其行，对于所学的内容进行提炼总结，让学生知道二维码的含义、理解生成二维码的原理、学会生成二维码的方法并实践运用，在此过程中，强调守则的重要性，即运用生成二维码的方法，技术惠民，不碰红线，守住底线。

（四）课后思考及作业

（1）思考题：二维码起源于日本，而随着我国发明"扫一扫"后，在中国被运用于各个领域，从中思考如何看待创新，有何启示？

（2）作业：结合专业调研，根据本领域的二维码应用场景，将相关信息生成二维码，并通过添加 logo 进行个性化处理。

六、教学效果及成果

（一）教学效果

运用线上线下混合式教学方法进行实践以来，笔者一直坚持以学生为中心，通过教学实践，总结经验教训，持续改进，目前已取得了较好的教学效果。两个学期的 Python 程序设计课程的学生评教结果均为优秀，均在 91 分以上。

定期通过问卷调查方式收集学生反馈，并根据反馈及时调整教学侧重点，在改进中提高。

（二）教学成果

1. 潜心教育教学改革和研究，提炼研究成果，发表学术论文

在进行 Python 程序设计课程建设过程中，注重教学改革的研究与实践，提炼教学研究成果，近两年笔者以第一作者发表相关教学改革和研究论文 3 篇。

2. 相关成果获奖

（1）论文"以学为中心的 Python 程序设计在线教学组织方案"，获得全国高等院校计算机基础教育研究会 2019—2020 年学术成果优秀论文奖。获奖证书如图 12 所示。

图 12　优秀论文奖证书

（2）2020年春季学期，进行了在线混合式教学实践，对于每个教学单元均精心设计，在2020年"助学战疫分享智慧"网络教学优秀案例征集活动中，获得优秀课程案例二等奖，如图13所示。

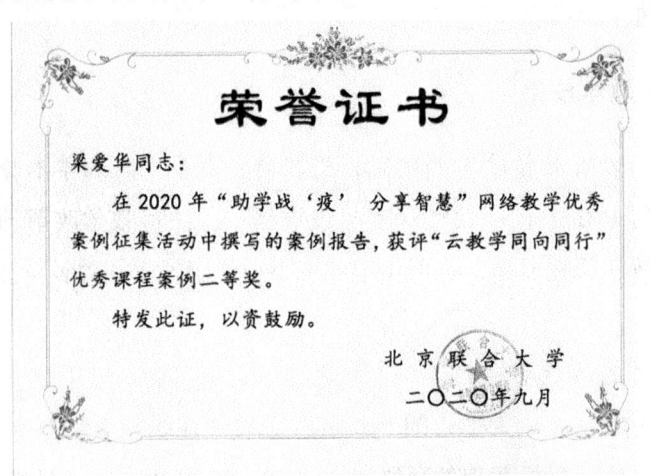

图 13　优秀课程案例获奖证书

（3）鼓励学生将Python程序设计真正用起来，即使学完Python程序设计课程后，很多学生依然积极主动参与Python相关的科技项目，同时参加相关的学科竞赛。笔者指导学生申报多个启明星项目,参与全国大学生智能技术应用大赛、计算机应用能力与素养大赛、蓝桥杯软件与信息技术人才大赛、机器人创意大赛等比赛,获得各级各类奖项 15 项,其中国家级一等奖 2 项,二等奖 1 项,三等奖 3 项。

3. 参加教育学术交流,推广教学实践经验

2020 年 12 月,受邀参加了中国高校计算机教育 MOOC 联盟和北京理工大学计算机学院主办的"Python 语言工作会(北京理工大学主持)",会议上做了题为"以学为中心的 Python 程序设计混合式教学实践"的报告,使混合式教学实践经验得以推广,为全国其他高校的同类课程改革提供了有益的借鉴。

七、教学反思

(一)教学目标的实现

知识目标方面,学生理解了二维码的含义及应用场景,学会了运用 qrcode 库和 PIL 库生成带 logo 的二维码,并且可以控制 logo 大小和位置,理解了带 logo 二维码的本质。这表现在学生可以独立实现生成二维码的过程。

能力目标方面,通过带领学生逐步探究,由浅入深分析生成二维码过程中的各种问题并逐个解决,学生分析问题的能力和解决问题的能力均得到提高。这表现在学生探究问题的热情很高,全程积极思考并动手实践。

情感目标方面,通过问题解决方案的大胆探究和思考及实践,学生的创新意识增强了。通过揭露二维码背后的诈骗案例,对学生进行工程伦理教育,培养学生科学报国、技术惠民的责任感和使命感。这表现在学生积极主动地参与课外科技活动和学科竞赛。

(二)教学设计的亮点

在混合式教学设计中,线上完成知识层面的学习;线下关注深入理解和探究,促进知识内化;线下探究的教学设计中,将生成二维码的过程按

照从易到难进行分层，引导学生递进式探究，并且每一步之间通过互动问题，引发学生思考，引导学生提出解决方案，充分激发了学生学习的积极性和主动性。实践验证，让学生把手机用起来，用在跟随教师实践探究二维码验证的相关问题。教学过程中，学生全程的抬头率均很高。课内的探究体验也激发了学生课外探索实践的兴趣。

（三）教学设计存在的问题及改进的策略

针对课堂讨论中的专业领域问题，由于前期没有布置学生调研，讨论过程中学生储备略显不足，因此讨论不够充分。针对该问题，下一步将从以下两个方面改进：一方面，教师在自行调研的基础上，指导学生从专业方向上进行思考；另一方面，提前布置专业领域调研的相关内容，并将其作为学习任务的一部分。

按照课程内容，深入挖掘其中蕴含的课程思政元素，课堂教学中基本做到了适时自然地融入。在讲完二维码发明后，直接引出"创新是引领发展的第一动力"的论述，感觉略显生硬，如果从二维码扫一扫技术过渡到中国的新四大发明中的移动支付，然后再引出该论述效果会更好。下一步将考虑使课程思政设计更加细化，在实施过程中及时总结调整，以便达到更好的效果。

（四）偶发事件带来的思考

在验证logo位置对二维码识别的影响时，课堂上总结得出的结论是：不能将logo放在三个位置探测点上。对于放在三个位置探测点的情况，有学生通过验证发现当logo较小时，将logo放在一个位置探测点，在定位点不被全部遮挡的情况下，有时可以识别，但识别速度较慢，还需要变换扫码的角度。因此课堂上得出的结论"logo不能放在三个位置探测点"这一表述过于绝对，应该更加严谨。在课堂上，针对这一情况，将该问题临时变为一个课外探究问题，让学生通过实践进行验证，当logo放在位置探测点时，什么情况下可以识别。并且让学生思考，既然我们用的二维码QRcode是快速反应码，那么如果需要多次变换角度尝试且识别速度慢，就不符合快速反应码的特点。因此，设计时要从用户体验角度出发，不要将logo放在定位探测点。

综上，"教而不研则浅，研而不教则空"，只有坚持目标导向，以学生为中心进行教学设计，在"实践—反思—提升—总结"的过程中，持续改进，才能总结出适用的教学方法，从而提升教学质量。

作者：梁爱华，北京联合大学工科综合实验教学示范中心，副教授。

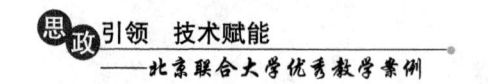

模拟电路的完美放大

——模拟电子技术课程集成运算放大器的应用教学单元

课程基本信息

课程名称	模拟电子技术	课程类型	专业必修
学时学分	64 学时 4 学分	面向学生	电子信息类专业二年级
教学单元主题		集成运算放大器的应用	
课内/课外学时		2 学时/4 学时	

一、教学目标与学情分析

模拟电子技术课程是为高等院校电气、电子信息类各专业本科学生开设的学科大类必修课程。本课程在电子技术人才培养过程中的地位十分重要，是学习与电子信息技术相关的各专业课程的重要基础必修课。学习本课程的目的是使学生掌握模拟电子技术方面的基本理论、基本知识和基本技能，培养学生分析问题和解决问题的能力，为以后学习专业课程和开展工程实践奠定模拟电子电路方面的基础。本课程在培养学生认真严谨的科学作风、实际解决问题的工程素质和创新能力等方面有重要的作用。学生通过本课程的学习，应掌握模拟电子电路基本知识和基本分析、设计方法，初步具备模拟电子技术知识的综合应用能力，同时具有较好的人文社会科学素养、较强的社会责任感、强烈的民族自豪感和良好的职业道德。

北京联合大学的模拟电子技术课程开设历史悠久，从建校的第一天起就有相关课程开设，到 21 世纪初每年在全校电子信息工程、电子科学与技术、通信工程、自动化、电子信息工程（专科）等多个专业为 500 多名本专科学生进行授课。随着近几年的专业调整，模拟电子技术课程的开设专业有所减少，每年在电子信息工程、自动化、电子信息工程（专科）和新设的机器人工程专业（计划）开课，每年授课人数在100人左右。虽然授课人数有所减少，但课程按照精品化和金课标准持续建设，并取得良好效果。本课程在2018年获得北京联合大学普通本科专业核心课程建设项目称号，并依托项目全面进行面向新工科人才培养的线上线下一体化教学改革实践，在2020年突如其来的新冠肺炎疫情教学中取得良好效果。

本课程是电子信息类专业大二学生的专业必修课，在国内外高校学生中一直被称为"魔鬼电路"，是一门非常重要且难度很高的课程，联大学生的学习热情和效果一直不佳。表1为近年来电子信息类专业学生课程考试的卷面成绩分析，从中可以看出不及格率很高，但随着混合式教学改革的深入实施，学生成绩提升明显（2019年开始实施，2020年深入实施）。

表1 近年来模拟电子技术课程考试卷面成绩分析

班级	上课时间	90~100（分）	80~89（分）	70~79（分）	60~69（分）	<60（分）	卷面平均分
电子10实验班	2012年	29.03%	12.90%	25.81%	22.58%	9.68%	76.45
电子10普通班	2012年	0	3.03%	9.09%	6.06%	81.82%	45.61
电科12实验班	2014年	3.70%	11.11%	25.93%	29.63%	29.63%	62.07
电科12普通班	2014年	0	17.39%	21.74%	26.09%	34.78%	58.26
电子13普通班	2015年	2.86%	8.57%	14.29%	22.86%	51.43%	53.46
电子14普通班	2016年	0	3.13%	12.50%	28.13%	56.25%	49.03
电子17普通班	2019年	0	3.33%	16.67%	20.00%	60.00%	50.77
电子18普通班	2020年	3.70%	11.11%	33.33%	25.93%	25.93%	67

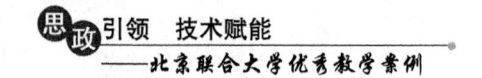

二、教学内容分析

本教学单元为 2 学时（90 分钟），主要教学内容为集成运算放大器的分析及应用。本单元是第五章的核心内容，是通过前面四章的学习，在掌握基于分离器件的双极型和场效应管单元电路的基础上，将差分输入、中级放大、恒流偏置、功率输出等功能集成后形成的第一个芯片级电路应用的教学内容。

（一）教学内容的主要知识点

（1）集成运算放大器的组成及主要参数分析；

（2）集成运算放大器的线性应用条件；

（3）集成运算放大器理想运放模型；

（4）反相集成运算放大器应用；

（5）掌握利用 EDA 工具对运算放大器电路进行仿真的基本方法；

（6）掌握利用"口袋实验盒"设备进行实验的基本方法。

（二）教学内容的重点

（1）集成运算放大器的内部组成结构及其每个部分的作用，是如何统一成一个整体的？

（2）集成运算放大器可以有非线性应用和线性应用两种模式，以负反馈为判断是否为线性应用模式的主要电路标志。

（3）集成运算放大器理想运放模型的六大主要性能。

（4）线性应用情况下理想运算放大器虚短、虚断的外部特性。

（5）反相放大器的结构特点和参数指标。

（三）教学内容的难点

（1）如何判断集成运算放大器处在线性应用条件下？

（2）在线性应用情况下如何利用理想运算放大器的虚短、虚断特性进行电路核心参数推算？

（3）如何应用线性应用情况下理想运放模型来分析一个实际的放大电路。

三、课程思政教学设计理念及思路

模拟电子技术课程是电子信息工程专业的核心基础课程，主要讲述从器件—电路—应用的电子技术全过程，是集成电路（IC）的基本入门课程，在现代国际背景下蕴含着深层次的思政元素。课程思政的教学设计从宏观上讲，在原来知识点和技术的要求下，增加了对学生品质、精神和情怀的引导和教育。课程明确要培养学生认真严谨的科学作风、面向工程实际解决问题的工程素质和创新能力，同时培养学生具有较好的人文社会科学素养、较强的社会责任感、强烈的民族自豪感和良好的职业道德。从微观上看，在教学内容的设定上，以中美冲突以及后疫情时代为背景，增加课程内容与社会焦点问题的联系分析（如为什么做一个芯片这么难、如何在疫情期间居家完成一个模拟实验、集成芯片中的团队精神、网络考试的诚与信）等，顺应时代背景，激发学生共鸣。

本教学单元的思政融入是密切结合所讲授的理论知识点进行的，主要体现在以下两个方面。

（1）通过讲授集成运算放大器是由多单元共同组成的结构引申到个人与团队的关系。

通过前面学习掌握了双极型或场效应管分离器件组成的差分输入、中级放大、恒流偏置、功率输出等单元电路，本次学习的集成运算放大器是将这些电路组合在一起，完成在一定干扰条件下的完美放大功能。这些单元电路各司其职，有的实现放大基本功能，有的克服温度漂移影响，有的实现阻抗匹配，它们互相配合组成一个整体。这正像我们个人和团队的关系一样，个人的能力再强，也只有在形成一个合理团队的前提下，才能将个人的能力更大地发挥出来。同学们在学习和工作中要具有团队精神，要当好团队的螺丝钉，要积极适应团队发展，为团队发展做出自己更大的贡献。同时，团队整体的发展也会对个人的进步提供极大的支持。

（2）通过讲述运算放大器的理想模型、实际反相放大器的应用条件，引发同学们反思工作、生活中常有非理想状态的不完美,只有克服各种困难,才能到达成功彼岸。

本章讲了集成运算放大器的理想模型,在理想状态中我们可以将集成运算放大器的外部特性和应用条件进一步简化,使同学们容易理解概念,但在下面的反相放大器应用电路中从理想状态回到了实际应用中,各种不完美如期而至。在实际应用中理想集成运算放大器的参数由理想状态(比如理想模型的输入阻抗为无穷大,输出阻抗为零,带宽无穷大)回到了现实状态(不同器件和组态的输入阻抗、输出阻抗各不相同,不同器件带宽也呈现出很大差异)。我们常说"理想很丰满,现实很骨感",我们所处的现实环境不可能时刻处于理想的状态,每个人的人生旅途中也会有很多的非理想、不如意。我们每个人都应该在战略上排除干扰,建立人生的理想模型并将其作为前进的方向,在战术上要积极应对各种问题,面对问题改"知难而退"为"迎难而上",培养"只为成功找方法,不为失败找借口"的优秀工作理念。

四、混合式教学设计理念及思路

图1所示是以本课程为核心设计的基于体验学习循环的混合式教学方法设计方案。

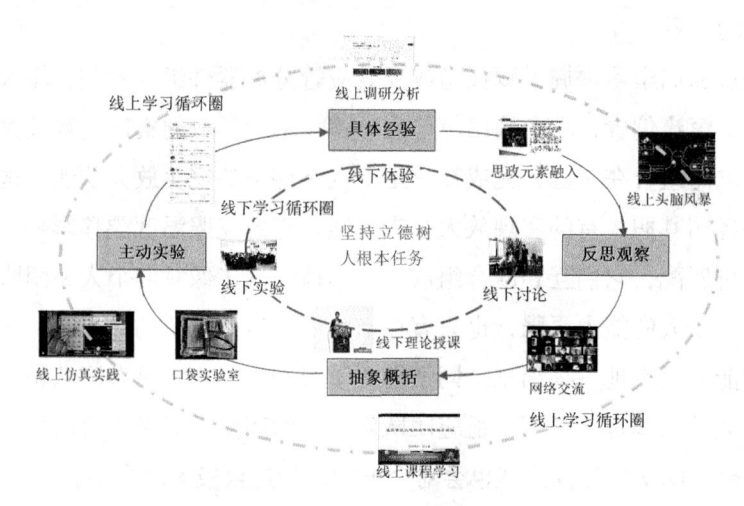

图1 线上线下—混合式教学方法设计

整个混合式教学方法的改革以坚持立德树人、培养社会主义建设者和接班人为核心任务，以学习循环理论为基础，包括具体经验、反思观察、抽象概括、主动实验四个步骤。教学方法以立德树人为核心，以外圈（线上学习）和内圈（线下学习和实践）混合融入，并可螺旋式循环提高往复。内圈主要依托教师线下多媒体授课和实验室实践组成，能保证教师和同学面对面交流，是整体授课方案的主体。外圈是为学生提供一个能够在任何时间、任何地点开展课程学习的环境，主要包括网络教学平台的建立（2018年起在蓝墨云班课App上开设模拟电子技术课程），依托平台建设教学资源（如授课视频和资料）以及讨论专区，使同学可以打破时空的限制开展线上学习，并与教师交流；另外为了弥补线上学习实践环节的缺失，通过使用电路仿真软件和为每个同学发放"口袋实验盒"的方式，保证学生能随时开展相应的实验测试。

整体课程设计的第一个环节是"具体经验"，在课程开始，引导学生以华为、中兴事件为切入点，线上调研并学习中国芯片的发展现状，以及与本课程的密切关系；线下通过参观国内著名的芯片设计制造厂，使学生能感同身受，同时对课程充满好奇与兴趣，也坚定其为国奉献的决心。进入第二个环节"反思观察"后，通过线下课堂组织研讨和线上的头脑风暴，教师提出问题让学生思考回答，学生提出疑问让大家讨论，完成已经经历体验的思考，直接领悟具体经验。在第三个环节"抽象概括"中，教师线下授课和学生学习线上课程，进行模拟电子技术的理论学习，使学生间接理解符号代表的经验。同时在前几个阶段的学习基础上，学生通过内在的反思，提出对已有经验的改造思路。在第四个环节"主动实验"中，通过线上仿真实践和线下实物实验，以及口袋实验盒的方式完成学生通过外在行动进行经验改造的过程。以上四个环节可以循环往复、螺旋升级，通过不断的经验领悟和改造过程来达到最终的教学目的。

五、教学方法及途径

（一）教学内容设计与实施

1. 教学对象分析

本单元的教学对象是电子信息类专业大二年级的本科生，通过前面 4 个章节的学习，他们已经基本掌握了基于双极性和场效应管的分离器件放大电路的差分输入、中级放大、恒流偏置和功率输出等功能性电路，也能熟练使用网络教学 App 和 "口袋实验盒" 来辅助进行课程学习。

2. 问题导入

本单元的第一个问题就是为什么要设计和应用 "集成运算放大器"。

要通过线上/线下提问、分析和交流的方式引导学生梳理出分离器件组成的放大电路具有一致性差、受温度等外界因素影响大、调节困难、体积庞大等弊端，引出 "集成运算放大器" 设计和应用的必要性，同时可以通过数据分析指出现阶段 "集成运算放大器" 占有的巨大市场份额。

3. 系统组成结构介绍

在问题导入后，给出 "集成运算放大器" 的组成结构图和符号，如图 2 所示。集成运放电路是直接耦合多级放大电路集成制造的高增益放大器，由输入级、中间级、输出级和偏置电路四大主要部分构成。

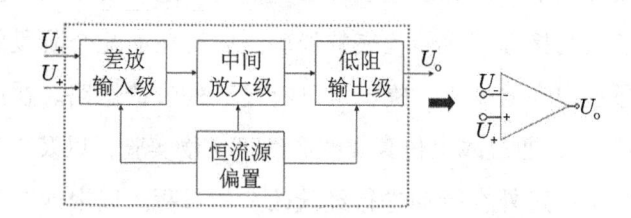

图 2　集成运算放大器组成及符号

以国产 F007 集成运算放大器为例，结合其电路内部图，如图 3 所示，重点讲述其由调整输入级、偏置电路、中间级（放大）和输出级组成，对应前四章的知识，分析各部分的作用和组合成一个整体后对外界电压漂移、温度漂移、阻抗变化等不利因素的修正作用。

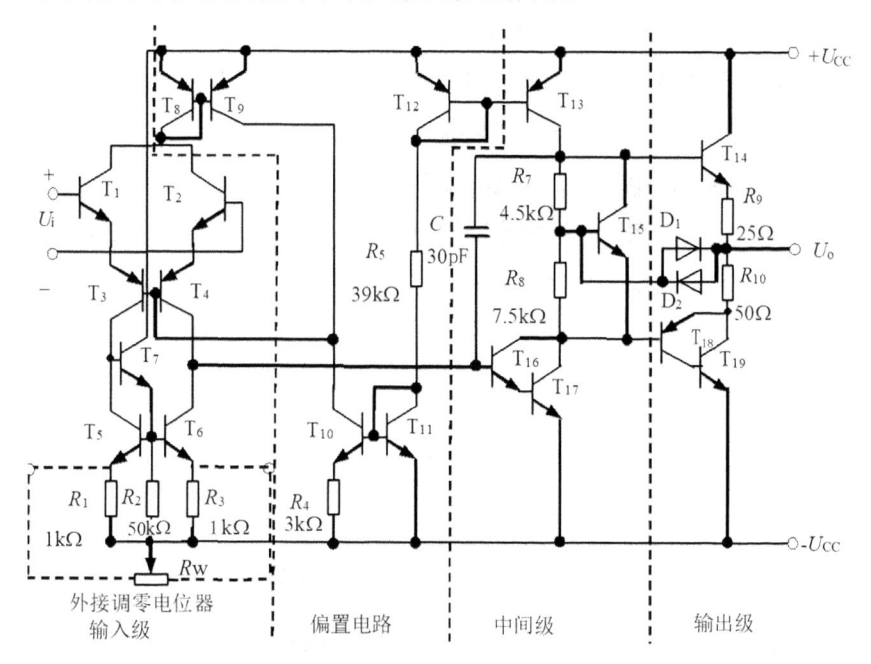

图 3　实际集成运放组成

4. 反思与讨论

在此部分学生讨论，并可以引导学生反思，将电路中独立分离器件和集成放大器的关系引申为个人和团队的关系。引导学生具备团队意识和奉献精神，努力做好自己在团队中的本职工作，并随着团队进步而不断提升自我。

5. 理想模型与线性应用

集成运放的应用可划分为线性应用和非线性应用两大类，其分析模型也可分为理想模型和非理想模型等。理想的集成运放模型具备以下六个特征：

（1）开环电压增益无穷大——$A_{Ud} \to \infty$；

（2）输入电阻无穷大——$R_{id} \to \infty$；

（3）输出电阻为零——$R_o=0$；

（4）频带宽度无穷大——BW→∞；

（5）共模抑制比无穷大——K_{CMR}→∞；

（6）失调、漂移和内部噪声为零。

负反馈是判断是否为线性应用的主要电路标志，我们得到了线性应用情况下理想运算放大器具有如下特征，如图4所示。其中：

（1）两输入端电压近似相等（虚短）：$U_+=U_-$；

（2）同相和反相输入端电流近似为零（虚断）：$U_i=I_i R_i ≈ 0$；$I_i ≈ 0$；

（3）输出端呈电压源特性。

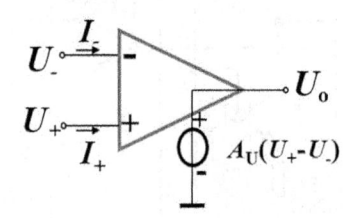

图4 线性环境下理想运放的外部特征

本部分的教学难点在于如何理解虚断和虚短的概念和含义，甄别它们与实际短路、断路的区别和联系。

6. 实际应用电路分析

以上讨论了线性应用情况下理想运算放大器的外部特性和分析方法，本部分用反相放大器和同相放大器两个示例进行分析和参数计算。

反相比例运算放大电路的参数，可由以上线性应用情况下理想运算放大器的特征进行推算，如图5所示。

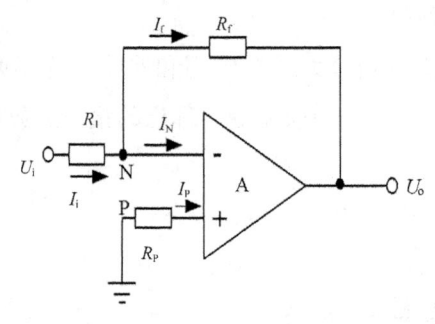

图5 反相比例运算放大电路

由理想运放"虚短"和"虚断"的概念可知：$U_P=U_N=0$，$I_P=I_N=0$，其中 U_N 被称为"虚地点"。因此有：$I_f \approx I_i$，将相应变量代入后得其电路放大倍数，如式（1）所示：

$$A_{Uf} = -\frac{R_f}{R_1} \tag{1}$$

其输入电阻的定义如式（2）所示，输出电阻为：$R_o=R_f // 0 \approx 0$：

$$R_i = \frac{U_i}{I_i} = R_1 \tag{2}$$

7. 学习任务与考核

本单元的教学内容到此告一段落了，给同学们的课后学习任务是通过网络 App 在线教学复习第 5 章的第 1、2、3 个授课视频，切实掌握本节内容的核心知识，独立完成教科书习题 8-1、8-2、8-3 和 8-4，并于三天内上传至 App 的作业专区，同时利用手中的"口袋实验盒"完成"反相比例运算放大电路"，并在一周内提交实验报告到 App 的作业专区。

（二）教学方法与组织

本单元的教学采用线上线下混合式教学方法，其中上课时间教师采用多媒体和板书相结合的方式进行，具体时长为 90 分钟（2 学时）。课后时间要求为 4 小时，包括线上复习 App 上的教学视频，独立完成作业并提交，利用仿真软件和"口袋实验盒"完成实验内容和实验报告等，具体的教学组织和时间安排见表 2。

表 2 教学组织和时间安排

教学方式	内容	时长	备注
预习	学生调研：集成运算放大器在电子技术中的重要地位；找到一个常用电子设备中集成运算放大器的应用实例，如手机里的语音放大器	1 小时	线上—线下："具体经验"——感受放大器的具体用途

续表

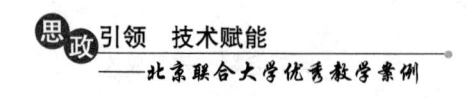

教学方式	内容	时长	备注
线上课堂教学—90分钟	问题引入：为什么要设计和应用"集成运算放大器"？ 分离器件放大电路的弊端： （1）放大电路体积庞大； （2）放大电路参数一致性差； （3）受温度等外界因素影响大、调节困难。 在电路集成化的大趋势下，集成运算放大器诞生并迅速得到推广应用	5分钟	线下："反思观察"——启发论
	"集成运算放大器"的组成结构图和符号。 （1）输入级：高性能的差动放大电路。 （2）中间放大级：提供高的电压增益，以保证运放的运算精度。 （3）低阻输出级：由 PNP 和 NPN 两种极性的三极管或复合管组成。 （4）恒流源偏置：可提供稳定的几乎不随温度而变化的偏置电流，以稳定工作点，一般采用电流源电路	10分钟	线下："抽象概括"——理论知识，多媒体和板书讲述
	独立器件与整体芯片的关系──个人与团队的关系 本次学习的集成运算放大器是将这些电路组合在一起，完成在一定干扰条件下的完美放大功能。这些单元电路各司其职，有的实现放大基本功能，有的克服温度漂移影响，有的实现阻抗匹配，它们互相配合组成一个整体。这正像我们个人和团队的关系一样，个人的能力再强，也只有在形成一个合理团队的前提下，才能将个人的能力更大地发挥出来。同学们在学习和工作中要具有团队精神，要当好团队的螺丝钉，要积极适应团队发展，为团队发展做出自己更大的贡献。同时，团队整体的发展也会对个人的进步提供极大的支撑	5分钟	线下："反思观察"——思政元素有机融入

续表

教学方式	内容	时长	备注
线上课堂教学—90分钟	集成运放的线性应用条件： （1）两输入端的电压必须非常接近，才能保障运放工作在线性范围内，否则，运放将进入饱和状态。 （2）运放应用电路中，负反馈是判断是否为线性应用的主要电路标志 正饱和　　u_o 　　　　线性工作范围 　　　　　　　　　　$u_- - u_+$ 　　　0 　　　　　　负饱和	10分钟	线下："抽象概括"——理论知识，多媒体和板书讲述
	集成运放理想模型的六大特点： （1）开环电压增益——$A_{ud} \to \infty$； （2）输入电阻——$R_{id} \to \infty$； （3）输出电阻——$R_o=0$； （4）频带宽度——$BW \to \infty$； （5）共模抑制比——$K_{CMR} \to \infty$； （6）失调、漂移和内部噪声为零 〉运放的主要特点	5分钟	线下："抽象概括"——理论知识，多媒体和板书讲述
	线性应用情况下理想运算放大器特征分析： （1）虚短：$u_+=u_-$； （2）虚断：$i_+=i_-=0$； （3）输出端呈电压源特性	10分钟	线下："抽象概括"——理论知识，多媒体和板书讲述
	虚短、虚断特征的应用条件及其与真实短路、断路的区别	10分钟	线上线下："反思观察"——课堂讨论与App头脑风暴
	本小节核心内容总结	5分钟	

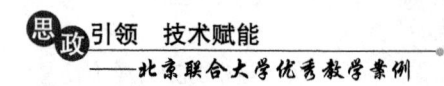

续表

教学方式	内容	时长	备注
线上课堂教学—90分钟	在适用线性条件下，用理想运算放大器特征分析实际电路的基本思路：	5分钟	线下："抽象概括"——理论知识，多媒体和板书讲述
	反相比例运算放大器结构与特点及参数分析： （1）电压增益 由理想运放"虚短"和"虚断"的概念可知：$U_P = U_N = 0$ $I_P = I_N = 0$ 其中 U_N 被称为"虚地点"。 $$\frac{U_i}{R_1} = -\frac{U_O}{R_f} \rightarrow A_{Uf} = -\frac{R_f}{R_1}$$ （2）输入电阻和输出电阻 $$R_i = \frac{U_i}{I_i} = R_1 \quad R_o = R_f // 0 \approx 0$$	10分钟	线下："抽象概括"——理论知识，多媒体和板书讲述
	实际电路与理想状态的差距——每个学生都应该在战略上排除干扰，建立人生的理想模型并将其作为前进的方向，在战术上要积极应对各种问题，面对问题改"知难而退"为"迎难而上"	5分钟	线上线下："反思观察"

续表

教学方式	内容	时长	备注
线上课堂教学—90分钟	实验仿真与"口袋实验盒"验证任务	8分钟	线下："主动实验"
	本小节总结	2分钟	
课下—线上学习	有针对性地复习相关知识点，复看App上的授课视频	30分钟	线上学习
课下—混合式学习	独立完成作业（在作业本上手写），拍照上传App	60分钟	混合式学习
课下—线上学习	参与App社区的头脑风暴讨论	15分钟	线上学习
课下—混合式学习	利用仿真软件，完成反相和同相比例运算放大器实验仿真	30分钟	混合式学习
课下—混合式学习	利用"口袋实验盒"完成反相和同相比例运算放大器实验，完成实验报告，并上传系统	90分钟	混合式学习
课下—线上学习	查看App上的教师作业和实验报告批改情况，并纠错	15分钟	线上学习

（三）考核方式与教学评价

本课程采用了全过程、多方位、多维度的考核方式，强化出勤率、网上资源学习率、作业完成率、实验达标率和反馈修正率5个关键指标。并通过教师批改作业、指导实验和网络答疑交流及问卷调查方式以"调查研究法"和"测试法"对教学效果实施评价。

1. 出勤率

将出勤率作为平时成绩的一部分，通过上课点名（限时App点名）等方式要求学生保证出勤，并通过网络视频抽查的方式进行强化，在校园上课时准时出勤率能达到95%，在网络上课期间达到99%以上。

2. 网络资源学习率

本教学内容在云班课建立的网络资源包括授课视频、作业讲解、实验指导等丰富内容，通过统计网络资源学习时长，要求学生保证课后复习和自我学习的时间，教师在课后对数据进行分析，从而掌握学生对课程的实际学习情况。经过2年的实践和反馈，学生学习热情高涨，通过反复观看教学微视频和习题讲解，学习效果有很大提升。

3. 作业完成率

本课程的实践性很强，需要大量习题的练习，教师针对教学内容布置作业，要求学生全部手写完成，并通过网络上传，教师逐一进行批改，通过习题课的方式认真分析每个同学的具体问题。

4. 实验达标率

实验是本课程的重要环节，课程在线上线下混合式教学模式的引导下，采用软件仿真与实物实验相结合的方式进行，学生可用配发的"口袋实验盒"在宿舍、教室甚至家中随时完成实验验证。

5. 反馈修正率

基于体验学习循环方法的螺旋式上升理论，学生的反馈与问题修正在教学中具有重要地位。通过在App（微信群）开设线上讨论区、线下讨论课以及开展网络问卷调查的形式，反馈学生在上课和作业、考试中暴露出来的问题，并督促学生及时改正。

六、教学效果及成果

整体课程教学的改革从2018年"北京联合大学普通本科专业核心课程建设项目——模拟电子技术"开始，成立了以机器人学院刘元盛教授为带头人的模拟电子技术课程教学团队，由1名教授、2名副教授和3名资深讲师组成，定期开展教学研讨活动，同时坚持组织教学团队的教师参加国内电子类教学的顶级研讨会，开阔思路，提高团队教学水平。通过以上改革实施（2019年、2020年两轮实施），特别是在面对2020年突发新冠肺炎疫情的情况下，本课程的混合式教学模式发挥了巨大作用，在学生不能返校的情况下，教师通过ZOOM直播和线上视频回看的模式实施网络教学，并通过限时签到、网络头脑风暴、线上作业提交与批改、网络考试等多种模式保证教学质量，充分调动了学生的学习积极性，学生反馈非常好。为了保证课程实践教学的开展，教师在原来仿真实验的基础上，为每个同学邮寄了"口袋实验盒"实物，远程指导学生在家完成课程的实物实验，取得良好效果。

通过2年的改革实践，混合式改革初见成效，考试的核心数据中卷面平均分数达到了67分，平均及格率升至74.07%，对比2012年以来本专业非实验班的抽样平均数据（卷面平均分53.69，及格率49.22%）均有了很大的提升；平均准时出勤率从平均95%提高到2020年的99%；作业准时提交率从平均80%提高到2020年的95%；学生评教满意度由平均89.3分提升到2020年的91%（优秀）。

由于采用线上线下混合式的教学方式，学生的参与度和热情大大提升，线下认真听讲，线上通过App学习课程，利用"口袋实验盒"进行实验已经形成风气，同学们还自发录制了多个实践教学视频。

在模拟电子技术课程的改革基础上，教师引导学生参加校级和国内电子电路的顶尖赛事，不断提升和证明自我。2019年举办了北京联合大学校级电子设计竞赛，评出一等奖7组、二等奖11组、三等奖16组，并挑选优秀学生参加2019年全国大学生电子设计竞赛，获得北京赛区三等奖1项，成功参赛奖1项。同时指导学生参加2019年北京市大学生集成电路设计大赛，获得模拟组二等奖2项。2020年获得北京市大学生集成电路设计大赛二等奖1项、三等奖1项，北京市大学生电子设计竞赛三等奖2项。

七、教学反思

通过整个教学案例的撰写和课程教学改革的完善，笔者认为在后续教学改革的过程中必须坚持以下三个重点方向。

（一）坚持立德树人的核心任务，坚持正确人生观、价值观的引导

要在专业思政的统一布局下，做好课程思政的深入研究工作。工科专业和课程也有天然的思政元素可以挖掘，首先工科专业课程应用性强，毕业后学生能很快投入到祖国的经济建设中去，教师在"授业"的具体过程中一定要时刻保持"传道"的意识，要向学生传播热爱祖国、报效社会的"大道"，引导其正确认识复杂的社会现象，培养正确的人生观和价值观。另外模拟电子技术课程本身对理论学习要求高，对实践能力要求强，课程教学不但可以培养学生自主学习和终身学习的意识，还能够使其在工程实践中理解并遵守职业道德和规范，履行责任。

（二）坚持科研教学一体化的团队建设

一个课程要建设好，离不开一支优秀的教学团队，本课程的改革始终依托一支跨学院组合、多专业融合的科研教学一体化团队。首先，团队的教师具备良好的科研学术背景，有稳定的科研方向，同该领域、学科的国内外先进团队保持高度合作，这样在"科学任务带动人才培养"的思路指导下，团队教师可以将科学研究的最新成果引入到教学中，也能够更好地解释学生关注的技术热点问题，容易激发学生的学习兴趣。其次，教学团队和专业课程群的建设一直是优秀课程的强大后盾，通过由专业核心基础课程组成的课程群内团队教师的群策群力，模拟电子技术课程的改革取得一定进展。在团队和课程建设取得成效的同时，团队教师自身水平和执教能力均取得了较大进步，教学团队中有2人晋升为副教授，4位教师取得双师型资格教师资格证等，获得校级教改课题5项，教学类（包括思政）

奖3项，发表教改论文4项。

（三）坚持以学生为核心的创新型混合式教学方法研究

课程的教学是以培养学生为第一目标，学生的学习成果是课程建设的主要衡量标准。新时代学生的生活背景、学习方式都与以往有了极大的不同，网络碎片化知识对他们的影响非常大。教学改革实践初步证明了以线上线下混合式教学为重点的改革方向符合学生的需求，提高了他们的学习兴趣和积极性。坚持以线下实体教学为主阵地，发挥其针对性强、互动性好的特点；以线上网络教学资源为辅助，为学生提供随时随地可反复学习的平台，整体教学改革方案实施后取得明显效果，课程各项考核指标有明显提升。特别是针对课程特点采用"口袋实验盒"的辅助实验方式，将实验环境搬到了宿舍和家庭中，给学生极大的自我创新空间，得到了学生的一致好评。

作者：刘元盛，北京联合大学机器人学院电子信息工程专业，教授。

在信号与系统混合式教学中"育心明德"

——信号与系统课程连续周期信号频谱分析及傅里叶方法应用教学单元

课程基本信息

课程名称	信号与系统	课程类型	学科大类必修课程
学时学分	48学时3学分	面向学生	轨道交通信号与控制专业二年级
教学单元主题	连续周期信号频谱分析及傅里叶方法应用		
课内/课外学时	2学时/2学时		

一、教学目标与学情分析

（一）教学目标

教学单元主题是连续周期信号频谱分析及傅里叶方法应用，预期学生能够在知识、应用、整合、情感、价值、学习方面达到以下目标。

1. 知识目标

掌握三角形式Fourier级数展开方法，巧妙使用高等数学知识求解Fourier级数系数；深刻理解周期信号频谱的物理意义，并掌握周期信号幅度频谱和相位频谱的画法。

2. 应用目标

理解相位谱在信号合成中的作用，使用Fourier级数展开法分析具有对称性的连续周期信号的谐波分量。通过多种媒介了解傅里叶分析方法在各个行业中的广泛应用，领会"万物皆可傅里叶"的道理。

3. 整合目标

Fourier 级数展开法让学生感受到高等数学、大学物理等先修课程对本门课程的支撑作用，同时 Fourier 级数法是连接信号时域分析和频域分析的"桥梁"，后续章节的复频域分析、Z 域分析都是傅里叶分析方法的拓展。

4. 情感目标

本课程的先修课复习环节、课上问题讨论环节需要学生们自己寻找搭档分组展示，通过任务的组内配合、有效交流以及课堂演示，学生的口头表达能力、人际沟通能力和团队合作意识得到了锻炼。

5. 价值目标

从数学家、物理学家让·巴普蒂斯·约瑟夫·傅里叶的科学研究经历、傅里叶分析方法在"大国重器"中的应用等方面提取课程思政素材，培养学生不畏艰险的科学精神、勇于担当民族复兴的使命感。

6. 学习目标

学生掌握用马克思主义的立场观点和方法分析问题和解决问题的能力，通过"一题多解"学会从不同的角度分析问题，增强学生的发散思维能力和创新能力，具有自主学习和终身学习的意识和能力。

（二）学情分析

1. 先修课程及学生掌握程度分析

高等数学、大学物理、电路分析是信号与系统课程的先修课，其中高等数学为学习信号与系统课奠定数学计算基础，大学物理、电路分析则是给信号与系统课提供专业基础概念和具体实例。学生学习信号与系统课的时间是大二下学期，此时学生已经完成了上述三门课程的学习，但由于联大学生普遍数学基础薄弱、工科思维不强，对所需要的高等数学基础知识进行适当的复习是任课教师必须要考虑的问题。

2. 定义域转换及学生学习难度解析

本教学单元主题是连续周期信号频谱分析及傅里叶方法应用，这是信号与系统课程第四章的开始，从这一章起，信号、系统的分析方法将由学生们比较熟悉的时域转换到频域，使用的核心分析方法是傅里叶变换，属于积分变换的一种。由于缺乏必要的复变函数和积分变换的基础知识,傅里叶分析方法无论在知识难度上还是学习心理上都是学生们必须要迈过的一道"坎儿";图1所示为本门课程各章的难度曲线,勇于闯过第四章的难关,后面章节的学习犹如滑梯一般"自在逍遥",跨不过去的学生可能在这一章"坠入深渊"。

图1 信号与系统课程各章难度曲线

二、教学内容分析

(一)课程基本情况

信号与系统课程是轨道交通信号与控制专业的学科大类限选课程,开设于大二下学期。本课程在知识结构上要求学生牢固掌握信号与系统的基本原理和基本方法,掌握信号与系统的时域、变换域分析方法,通过分析信号与系统时域、变换域,理解它们之间的联系和意义;深刻理解信号的Fourier变换和Laplace变换的数学概念、物理概念及工程概念,使学生能够利用信号与系统的理论分析问题和解决问题。

(二)教学主题单元内容分析

1. 主要知识点

教学单元主题是连续周期信号频谱分析及傅里叶方法应用,它是信号与系统课程第四章(周期信号的频域分析)的前两节课。主要知识点包括三角形式Fourier级数展开式、周期信号频谱的物理意义、周期信号频谱的画法,相位谱的作用、信号对称性和Fourier级数系数的关系。

2. 教学难点分析

教学单元的难点是三角形式 Fourier 级数展开式、周期信号频谱的物理意义和画法。三角形式 Fourier 级数展开式就是用积分的方法计算连续周期信号的三角形式 Fourier 级数的系数，此处的难点在于数学计算，需要用到高等数学定积分的知识，有一定的计算量且容易出错，数学基础薄弱的学生会感到有难度。周期信号频谱的物理意义涉及傅里叶分析方法和定义域的转换，通过积分变换把时域的函数转换为频域（即角频率）的函数，这个映射关系不易理解。有些信号的频谱函数是角频率的复函数，频谱需要分别画出幅度频谱和相位频谱，需要用到高中数学中复数的模和相角的知识，而且该复数由常数变成了复函数，对于没有复变函数基础的学生来说也是个挑战。

3. 教学重点

教学单元的重点是周期信号频谱的物理意义和画法，以及用傅里叶级数法分析信号谐波分量和信号如何进行合成。Fourier 级数法虽然有难度，但它毕竟只是个分析方法，关键是应用这个方法解决问题。例如，连续周期信号中有哪些谐波分量，尤其是具有对称性的连续周期信号，其谐波成分特点鲜明；另外，比较容易忽视的相位频谱在信号合成中起着非常重要的作用，这些都需要重点掌握。

三、课程思政教学设计理念及思路

尽管信号与系统课程理论性较强，但其中也蕴含着丰富的思政素材。教师经过深入研读和剖析，从科学家的生平故事、傅里叶分析方法在"大国重器"中的应用、信号与系统实验中的工匠精神、"一题多解"培养创新思维、信号与系统理论的应用方法等内容中提取出思政元素，以"随风潜入夜，润物细无声"的育心明德方式有机地融入课堂教学中。

教学单元主题"连续周期信号频谱分析及傅里叶方法应用"是信号与系统课程第四章"周期信号的频域分析"前两节课的内容，其核心是用傅里叶方法得到连续周期信号的频谱，并用该方法分析信号的谐波分量。傅里叶方法是以法国数学家、物理学家让·巴普蒂斯·约瑟夫·傅里叶的名字命名的，傅里叶的科学研究旅程历经坎坷，早在1807年他就写成关于热传导的基本论文《热的传播》，向巴黎科学院呈交，但经拉格朗日、拉普拉斯和勒让德审阅后被科学院拒绝，1811年他又提交了经修改的论文，该文获科学院大奖，却未正式发表。但傅里叶在论文中推导出了著名的热传导方程，由于对传热理论的贡献他于1817年当选为巴黎科学院院士。傅里叶的科研历程所体现出的持之以恒、百折不挠、严谨求实的科学态度和科学精神，永远激励青年学生在当下专业学习和未来科学探索的道路上勇往直前。

傅里叶方法在物理学、电子类学科、数论、组合数学、信号处理、概率论、统计学、密码学、声学、光学、海洋学、结构动力学等领域都有着广泛的应用。教师在提取该知识点应用领域和场合时可以在中国知网检索相关论文，进而介绍当下傅里叶分析方法在"天眼""量子通信""5G技术"等"大国重器"中的应用，让学生从中国取得的历史性成就、发生的历史性变革中自觉提升民族自豪感，从而激发学生的爱国热情，使其更为自主地投入到课程的学习中。

在信号与系统课程中融入课程思政元素后，课程的讲解变得更为生动、鲜活，不仅提高了学生对本门理论课程的学习兴趣，而且在不经意间将学生的价值观引向正轨，起到了育心明德的思想政治引领作用。同时有利于学生树立明确的学习目标、拓展观察世界的角度，在学习过程中能够更好地掌握科学的学习方法。

四、混合式教学设计理念及思路

信号与系统课程理论难度大，数学知识、物理意义和工程应用交织在一起，基础较差的学生学习起来难得要领，为此学生学习该门课程的热情较低；新版培养计划中课程学时数量有所降低，如果采用传统教学方式，在学时分配、内容优化、教学效果等方面都难以达到教学目标；此外，传统课堂教学偏重教授理论知识，对学生应用知识解决问题的能力培养不够。

上述情况究其原因是传统课堂教学将知识进行"灌输式"讲授，不注重学生在学习过程中的主体地位，学生学习的主动性、积极性不够，导致学习效率低下。针对这一教学现状，在MOOC平台支撑下采用"翻转课堂"的方法构建混合式教学模式，激发和培养学生的学习兴趣，提高学习效率，保证教育教学质量。

"翻转课堂"教学模式的教学过程由以传统的教师课堂讲授为主，向以学生自学、研讨和解决问题转变，即将传统的"教师课上讲解知识，学生课后完成作业"颠倒成为"课前的教师教学资料制作准备、学生自主学习，课中的教师指导、学生合作探究，课后的项目或任务完成"。"翻转课堂"作为一种创新的教学模式，其实质内容是要凸显学生的主体地位，将传统的实体课堂演变为"思辨、探究、互动、实践"的教学模式。"翻转课堂"创设现代信息化教学氛围，教师按课程标准、教学内容制作教学资料并提供给学生学习使用，充分利用有限的课堂时间指导学生掌握更多知识及学习技巧，激发和维持学生的求知欲望，培养其自主学习、分工合作与实践研究的能力。

基于上述教学理念，我们设计了基于MOOC的"翻转课堂"线上线下混合式教学模式，如图2所示。

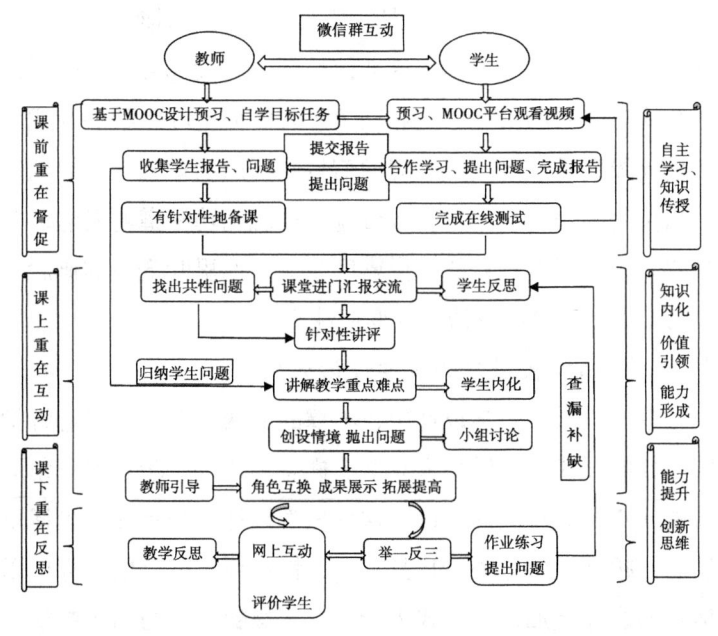

图2 基于MOOC的"翻转课堂"线上线下混合式教学模式结构

整个教学活动分为课前、课上和课后三个部分，基于学校自建的MOOC平台课程，使用多种现代化软件完成教学过程。学生是整个教学活动的"主角"，教师作为"编剧"和"导演"起着必要的引领和指导作用。课前，教师的任务是督促学生自主学习和接受学生的各种反馈，以便有针对性地备课；学生则是通过自主学习完成初步的知识传授，实现课堂的翻转。课上，教师的任务重在互动，经过进门汇报、针对性讲评、重点难点讲解、小组讨论、成果展示系列过程，实现知识内化、价值引领和能力形成。课下，教师除了在 MOOC 平台、企业微信群与学生互动、回答问题、评价学生之外，更重要的是进行教学反思；学生在这一环节举一反三，在MOOC 平台完成作业、参加讨论，并提出更深入的问题，提升分析问题能力和创新思维能力。

五、教学方法及途径

（一）教学内容设计

1. 连续信号频域分析整体教学内容

本教学单元处于信号与系统课程的第四章——周期信号的频域分析，分为连续周期信号频谱和连续非周期信号频谱两大部分。其中周期信号频谱主要介绍周期信号的指数形式和三角形式的傅里叶级数展开式、信号对称性和傅里叶级数系数的关系、周期信号频谱的物理意义、周期信号频谱的画法、相位谱的作用、信号有效带宽的概念和功率谱的概念；非周期信号频谱主要介绍非周期信号的频谱密度意义、傅里叶变换的概念、常见非周期信号的傅里叶变换以及傅里叶变换性质。

2. 教材和兄弟院校教师的教学设计分析

在绝大多数教材和教学设计中，本章的前两节课都是先讲解指数形式的傅里叶级数展开式，然后引入频谱的概念，再进一步学习三角形式的傅里叶级数展开式及其对应的频谱。这种教学设计方法旨在突出傅里叶方法的理论发展，频谱是双边频谱且具有对称性，任意一个信号都可以展开为虚指数信号的线性叠加，表达式为指数形式级数和，与高等数学、复变函数联系紧密。但也存在以下问题：首先，所展开的谐波分量具有负的角频率，不具有真实的物理意义；其次，本专业学生没有工程数学复变函数基础，在本章起步的复函数积分学习上存在一定困难。

3. 本教学单元教学内容设计脉络的优势

有鉴于此，本教学单元教学内容设计的脉络是从三角形式的傅里叶级数展开式开始的，如图3所示。三角形式的傅里叶级数展开式具有真实的物理意义，这有助于学生理解概念，同时也适合联大学生，而且傅里叶分析方法原本就是从三角级数开始的。继而绘制连续周期信号的幅度频谱和相位频谱，三角形式的展开式内部更便于分析信号的对称性，也更容易理解初相角的作用。因此，无论是从理论学习还是具体信号分析，由三角形式的傅里叶级数展开式起步，知识结构清晰流畅，也更容易达成教学目标。

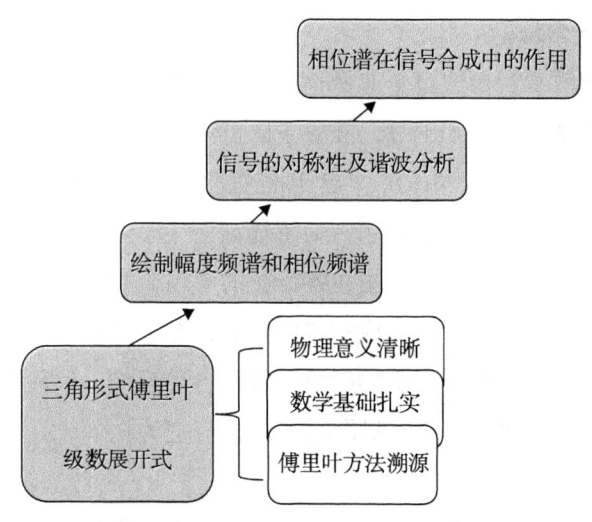

图3　教学单元教学内容设计的脉络

（二）教学活动进程

根据图2所示的基于MOOC的"翻转课堂"线上线下混合式教学模式结构，在建立了自有MOOC教学资源后，按照课前、课上、课后顺序开展教学活动。

1. 信号与系统课程 MOOC 资源

信号与系统分析基础于 2019 年 10 月在中国大学 MOOC 平台上线，是联大首批登陆的 MOOC 课程之一，到目前为止开课两轮次。课程平台包括课程介绍、学习功能和讨论区三大栏：课程介绍包括课程概述、评分准则、教学大纲、教学日历、参考资料等；学习功能包括课程公告、课件资源（视频和 PPT）、测验作业、考试、课程讨论区等；讨论区包括"老师答疑区""课堂交流区"和"综合讨论区"三部分，既强调教师的主导作用，又突出学生的主体地位。

对课程 7 个单元内容进行知识点的碎片化处理，共录制 MOOC 视频 61 讲，累计时长 852 分钟 11 秒。除了发布与视频相对应的 PDF 版本课程文档、讲解富文本之外，还悉心设计了一些填空题、单选题、多选题、判断题穿插在视频教学中。

2. 课前教学活动

教师按照教学目标通过企业微信群给学生安排课前学习任务：制作各教学单元的数学基础知识 PPT，准备在课上演示；采用小组讨论、合作学习的方式，在中国大学 MOOC 平台上观看课程内容视频，并在线完成测试、针对课程内容提出疑难问题；为了提高学生学习兴趣，课前分组搜索傅里叶的生平事迹、傅里叶方法在各行业的应用，并制作 PPT 以备课堂演示。这样学生通过自主学习完成初步的知识传授、实现课堂的翻转。教师督促学生自主学习，接受学生的疑难问题及各种反馈，以便有针对性地进行备课，并在上课之前对学生制作的 PPT 进行把关。

3. 课上教学活动

①课上教学活动部分，教师的任务重在互动，组织学生针对数学基础知识、傅里叶生平、傅里叶方法应用进行进门汇报，使学生意识到傅里叶方法的实用性、重要性和广泛性；针对性讲评以筑牢知识印记，得到"一切皆可傅里叶"的结论；同时使用其中的思政元素进行价值引领。②针对教学单元的难点——三角形式傅里叶级数展开式、周期信号频谱的物理意义和画法进行着重讲解，除了 PPT 演示之外，对于数学运算、频谱图绘制仍需要板书进行推导；这里对于傅里叶理论只做解释不做推导，但对

于涉及数学运算的技巧务必向学生强调，以提高学生学习理论的自信心。③教学单元的重点是周期信号频谱的物理意义和画法，以及用傅里叶级数法分析信号谐波分量和信号如何进行合成；完成概念解释、绘制频谱、讲解对称性之后，分组讨论分析信号谐波分量和信号如何进行合成；使用"抽签"软件抽取三个小组分别进行成果展示。④最后由教师对分组讨论、成果展示进行总结、评价和提升，布置思考题和课后作业。

4. *课后教学活动*

课下部分教师除了在MOOC平台、企业微信群与学生互动、回答问题、评价学生之外，更重要的是进行教学反思，总结教学经验和不足，以便在下一轮教学中进行改进；学生在这一环节举一反三，在MOOC平台完成作业、参加讨论，并提出更为深入的问题，提高分析问题的能力和创新思维能力。

（三）**教学组织安排**

利用"翻转课堂"引导学生课前预习，使学生熟知教学重点内容，做到自主学习。将"翻转课堂"与多媒体授课相结合构成混合式教学模式，制作课程资源并网络共享，引导学生通过网络学习课程内容，把握课程重点知识，也可通过网络平台，进行教师间、学生间的探讨和交流，其内容涵盖难点知识、学习经验方法等。实现个性化学习的目的，满足学生的发展需求，增强学生学习的主动性和灵活性。

教学过程以学生为中心，为学生营造一个轻松、愉悦的教学环境。教学过程突出教学活动中的师生互动，充分调动学生的学习热情，使学生主动地投入到教师的授课过程中，从而提高学生的专业能力，提升学生的综合素养，促进学生的全面发展。在教学活动过程中进行课程内容的交流、讨论，提高其学习的主动性与能动性，凸显"翻转课堂"与教学活动相结合的混合式教学模式对构建高效、优质课堂的重要性。

（四）**教学方法与手段**

课程采用基于MOOC资源的"翻转课堂"教学模式，将学习过程中知识的传递和知识的内化两个方面颠倒过来，让学习者在课外针对知识点和概念进行自主学习，完成知识的传递，课堂则变成了教师与学生互动的场所，主要用于讲解重点难点、解答疑惑、汇报讨论，实现知识的内化。

（1）采用了"以学生为中心"的教学方式。"翻转课堂"将知识的传递通过学生课前个性化的自学来实现，知识的内化则在教师引导下通过合作探究、练习巩固、反思总结、自主纠错等方式来实现。这种教学方式"以学生为中心"，鼓励学生自主学习与合作学习。

（2）突出"交互式"的学习体验。"翻转课堂"中教师成为学生的教练，与学生进行课前和课上的一对一交流或者指导小组讨论，学生间协作学习，增加了课堂互动的机会。这种方式增进了师生感情，便于教师对学生的价值引导，也锻炼了学生的表达能力和协作能力。

（3）践行了"因材施教"的理念，实现了"分层教学法"。采用"翻转课堂"在课前通过MOOC视频和其他网络资源来进行分层教学，然后在课堂中进行有针对性的指导，这样符合教育教学和人才成长的规律，有利于学生的个性化成长。

（五）教学评价

本课程注重课前预习情况、课上互动情况、测验完成情况以及期末考试等形成性课程考核方式。MOOC平台成绩由观看视频、作业成绩、单元测验成绩、期末考试和在线参与讨论五个部分的成绩组成，具体规定和分数占比说明如下。

（1）观看视频与回答问题。课程视频中的问题作为考查学生视频学习的实际效果，回答问题后方可继续观看接下来的视频。

（2）单元测验内容及分数占比。本课程包括信号与系统的时域分析、信号与系统的频域分析以及信号与系统的复频域分析三个单元，单元测验的分数占课程总分的30%。

（3）作业成绩评定方式和分数占比。作业成绩由互评产生，按时提交作业、同时参与并完成作业互评才能够获得全部作业分数。完成作业互评（即评阅并为其他同学的作业打分）即可获得作业分数的100%；参与但未完成全部互评，可获得作业分数的80%；未参与互评，只能获得作业分数的60%。每位学生的作业分数是互评分数去掉最高和最低分数后的平均值。作业成绩占课程总成绩的40%。

（4）期末考试部分。完成本学期学习之后，参加期末考试，此考试为综合性测试，期末考试成绩占该课程总分数的20%。

（5）在线参与讨论。课程讨论成绩根据学生在"课堂交流区"针对教师给出的讨论题回帖的数量进行给分，回帖数量达到5个以上可以获得满分，占总成绩的10%。

六、教学效果及成果

"MOOC+翻转课堂"的混合式教学模式，首先，是能够使学生进一步加深对知识的消化吸收，将理论知识应用于实践，掌握其应用的方法；其次，能够促进教师与学生甚至是学生与学生之间的交流、协作；最后，能够提高学生分析问题、解决问题的能力，增强学生的自信心，同时增强学生学习的积极性和主动性。

1. 学生学习积极性和参与意识大幅度提高

在第二次MOOC平台开课期间，学生在线学习响应度高达6.03%，学生最高发帖数51个；团队教师定时在网上参与学生讨论，对学生发布的帖子给予点赞或者纠正，教师与学生互动积极，发帖数达到93个。

2. 学生自主学习能力提高，班级平均成绩有所提高

笔者曾将一次传统教学模式和两次"MOOC+翻转课堂"教学模式期末考试成绩的数据进行统计比较发现，采用"MOOC+翻转课堂"教学模式，学生学习兴趣和自主学习能力提高，学生及格率和平均成绩逐步提高。

3. 学生反馈表示对"MOOC+翻转课堂"教学模式的充分肯定

在相关调查问卷中，绝大多数人表示喜欢这种"MOOC+翻转课堂"的教学模式，愿意继续选择这种新型的教学模式。尤其是学生的这段反馈："大学第一次遇到这样的课，很喜欢，觉得对我非常有意义，很棒的教学方式。如果我考研就更方便，能及时查看每一节课。老师也很棒，能引导大家一直专心致志、认真互动，大家的兴趣一直能被老师引导。希望以后

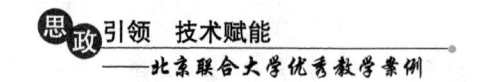

可以多开设这样的课程。"

4. 推广应用情况

2019—2020年第一学期在城市轨道交通与物流学院的轨道交通信号与控制专业初步尝试采用基于MOOC平台的"翻转课堂"教学模式；2019—2020年第二学期在城市轨道交通与物流学院的电气工程及其自动化专业、机器人学院的自动化专业分别采用了"MOOC+翻转课堂"的教学模式和基于异步SPOC"翻转课堂"教学模式；2020—2021年第二学期上述两个专业都将采用"异步SPOC+翻转课堂"的教学模式。

七、教学反思

"MOOC+翻转课堂"教学模式是适应时代特点和学生成长诉求、以学生为中心的个性化教学模式，这种教学模式能促进学生自主学习能力的提高，激发学生学习兴趣，让学生学会学习和探究；同时，能提高学习的效率，优化课上面对面教学的质量，更精准地解决学生学习中的难点。利用MOOC等互联网资源开展教学，学生与教师各司其职，教师将更多的精力放在如何进行个性化指导上，从而提高整个教学过程的效率。采用"MOOC+翻转课堂"混合式教学模式，解决了学时数"捉襟见肘"的局促问题，也为开展小班教学、分层教学创造了条件。对于课程教学中存在的问题考虑了如下改进建议和措施。

1. MOOC资源的改进

针对两轮MOOC教学视频讲解、录制、制作中的问题，项目教师团队对教学PPT、视频进行认真审核、校对，进行局部重新设计、补充录制和重新制作。在现有MOOC架构的基础上继续添加自选内容，用新购置的实验箱重新录制实验演示视频，开发MATLAB软件实验，充实MOOC平台内容，增加学生自己动手的机会。

2. 教师组织教学方面

教师需要有较丰富的教学经验，能掌控面对面授课的进程，在上课前要有备用的题目或问题；教师要转变观念，要有"育人"的情怀，对学生多鼓励、多赞扬，发现学生的"亮点"；班内不宜过早分组，在开课四周后，学生之间基本熟悉、教师对学生有初步了解后再以五人为一组开展活动比较好。

3. "翻转课堂"遇到的问题

在实践中，"翻转课堂"也会面临一些问题，只有正视和探讨解决这些问题，才能体现"翻转课堂"的优势，才能将"翻转课堂"的潜力转化为实力，将"翻转课堂"的理念落在实处。"翻转课堂"中的常见问题有：学生提不出自己的问题、学生缺乏自主学习的意识和能力、学生小组讨论不积极等。这些问题如果得不到解决，"翻转课堂"就没有办法落到实处，还需要进一步思考如何解决这些问题。

4. MOOC平台统计功能问题

中国大学MOOC平台提供了丰富的课程统计数据，能够帮助教师了解学生在线学习情况，通过对数据的分析给出过程性评价，还可以切换显示视频观看人数、文档浏览人数、富文本浏览人数、随堂测验参与人数、随堂讨论参与人数以及单元测验、单元作业和考试情况，但是前三项统计不能具体到个人情况。另外，软件平台也不能显示视频中问题回答的正确率，这些影响到教师对学生学习情况的准确把握。

作者：钱琳琳，北京联合大学城市轨道交通与物流学院电气工程及其自动化专业，副教授。

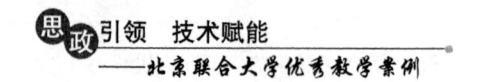

应用膳食宝塔指导居民合理膳食

——营养学课程中国居民膳食宝塔及应用教学单元

课程基本信息

课程名称	营养学	课程类型	烹饪与营养教育专业必修课
学时学分	48学时3学分	面向学生	烹饪与营养教育专业三年级
教学单元主题		中国居民膳食宝塔及应用	
课内/课外学时		1学时/3学时	

一、教学目标与学情分析

（一）教学目标

从知识、应用、整合、情感、价值和学习六个课程目标方面完成本小节的教学目标，具体见表1。

表1 教学目标

课程目标	本节教学目标
知识	能够画出中国居民膳食宝塔及各层食物数量
应用	学生能够应用中国居民膳食指南和膳食宝塔进行膳食搭配
整合	结合其他相关课程，能够快速指出不合理的膳食搭配，能够给予正确的膳食建议，初步具备对公众进行营养宣教的能力
情感	能够坚持正确的饮食习惯，关爱家人
价值	具备社会责任感，积极向公众进行营养宣教
学习	能够利用线上学习资源，开展自主学习

（二）学情分析

本课程的授课对象为烹饪与营养教育专业本科三年级学生，学生有一定的自主学习能力和自学能力，但也有一部分学生缺乏主动学习兴趣，需要教师引导。烹饪与营养教育本科专业三年级学生已经学完烹饪相关课程（如中西式烹调工艺、中西式面点工艺、食品原料学等），如何将学生所学的烹饪知识整合运用到营养实践中，达到本专业人才培养目标是这门课重点考虑的问题。

二、教学内容分析

（一）本教学单元主要知识点

1. *2016 年版中国居民膳食宝塔的内容*

课前导学引导学生自主学习，课堂问学引导学生深入理解，并灵活应用。

2. *与 2007 年版中国居民膳食宝塔的异同*

通过两个版本的对比，使学生理解我国居民膳食推荐摄入的变化及其原因，以便在公共营养宣传中灵活应用。

3. *其他代表性国家居民的膳食宝塔*

对比我国居民膳食宝塔，找出不同点，分析其原因，哪些我国居民可以借鉴，培养学生的批判性思维。

4. *如何应用膳食宝塔评价与指导居民的膳食*

这部分内容需重点设计。选取学生实际设计与制作的套餐，结合膳食宝塔，分析学生设计的套餐的不足及可取之处，如何改进。同时应用膳食宝塔，观察家人的膳食，指导家人合理膳食，既激发学生的学习兴趣，又使其所学知识得到应用。

（二）本教学单元重点

（1）2016 年版中国居民膳食宝塔的内容；

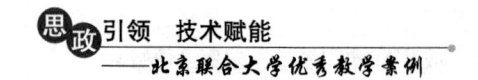

（2）依据最新的中国膳食宝塔评价膳食。

（三）本教学单元难点

（1）依据最新的中国膳食宝塔评价膳食；
（2）能够依据最新的中国膳食宝塔初步设计膳食。

三、课程思政教学设计理念及思路

（一）课程思政教学设计理念

以"立德树人"为引领，充分挖掘课程的思政元素，通过课程思政、科教融合等多种途径将思想政治教育、学科前沿知识、行业产业发展有机融入教学内容，构建价值塑造—知识探究—能力培养三位一体的课程教学体系。

本课程以"营养学基础—食物营养—社区营养—膳食与健康"为主线，全面系统地阐述了食品营养学基础理论和实际应用的知识与方法。本课程思政以《"健康中国2030"规划纲要》作为总纲领，以《国民营养计划（2017—2030年）》和《健康中国行动（2019—2030年）》为实施指导，培养学生具备良好的职业道德素养、思辨力及社会责任感，最终达到培养学生的民族自豪感、社会责任感和独立思辨力，使其成为"具有社会主义核心价值观的建设者"的课程思政总目标。

根据本节的知识点挖掘到的思政元素有：坚持自律、关爱家人、批判思维。教师在教学过程中将挖掘到的思政元素通过线上线下双向的教学设计隐性传递给学生。

（二）课程思政教学设计思路

课程思政教学，以课程专业知识为基础，做到三个结合：课堂内外、学校内外、线上线下。具体思政教学设计思路如图1所示。

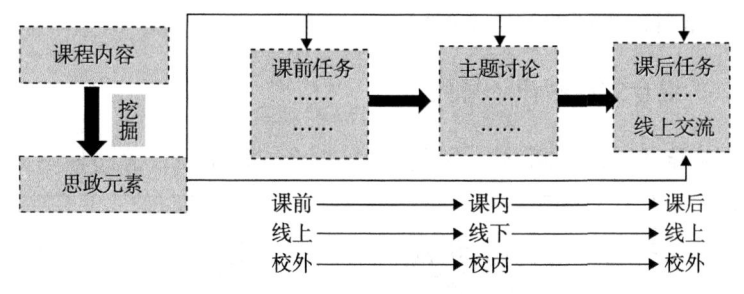

图 1　课程思政教学设计思路

四、混合式教学设计理念及思路

（一）混合式教学设计理念

本课程采取基于云班课的"以学生为主体，教师为主导"的"课前导学、课堂问学、课后拓学"混合式教学模式。即在课前布置自主学习任务，引导学生线上完成本节课程知识的自学（观看教师提前录制的微课、电子教材及问题清单），完成自学后可在云班课上完成线上测试检查自学效果以及准备课堂的话题；课堂上通过问题讨论或小组汇报等形式，让学生理解课程内容的重点与难点，对本课相关的学生感兴趣的热点进行探讨，促使其逐渐形成批判性思维；通过实际应用讨论，学生逐渐学会如何融合其他课程去解决问题；课后完成巩固课堂内容作业或下次课的任务，以及教师推荐的拓展阅读（阅读材料往往是近几年与本节知识相关的热点研究、文献报道），并在云班课讨论区对拓展阅读进行交流讨论。

云班课为线上教学平台，课堂为线下教学平台。云班课是一款移动教学助手 App，有资源、活动和消息三个基本功能。教师可与学生进行课堂和课后互动学习交流，教师可将课程所需的微课视频、电子教材、PPT 以及各种参考资料放入资源中，供学生下载学习。在活动区中进行头脑风暴、答疑讨论、作业布置与批改、测试活动等，还可在云班课里的课堂表现区随机挑选学生回答问题和给学生加经验值等。利用云班课平台记录学生的学习行为，能更好地观测学生的学习状态。对于旷课以及不完成作业的同学可通过消息中的私聊提醒学生。学生过程考核的成绩通过云班课的签到、各项活动以及资料学习情况等按照一定比例给出。营养学的过程考

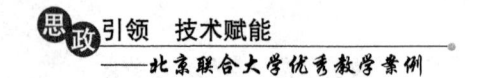

核成绩均来自云班课的学生学习记录。

(二) 混合式教学设计思路

"课前导学、课堂问学、课后拓学"混合式教学设计思路如图2所示。

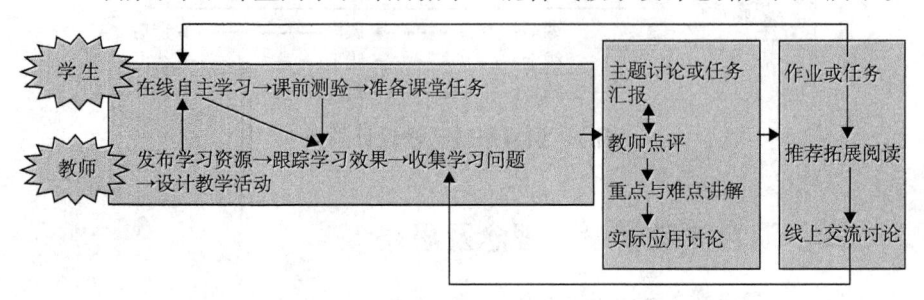

```
学生：在线自主学习→课前测验→准备课堂任务
教师：发布学习资源→跟踪学习效果→收集学习问题→设计教学活动

主题讨论或任务汇报
教师点评
重点与难点讲解
实际应用讨论

作业或任务
推荐拓展阅读
线上交流讨论
```

图2 混合式教学设计思路

五、教学方法及途径

(一) 教学内容设计

1. 课前导学设计

（1）教师上传本节课程资源（2016年版中国居民膳食宝塔、2007年版中国居民膳食宝塔、地中海居民膳食宝塔）以及本节问题清单及本节测试题。

（2）学生自主学习这三类宝塔，并总结。（2016年版中国居民膳食宝塔对比2007年版有何修改、地中海居民膳食宝塔与我国对比有何不同？）

（3）课前任务：学生观察并记录家人的三餐摄入的食物种类与大致数量（最少一天，最好三天），将记录上传并简要分析优缺点至云班课活动区。

（4）学生在云班课活动区完成本节测试题。

2. 课堂教学设计

（1）以提问方式简略回顾上节课2016年版中国居民膳食指南的内容。

（2）主题讨论：2016年版中国居民膳食宝塔与2007年版中国居民膳食宝塔比较有何变化？分析修改的可能原因。

（3）主题讨论：地中海居民膳食宝塔与我国居民膳食宝塔有何不同？哪些可以学习，哪些是我国居民需保持的？（嵌入思政元素：批判思维）

（3）教师讲解应用 2016 年版中国居民膳食宝塔时注意的要点。（嵌入思政元素：坚持自律）

（4）运用 2016 年版中国居民膳食宝塔分析学生设计与制作的套餐存在的问题。

（5）任务讨论：家人膳食摄入可能存在的问题，如何帮助家人改正？（嵌入思政元素：关爱家人）

3. 课后拓学设计

（1）推荐阅读：阅读美国居民膳食指南视图和大洋洲、南美洲等地区的膳食指南图。

（2）线上交流讨论：每位同学说一说自己所了解的不同国家的膳食指南的共同点与特殊点。

（二）教学活动进程与教学组织安排

45 分钟课堂的教学活动进程与教学组织安排见表 2。

表 2　教学活动进程与教学组织安排

教学活动进程	时长	教学组织活动
巩固上节课重点 引出本节课内容	5 分钟	※ 随机提问：2016 年版中国居民膳食指南的核心内容？ ※ 指南是否形象具体、便于指导居民膳食？ ※ 中国居民膳食宝塔是居民膳食指南的直观表现形式，便于居民理解和在日常生活中实行
主题讨论	12 分钟	2016 年版中国居民膳食宝塔与 2007 年版中国居民膳食宝塔相比有何变化？分析修改的可能原因？ ※ 对于积极发言的同学其在云班课课堂表现加 1 分经验值，对于发言正确的同学再加 2~4 分（讨论环节均照此给予学生过程评价）。 ※ 教师用 1 分钟总结本部分的重要内容。 ※ 地中海居民膳食宝塔与我国居民膳食宝塔有何不同？哪些可以学习，哪些我国居民需保持？ ※ 通过分析引导学生得出以谷类为主是我国一直以来应该坚持的合理饮食习惯，也是地中海膳食宝塔最基本的食物。参考借鉴地中海居民良好的膳食摄入习惯（如少吃红肉、多摄入各类粗粮等），以隐性的方式传递思政元素（批判思维，取长补短）

续表

教学活动进程	时长	教学组织活动
重点与难点讲解	8分钟	※ 以餐盘模型来讲解如何运用中国居民膳食宝塔初步判断膳食搭配是否合理？ **餐盘模型图** ※ 应用中国居民膳食宝塔来合理搭配膳食。 （1）需要长期坚持（引入思政教育，科学膳食需要长期坚持，同学们需自律，学会控制食欲，不暴饮暴食，饮食要有规律，以身作则）。 （2）灵活应用当地资源，不能一成不变
实际案例分析（应用膳食宝塔评价一餐膳食）	7分钟	实际案例分析：将学生当前学期在烹饪综合实训课程以小组为单位自行设计并制作的套餐（三款）拍成照片，共享到屏幕，请同学们分析其优点和不足。 学生套餐1： **学生设计套餐1** ※ 讨论前教师引导：从原料种类选择、色泽搭配到烹饪方法选择由学生分小组协作完成，营养方面则从餐盘模型分析各食物种类比例（引导学生结合食品原料学、中西式烹调工艺等课程所学综合分析）。 ※ 学生交流看法后，教师总结，一方面激励学生对小组作品的成就感（让学生建立起团队合作的精神），另一方面提醒学生如何从营养方面改进，使烹饪与营养真正结合起来

应用膳食宝塔指导居民合理膳食

续表

教学活动进程	时长	教学组织活动
实际案例分析（应用膳食宝塔评价一餐膳食）	7分钟	**学生设计套餐2**　　　　**学生设计套餐3** ※ 学生套餐2与3，教师不再引导，学生主动发表其看法，教师可通过学生的看法了解学生是否真正会利用膳食宝塔进行膳食搭配。 ※ 此环节结束前：教师总结套餐2与3的正确分析观点，表扬积极发表正确看法的同学
任务交流讨论（应用膳食宝塔评价一日膳食）	11分钟	将云班课活动区此任务投屏，挑选具有代表性的帖子进行讨论。（根据讨论情况讨论与点评3位同学的记录与分析。） ※ 课前任务：观察并记录家人的三餐摄入的食物种类与大致数量（最少一天，最好三天），将记录上传并简要分析优缺点至云班课活动区。 ※ 讨论前教师引导：从食物种类（依据膳食宝塔各层）和中国居民膳食指南分析，找到其不足，如何帮助家人纠正，引导学生首先应该坚持正确的膳食，以带动家人。 ※ 同样通过云班课加经验值的方法鼓励学生积极发表自己的看法。 ※ 为了让同学们进一步熟练掌握如何对一天的膳食是否合理进行初步分析，继续分析讨论两位同学的记录。 ※ 利用2分钟，请同学们说一说通过这个观察活动，自己收获到什么。 ※ 教师引导学生若有时间要多关心父母，不能回家的时候经常跟父母微信聊天，问问父母吃些什么。很多父母当孩子不在家时吃饭往往凑合、简单。住校的同学周末没有学业任务时，应该回家与父母一起谈心一起吃饭，用自己科学的膳食习惯影响家人

217

续表

教学活动进程	时长	教学组织活动
课后任务布置	2分钟	※布置拓展阅读任务：阅读美国居民膳食指南视图和大洋洲、南美洲等地区的膳食指南图。 ※布置阅读后线上讨论交流任务。 ※布置下一次课前任务（公共营养宣讲任务，简要说明小组制作宣讲微视频的注意要点）

（三）教学方法与手段

"课前导学"借助云班课线上运用微视频或MOOC、测试法引导学生自主学习；"课堂问学"主要采用问题讨论、案例分析和任务交流讨论；"课后拓学"主要采用任务法、实践调研、拓展阅读、线上交流等方法借助云班课线上完成。在教学中做到三个结合：课堂内外相结合、学校内外相结合、线上线下相结合，从而做到线上线下混合式教学同向同行达到课程目标。

（四）教学评价

1. 课前导学效果评价

在云班课资料中，教师通过资源下载情况和学生观看微视频的次数初步了解学生学习的积极性，旅游烹饪1801B班90%以上的同学（通常能达到100%）会及时下载资源自主学习。通过测试成绩了解学生对本节内容掌握的程度，教师可据此判断哪些内容需要课堂上重点讲解。

2. 课堂问学效果评价

小组任务汇报时，通过云班课任务评分，其他小组同学与教师共同为汇报小组评分。课堂不分组讨论时，教师则利用云班课的课堂表现对参与讨论的同学根据其发言的深度与正确性给予不同的经验值。在旅游烹饪1801B班级授课中有60%的同学会积极主动参与发言，有20%的同学偶尔会主动发言，还有20%的同学需要教师点名发言。主动发言的比例要高于旅游烹饪1701B班级，课堂活跃度较高。

3. 课后拓学效果评价

通过课后作业（教师评分）、拓展资源下载率以及线上交流讨论发贴来评价教学效果。学生课后作业完成度较高，除了个别同学偶尔未按时完成作业外，大部分同学能够按时完成课后作业，但课后拓展资源云班课下载率（通常能达到70%左右）远低于课前导学资源下载率，课后线上交流讨论也不踊跃，说明课后拓学还需要加强。

六、教学效果及成果

从2019年只利用云班课辅助教学，到2020年秋季形成基于云班课的"以学生为主体，教师为主导"的"课前导学、课堂问学、课后拓学"混合式教学模式，教育教学取得了如下成果。

1. 建立了较丰富的课程教学资源库

营养学课程采取了"课前导学、课堂问学、课后拓学"混合式教学模式，需要大量的课程资源去引导学生自主学习和拓展学习。通过2020年一年的课程资源建设，目前已有20个微视频（教师自己主讲）、45个MOOC导入微视频、33篇拓展阅读以及每单元测试题库。

2. 学生分析问题和解决问题的能力逐渐提升

通过大半学期的"课前导学、课堂问学、课后拓学"混合式教学后，我发现课堂上学生在讨论中会有越来越多的问题，有时候教师不能马上解答，需要课后查找相应文献才能回答学生。在学生任务汇报中，学生自己分析总结的比例越来越多，说明学生们分析问题、解决问题的能力在逐渐提升。

3. 学生社会责任心和服务意识提升

随着课程思政的融入，同学们逐渐意识到作为一名营养工作者，有责任也有义务去宣传正确的营养观念。公共营养教育是提高我国民众健康很重要的一个手段。在公共与社区这个教学单元，有公共营养宣教的实践活动，要求学生分组制作营养宣教微视频并进行推广。旅游烹饪1801B班级学生制作出来的微视频让我感觉到同学们在用心做好这件事，而不是仅仅完成一项课程任务。2020年联大启明星计划项目申报启动时，有学生主动找到我说："老师，您能做我们的指导老师吗？我们想做北京慢性病患者膳食调查与营养宣教的项目，觉得能够体现所学和社会价值。"我为学生

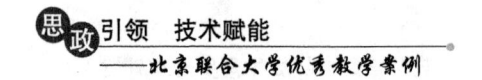

们的进步而感动。

七、教学反思

（一）课堂讨论效果反思

课堂教学中开展课堂讨论的合作学习，有利于增强学生与学生之间的互动，帮助学生加深对概念的理解，提高学生的分析能力、高水平推理能力、批判性思维等高阶思维能力，并且可以培养学生的自主学习能力、团队协作能力、表达能力、领导能力等多个方面的能力。在我的课堂教学中，讨论是经常采用的一种教学方法。有时候觉得教学效果很好，学生们积极发言，而且发言有一定的深度。但有时学生们要么不发言，需要教师点名，要么用手机搜索一个根本无法体现学生自己思想的答案（高职学生更容易如此），这让我很气馁，近几年我一直在思索如何解决这个问题。

学生一到课堂讨论环节就"无话可说"，要么没有自己的观点，要么有观点却无法说清楚理由，推理过程简单、搪塞。利用云班课建立起课前导学这种课前自主学习模式后，发现这部分学生往往没有进行必要的课前预习，有些学生根本不下载课前学习资源。而课前预习充分的学生在课堂上表现活跃。

课堂讨论效果还与教师准备是否充分有密切关系，如课前导学的素材以及讨论的话题等。教师在课堂上组织课堂讨论，不仅需要提前给学生提供各种素材以方便学生预习，同时需要提前把讨论的问题给学生熟悉一下。讨论的主题也非常关键，讨论主题的选取应紧扣知识概念、着眼于学生的生活基础、能蕴含学生易错或易混淆的概念，这样才能够引起学生之间意见的分歧，从而引发讨论。在讨论的过程中，学生教会别人知识或修正自己的观点，这样才能体现合作学习的价值。比如本次课中国膳食宝塔实践应用讨论，选取的是学生自己实际设计与制作的套餐是否符合平衡膳食要求，学生们关注度非常高，学生讨论时需要结合其他学科（食品原料学、中西式烹调工艺学）的知识，错误的想法会随着讨论暴露出来，通过讨论让学生深刻理解如何融合应用，帮助学生学会在真实情境中迁移所学知识，解决实际问题。

（二）思政教学融入反思

刚开始将思政融入课程时，觉得好难，一方面是不知道如何挖掘思政元素，另一方面是不知道如何将思政元素融入课程内容，让学生接受。随着课程思政的深入，与教研室教师们的思想碰撞，阅读思政教学改革的教研文章，我有了越来越多的领悟。目前我已经针对营养学课程的每一个教学单元挖掘了相应的思政元素，并在新的教学设计中融入思政教育，基本上做到次次课有思政元素的融入。

本次课通过布置任务，观察父母的饮食，旨在进一步熟练应用中国膳食宝塔的同时做到关爱家人，影响家人，多陪伴家人。在任务讨论分析时，同学们纷纷表示，以前从来没有关注过父母吃什么，现在注意到了。也有同学说，我如果不回家，我家里就不好好做饭，父母就凑合吃饭。通过讨论启发学生如何影响父母，纠正不良饮食习惯；第一要点是有时间多陪伴父母、多沟通。

（三）需要改进的方面反思

1. 资源需继续建设

目前虽然拍摄了部分微视频以及导入部分的 MOOC 资源供学生自主学习，但还有一部分内容没有微视频，只有电子教材，而电子教材缺乏微视频的直观生动性，还需要制作更多的微课视频上传到云班课资源供学生学习。同时，营养学是不断发展的学科，需要及时更新拓展阅读资料和交流讨论主题库。

2. 加强课后线上交流讨论

目前课程教学效果不好的地方就是课后拓学的线上交流讨论部分。不少学生不认真拓展阅读、不思考，线上交流时无话可说，也提不出问题或见解，线上交流讨论起不了效果。在今后教学中还需积极引导，引发学生的兴趣，从而自主拓展阅读，增强线上交流的深度。

作者：许荣华，北京联合大学旅游学院烹饪与营养教育专业，副教授。

思政引领 技术赋能
——北京联合大学优秀教学案例

管理学

"我"讲解 "我"践行

——高级语言程序设计课程异常处理教学单元

课程基本信息

课程名称	高级语言程序设计	课程类型	专业选修课
学时学分	48学时 3学分	面向学生	信息管理与信息系统专业二年级
教学单元主题		异常处理	
课内/课外学时		2学时/4学时	

一、教学目标与学情分析

（一）教学目标

高级语言程序设计是信息管理与信息系统专业的一门专业选修课程。在大数据时代，无论是在新商科、新工科还是新文科的专业领域，学习高级语言程序设计都有助于理解计算机的能力。Java是近20年来较流行的高级程序设计语言，本课程是以Java语言来讲授高级语言程序设计的相关知识。

本课程的教学目标包括知识、应用、情感、价值和学习目标。具体需要学生掌握Java语言的基础知识及语法，理解和掌握面向对象的设计思想、设计原则、设计模式，初步掌握Java面向对象程序设计的基本方法与技术，培养学生的实践能力，能够利用所学知识编写程序解决简单的现实问题；要求学生在学习过程中，积极参与协作学习，具有团队合作意识，能够合作进行综合设计项目，并进行成果展示和有效沟通与交流；学生在课程内容的学习中能够树立坚定的理想信念和家国情怀，学会关爱社会，形成正确的人生观、世界观和价值观；同时养成课前和课后利用各种线上线下资源自主学习的习惯和意识，养成在工程实践中学习的习惯。

本单元的知识和应用目标是学生能够阐述异常处理的概念，能够在程序设计时捕捉处理异常，能够实现在方法中抛出异常，能复述 Java 中异常处理的原则。本单元的情感价值目标是学生能够理解主动担当、不惧困难、积极面对苦难的必要性；学习目标是学生能够利用线上资源自主学习，并能根据学习任务进行团队合作学习。

（二）学情分析

本课程在开课之初从两个方面进行了学情分析，一是通过问卷调研掌握学生基本情况，二是通过暑期自学任务综合评价学生学习态度。以信管1801B 班的问卷调研为例，班级中有 53% 的同学是文科生背景，有 88% 的同学认为高级语言程序设计课程难，其中有 41% 的同学认为非常难。

从学生完成暑期自学任务的情况可得出结论：在学习态度和学习主动性上，班级同学中存在明显的两极分化现象，三分之一的学生在暑期学习中能始终保持良好的学习状态，紧跟教师的节奏，圆满完成每一次学习任务，同时也有三分之一的同学几乎不关注教师布置的任何任务。

总体来看，对于兼有文理科知识背景的信管专业的学生来说，要想达成高级语言程序设计课程的教学目标，需要对课程保持良好的兴趣，除课上有效学习外，还要在课下投入更多的时间和精力学习巩固相关知识，同时还需发挥班级先进同学的带动效应，带动后进同学积极参与各项学习活动。

二、教学内容分析

（一）教学内容简介

在程序设计和运行过程中，不可避免会出现异常、被迫停止的错误。

Java 提供了异常处理机制来处理程序运行期间出现的意外情况，提高程序的可读性和可维护性。在 Java 中，异常被封装到一个类中，出现错误时，会抛出异常对象。本单元主要讲解 Java 中异常的概念和异常处理机制，以及如何创建、抛出自定义异常等知识内容。

在异常概述中要让学生明确什么是异常，与平时编写代码时的语法错误有什么区别。Java 中所有的异常类都继承自 Throwable 类，它的两个子类分别是 Error 类和 Exception 类，学生需要了解它们的区别，其中 Exception 类下的子类非 RuntimeException 的子类也称为检查异常，是程序员需要处理的内容。理解上述 Java 中异常的层次结构有助于学生系统了解异常的分类。在 Java 中，进行异常处理时，可以利用 try-catch 积极主动捕获异常，也可以在方法处理中利用 throws 关键字抛出异常，这是异常处理的两种机制，也是本单元要学习的重点。如果用户的程序有特殊的逻辑要求，需要用户自定义异常，再通过 Java 的异常处理机制来处理。自定义异常的方法步骤较为烦琐，这是本单元学习的难点：首先定义一个继承 Exception 的类，然后在可能抛出自定义异常的方法的方法头中使用 throws 关键字声明该异常，并在方法体中出现异常的位置使用 throw 抛出该自定义异常对象。

（二）主要知识点

（1）异常和 Java 中异常分类。

（2）捕捉处理异常：try-catch 代码块、finally 代码块。

（3）抛出异常：throws 关键字。

（4）自定义异常类，使用 throw 关键字抛出异常。

（三）学习重点

（1）try-catch 代码块、finally 代码块。

（2）throws 关键字。

（四）学习难点

（1）自定义异常类。

（2）throw 关键字和 throws 关键字的区别。

三、课程思政教学设计理念及思路

（一）课程思政教学设计理念

根据课程思政的内涵和外延及本课程实践性较强的特点，将"实践育人"作为本课程的课程思政教学设计理念，紧扣教育的主旨，回归学生生活态度的养成，回归"四个自信"的养成，引导学生明确责任与担当，教学生明白做人、做事道理，在学生学习过程中实现知识传授与价值引领共同提升。

（二）课程思政教学设计思路

根据课程思政的设计理念，围绕本课程中理论＋实践双渠道，利用线上＋线下双平台进行全方位的课程思政融合，具体设计思路如图 1 所示。

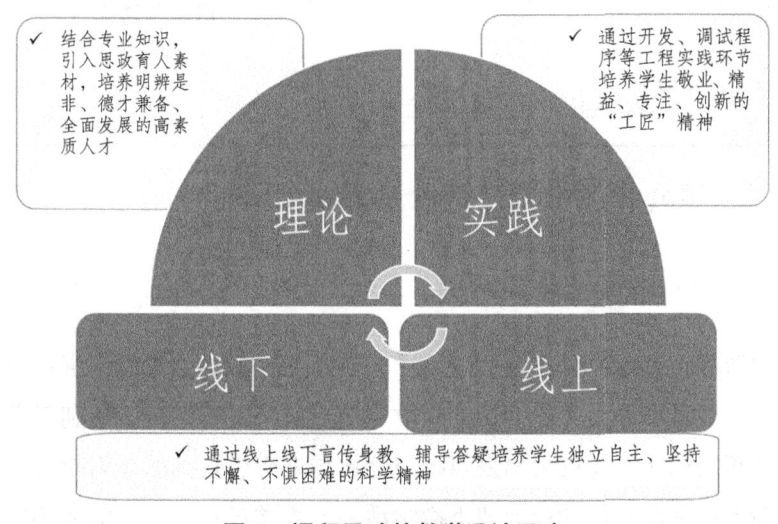

图 1 课程思政的教学设计思路

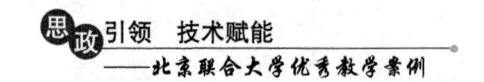

根据教学内容，积极发掘知识内容中蕴含的思想育人素材是进行课程思政的首要环节，表 1 为本课程设计的思政元素和知识内容融合的触点。

表 1 思政元素和知识内容的融合触点

领域知识模块	思政元素和知识内容结合触点	价值引领
绪论课	介绍 Java 之父 James Gosling 的事迹	追求极致的精神
Java 语句基础	Java 语言中严格区分大小写	遵守规则的必要性
循环结构	利用循环结构计算 1.01 的 365 次方和 0.99 的 365 次方，并比较它们的差异	坚持、不放弃、继续努力的精神品质
面向对象设计思想	以学生信息管理系统为例，从类和对象到数组类、类的组合、类的继承、类的派生、多文件结构编程，将层层递进的案例、一环套一环的深入讲解贯穿整个教学过程始终	培养学生持之以恒的刻苦钻研精神
	类的设计原则	培养学生的"大局意识"，引导他们从宏观层面思考问题
	类的继承的思想及规范	培养学生主动团结协作的意识
异常处理	Java 中异常处理机制可以保证程序在运行错误时能释放系统资源平稳退出	让学生理解主动担当、不惧困难、积极面向苦难的必要性
实验教学	实验内容设计，如创新型实验、综合型实验	创新精神、团队合作意识、严谨态度、科学素养、诚信素养、人文情怀
线上 SPOC 内容学习	进行翻转课堂、线上内容学习交流	培养学生的自主学习、主动探索知识的能力

四、混合式教学设计理念及思路

（一）混合式教学设计理念

本课程在进行混合式教学设计时，坚持 OBE 的育人理念，强调以成果为导向，注重培养学生能力，并对学生学习效果进行评价。从利于学生毕业后几年内的能力发展为出发点，设计出预期应当达到的能力指标，根据这些能力指标反向设计线上线下教学活动。教学过程中注重引导学生自主思考，培养学生自主学习能力，教学活动的设计与开展均以使学生达到某种学习效果为目标来进行，更加强调学生在教学活动中的主体地位，以及学生的最终学习成果。

（二）混合式教学的设计思路

科学合理地组织和展开混合模式教学，是一个逐步摸索、探讨、实践的过程，将优质的 MOOC 课程引入教学体系中进行混合教学，同时对学生进行督促、引导、辅导、考核和管理，是保证教学质量的重要因素。

在实施混合式教学之前，首先围绕教学目标组织和重塑教学内容，以项目形式设计课程内容，每个项目包括常用基本知识点和拓展技能知识点。然后将线上线下的混合模式贯穿于课前、课中和课后全过程，并结合多维度的综合评价方法以期达成教学目标。线上教学实施活动包括以 SPOC 形式学习关键知识点、完成任务、单元测试；线下教学实施活动则包括知识技能精讲、学生任务分享、测验反馈、答疑解惑。

具体设计思路如图 2 所示，在课前教师布置任务，学生根据要求开展线上自主学习；课中主要开展以"学生为中心"的师生互动教学；课后教师进行教学反思，学生拓展提升；本着理论与实践相结合、学习成果与学习过程相结合、知识学习与能力培养相结合的原则，建立以成果为导向的线上线下多维度的综合评价方法。

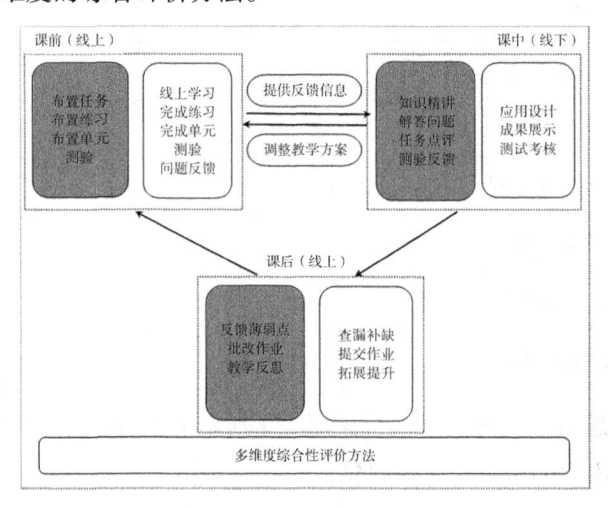

图 2 混合式教学设计思路

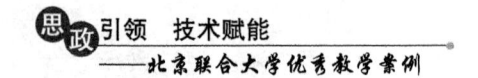

五、教学方法及途径

（一）教学内容设计

通过对教材相关内容进行梳理、组织和再加工，将本单元的内容分解为回答"世界是什么"的陈述性知识、回答"怎么办"的程序性知识和帮助学生形成自身规律认知的策略性知识。其中陈述性知识对应学生需要达成的知识目标，程序性知识和策略性知识则对应学生要达成的应用目标，具体划分见表2。

表2 教学内容对应的知识类型

教学内容	陈述性知识	程序性知识	策略性知识
异常	√		
异常的层次结构	√		
检查异常	√		
try-catch-finally 语句的语法	√		
使用 try-catch-finally 处理异常		√	
多重 catch 捕获不同异常			√
throws 语句的语法	√		
使用 throws 关键字抛出异常		√	
自定义异常的原因	√		
自定义异常的步骤	√	√	
自定义异常的使用		√	
throws 和 throw 关键字区别	√		
异常的使用原则			√

在课程思政元素的融合上，采用表1所示的融合触点在相应的异常捕获机制内容中对学生进行价值引领。

（二）教学活动进程

本单元改进了法国赫尔巴特学派的传递—接受的"五段式教学"过程，引入 SPOC 资源，借助线上沟通渠道，将教师的"教"转变为引导和辅助式，将学生的"学"转变为探究和主动式，全面实现以"学生为中心"的混合式教学活动。具体的教学活动进程如图 3 所示，整个教学活动进程分为认知和时间两个维度，其中认知维度具体程序包括激发学习动机→感知理解→巩固运用→检查评价→运用提升五个环节，时间维度具体程序包括课前→课中→课后三个环节。

教师"教"的活动包括自学指导、在线答疑、展示点评、精讲点拨、发布测验、反馈薄弱点、布置任务、教学反思。学生"学"的活动包括 SPOC 自学、合作探究、交流展示、展示互评、测验考核、查漏补缺、拓展提升。"教"和"学"的活动相互交织，实现教学目标的最终达成。

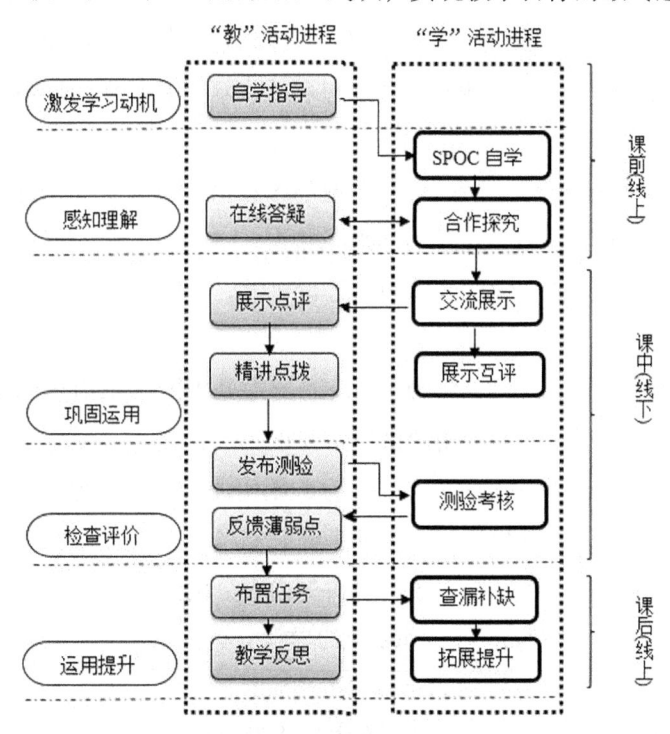

图 3 混合式教学活动进程

（三）教学组织安排

具体的教学组织安排和教学活动进程保持一致，这里以时间维度进行阐述。

1. 课前阶段

（1）课前教师根据重构的教学内容，将陈述性知识和程序性知识内容建设成 SPOC 课程资源，为学生线上自学提供资源。

（2）教师通过雨课堂和微信群等方式发布课前预习通知，布置学生在上课之前开展自主学习任务；教师给出预习任务时，明确指明知识要点和关键问题。另外本单元的学习需要同学们进行分组合作交流，选派小组代表在课上就某一模块知识向全班同学进行讲解展示，因此，除预习任务单外，在本教学单元还要将分组讲解的内容和要求一并发给学生。

（3）学生接到预习和分组轮讲通知后，通过阅读教学设计、关键知识点，对本单元知识结构有了整体了解。学生通过反复观看视频、课件和教材完成学生任务单和单元测验，并通过在线交流工具向教师反馈遇到的难点和困惑。

（4）教师通过查看 SPOC 后台学生学习数据，对学生线下自主学习情况进行分析，同时了解学生学习掌握的情况，并在企业微信群中发布明细数据，督促尚未完成自学任务的同学进行自学。

2. 课中阶段

（1）教师导引阶段（5 分钟）：概述异常处理的知识内容框架，总结学生线上自学情况，明确分组轮讲展示要求。

（2）小组轮讲展示阶段（55 分钟）：阐明课程主要内容，具体的教学活动包括小组轮讲、学生提问、教师点评。

轮讲分为四个小组，四个小组轮讲的内容分别为：

第 1 组：程序中的异常和 Java 中的异常分类；

第 2 组：异常处理——try…catch…finally；

第 3 组：异常处理——throws 在方法中抛出异常；

第 4 组：自定义异常类。

除第 1 组的内容为陈述性知识外，其他三组均包括陈述性知识和程序性知识。每组讲解时间为 10 分钟左右。

在每组讲解完后，学生可以针对该部分内容的疑问向讲解者提问，教师在讲解者回答的基础上加以点评和辅助补充讲解。该过程每组平均控制在 5 分钟内。

（3）学生互评阶段（3 分钟）：本阶段教师发放互评问卷，同学进行打分。

（4）教师精讲点拨阶段（15 分钟）：针对学生困惑较多的知识点，教师进行精讲，同时引入策略性知识内容的讲解。

（5）在线测验及薄弱知识反馈（12 分钟）：利用雨课堂发放在线小测验，针对本单元的内容进行检测，根据学生答题情况，对学生掌握较薄弱的知识点进行强化。

3. 课后阶段

在线下课堂教学结束后，教师对课堂教学中出现的问题和学生掌握薄弱的地方进行整理总结，并发布到雨课堂上。学生通过雨课堂中的信息对本单元知识点进行梳理，同时完成课后作业，并对感兴趣的问题进行提问。教师对本单元线上线下混合教学模式实施过程中的成效和存在的问题进行教学反思，以便在后续教学中持续改进和优化教学设计，不断提升教学效果。学生则可以根据自己学习掌握的情况查漏补缺，有余力的同学还可以利用 SPOC 和其他网络资源进行本单元相关内容的拓展学习。

（四）教学方法与手段

为了达成教学目标和育人目标，本单元在教学过程中采用了线上线下混合式教学、小组协作学习、翻转课堂、项目驱动式教学等多种教学方法。

（1）线上线下混合教学。利用该模式培养学生的自学意识，提升自学能力，使学生能主动寻求分析问题和解决问题的途径，并利用课下自学环节基本解决教学目标中有关理解知识和情感层次的教学目标，这样就可以在课堂上关注学生自学过程中遇到的难点，并重点解决课程的应用目标和整合目标。在实施时每周对学生线上自学的参与情况进行评价和反馈，并在班级微信群中提醒学生及时进行课前预习。

（2）小组协作学习。在教学中，根据暑期 MOOC 自主学习的学情分析，对全班同学有个初步判断，采用小组协作的方法完成相关任务，为每个小组配置不同层次的学生，激励学生发扬团队协作、相互包容的友善品质。具体的小组任务包括重难点知识的消化和吸收、随堂实践作业、课程实践大作业等。

（3）翻转课堂。在课堂上，学生讲述并展示课下利用 SPOC 学习的内容和小组协作研讨后的知识，并由学生和教师共同对讲述内容进行提问评价。

（4）项目驱动。鼓励学生设计开发工程项目，项目任务的要求提前发给学生，培养学生的创新精神、团队合作精神，树立不畏困难、务实求真、精益求精的科学信念。

（五）教学评价

本着理论与实践相结合、学习成果与学习过程相结合、知识学习与能力培养相结合的原则，本课程建立了以成果为导向的线上线下多维度的综合评价方法，如图 4 所示。

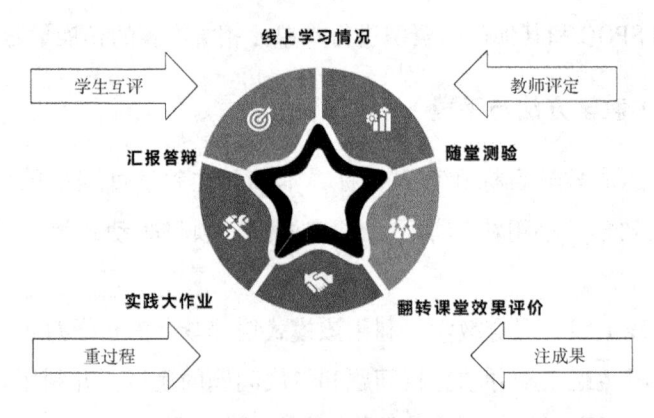

图 4　多维度综合性评价方法

在考核方式上采用线上考核和线下考核相结合的方法，线上把学生在 SPOC 上的学习情况作为最终成果的一部分，线下考核则注重过程性评价和实践评价。过程性评价包括学生课下自学情况、随堂测验、课堂讨论、课堂表现、作业情况、单元测验成绩等。实践评价则是评价学生的实际动手能力，采用试卷、上机考试、课程实践等多种方式进行考核。评价方式包括学生互评和教师评定。

六、教学效果及成果

（一）教育教学效果与成果

学生们经过一学期线上线下混合式学习后，完成了知识、能力和应用目标，并有效利用线上资源拓宽了相关知识边界。通过小组合作，完成了一系列覆盖课内知识内容，甚至超过课内知识内容的小型应用程序。

教师在积极探索利用线上线下混合式教学模式达成教学目标的同时，深入进行教育教学研究，取得了一些成效，也加深了对"课程思政"内涵的认识，如高级语言程序设计课程获得了中国高校计算机教育 MOOC 联盟的线上线下混合式教学改革项目立项，以本课程为依托的教育部产学合作协同育人项目"OBE 理念下的应用型高校课程教学模式改革探索"也顺利通过结项。另外本课程也获得了"商务学院课程思政精品示范课程"的称号。

（二）学生反馈

经过教学和实践，学生们普遍认可教学效果，从开始认为"Java 很难"，到现在能够通过自己的努力做出可以运用的项目，在实践过程中经过遇到问题—分析问题—解决问题三个环节，学生们不仅收获了知识和能力，达成了课程的教学目标，更在过程中磨炼了品质，体会到了许多做人做事的道理。一些同学的感悟与反馈如下：

李浩同学认为：这学期学习 Java 的经历带给我最重要的不是技术，而是面对无数报错、BUG 还能沉住气认真地复查、整改。我相信这可以在我未来的生活中帮助我渡过难关。

田嘉阳认为：在通过线上线下混合模式学习 Java 的过程中，我体会到了许多新奇感。各种各样的函数代码虽然繁杂，但我能够通过不断的努力，修改代码，并使它运行成功时，内心的喜悦是无法比拟的。在知识不断增加的同时，困难也不断阻挠着我，好在老师和同学都有耐心帮助我解决问题，我收获颇丰。今后我会继续努力学习 Java。

李嵩同学"曾天真地以为：我可以凭借自己的力量解决所有问题"，经过和小组同学的实践磨合，"感受到：一己是人，众人是天；谋事在人，成事在天"。

任晨旭同学从开始听说 Java 很难，初学时"看到电脑上的一堆代码一脸懵"，经过学习感受到兴趣是最好的老师，学习时"要脚踏实地，快餐式学习不可取，欲速则不达，慢慢来才能见到效果"。

（三）推广应用的情况

本课程在教学过程探索了适用于高级语言程序设计课程的线上线下混合式教学模式，建设了适合翻转课堂的 SPOC 课程，设计了多维度融合的评价方法。课程建设的经验可以给同行提供借鉴，也为课程负责人建设其他课程提供了相应的范式。同时本课程在建设过程中设计积累了项目案例库、育人素材案例库，建设了适用于雨课堂的测试题库，为本课程今后更好地开展线上线下教学打下了基础。

七、教学反思

高级语言程序设计课程积极探索"线上线下—同向同行"混合式教学模式，其中选择"异常处理"这一教学单元，尝试以学生课上主讲、教师课上主导的翻转课堂方式开展教学活动。其设计起因是根据学习金字塔，将"知识讲授给他人"的学习内容留存率达到90%，远高于上课被动"听讲"仅得到的5%学习内容留存率。在整个线上线下混合教学活动进行完后，有些好的经验可以复制，也有一些不足的地方今后需要加以规避。

（1）学生线上自学要加以引导。要求学生进行线上自主学习不是简单地将网络资源链接发给学生，而应在给出课前自学任务单时，明确给出包括达成的目标、学习方法建议、线下课堂形式预告在内的学习指南和具体的学习任务及要求。

（2）注重学生线上学习的效果。学生线上学习的效果是保证线下课堂活动开展的前提，也是达成教学目标的关键一环。因此需要采取多种方法和手段保证学生线上学习效果。例如，可以采取要求学生回答 SPOC 教学视频中的预设问题、参与在线讨论及定期公布学生在线学习时长等方式督促学生保质保量地完成线上自学任务。

（3）教师应事先熟悉翻转课堂的内容。在决定进行翻转课堂前，教师一定要对课程内容进行梳理、重构，选择适合学生讲解的知识内容，如陈述性和程序性知识，学生通过自学讨论比较容易理解，可以设计为学生自行进行翻转讲解，而对于策略性知识，因学生的知识储备尚未覆盖，则不适合进行翻转。

（4）分组展示前，教师要做适当讲解。学生准备分组展示时，关注的重点一般是自己需要讲解的内容，不容易对全部的内容有系统认识，因此在进行分组展示前，教师要加以引导和讲解，让学生对整个课题体系和框架有个系统的理解。

（5）翻转课程的课堂展示应注意把握时间和节奏。学生在进行内容翻转讲解前，教师要提前预设好相应的时间，避免因某组同学讲解时间过长或提问过长，影响整个课程的进度。

（6）策略性知识讲解放在精讲点拨阶段。策略性知识通常在学生充分掌握陈述性知识和程序性知识后，延伸拓展给学生，会让他们有醍醐灌顶的感觉，因此在学生展示内容结束后，教师再讲解策略性知识，学生容易理解接受，也容易达成能力目标。

作者：沈桂兰，北京联合大学商务学院信息管理与信息系统专业，副教授。

基于协作学习挑战赛的 BIM 绿色施工现场布置

——BIM 全过程项目管理综合实训课程 施工组织设计教学单元

课程基本信息

课程名称	BIM 全过程项目管理综合实训	课程类型	工程管理专业选修课程
学时学分	96 学时 4 学分	面向学生	工程管理专业四年级
教学单元主题	BIM 施工组织设计		
课内/课外学时	2 学时/4 学时		

一、教学目标与学情分析

京津冀地区正在积极推进雄安新区和北京市城市副中心建设,同时新冠肺炎疫情导致经济下行压力加大,基建将成为短期稳增长的重要发力点。而当前5G、人工智能技术发展迅猛,未来城市数字建造、智能建造是大势所趋。在后疫情时代大力开展基础设施建设和京津冀协同发展背景下,既懂工程技术与管理又能够应用 BIM 技术的专业技术人才的市场需求量大增。为主动适应建筑行业数字化转型变革和市场对人才的需求,特采用校企合作创新型模式、立足工程项目全过程开设本课程。

(一)教学目标

本课程的教学目标紧扣建筑市场需求,目前已开设三轮授课,旨在使学生系统掌握 BIM 技术在工程建设全过程中的应用,运用 BIM 软件,对项目进行绿色建筑设计、计量计价分析、进度计划编制、施工模拟、5D 协同设计等;培养学生具备运用 BIM 技术进行项目全过程精细化管理的能力,并通过虚拟建造环境,熟悉实际项目中的业务场景和业务知识,为未来从事项目管理工作打下坚实基础。课程目标主要涵盖知识、应用、整合、情感、价值、学习六个维度(见图1)。

知识	应用	整合	情感	价值	学习
·绿色建筑设计各要素的执行标准 ·成本管理、进度优化的方法 ·建设工程项目管理规划的基本理论和相关规范	·利用BIM技术,进行绿色建筑设计 ·利用BIM计量模型,进行成本管理 ·利用BIM技术实施安全文明绿色的工程项目管理 ·利用BIM技术实现项目管理的5D协同应用	·能够整合BIM、绿色建筑、造价管理及进度管理方面的理论与方法 ·采集、整理和分析建筑的各项性能与指标,进行绿色建筑设计及工程项目全过程的精细化管理	·创新的设计思维 ·计划、组织与协调能力 ·团队意识和较好的人际沟通能力 ·逻辑思维和科学思维	·爱国敬业的社会主义核心价值观 ·科学、严谨、细致的工匠精神 ·节约与绿色的设计思想及可持续发展的价值观 ·安全第一、质量第一的工程意识	·能够利用线上线下资源自主学习 ·能够紧跟行业发展,不断学习行业的最新规范和技术

图1 课程教学目标

(二)学情及学生特点分析

工程管理专业学生普遍对枯燥理论不感兴趣,乐于学习建模、实操设计,对新技术新方法有探究的积极性,对未来自身职业发展非常关注。因此在教学过程中要加强时代鲜活建设案例教学,突出采用建筑行业最新技术和方法,结合学生未来职业生涯规划,开展真实建设项目建模和实战模拟,提高学生学习兴趣。本课程是在完成三年全部必修课程的基础上,对所学知识的综合、提高和运用,在工程管理的培养体系中占据重要的作用。

(三)课程设计思路与教学模式

课程以学生发展为中心理念,直击痛点问题确定教学方法,同时基于OBE理念,进行学习成果目标反向设计(见图2),打造了基于智慧建造数字孪生的"三全一引领·三融两循环"教学模式(见图3)。

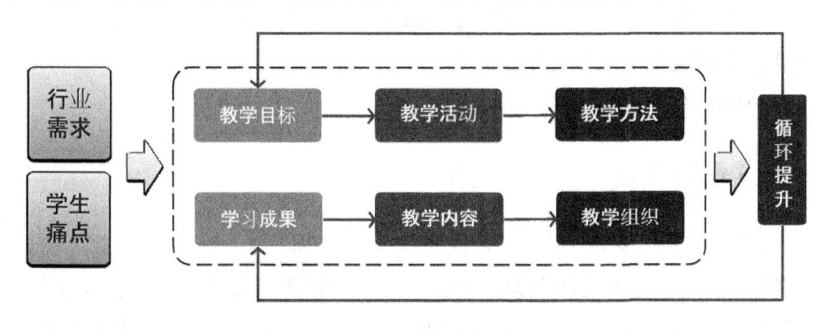

图2 课程总体设计思路

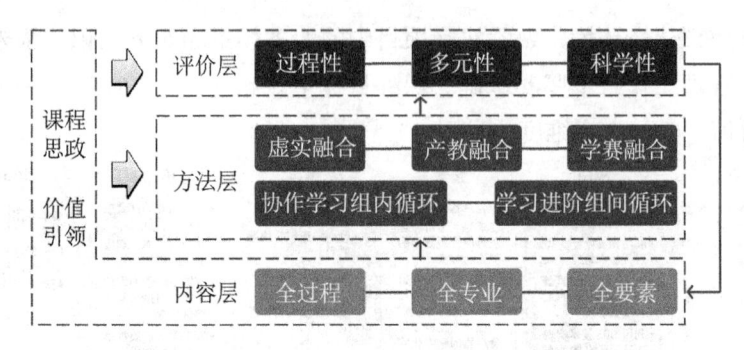

图3 课程教学模式

二、教学内容分析

（一）学习目标

（1）学生能够扼要阐述建筑工程施工组织设计基本工作和流程；
（2）学生能够利用 Project 2010 进行施工项目进度计划编制；
（3）学生能够在进度计划编制基础上，进行劳动力需求计划，材料、机械、模板进出场计划编制；
（4）学生能够根据进度计划编制现场临时设施建造计划；
（5）学生能够利用广联达三维场布软件进行施工现场布置，并进行施工现场三维动画模拟。

（二）学习内容

（1）基于 BIM 模型的工程量提取；
（2）Project 进度计划编制；
（3）劳动班组/材料/模板/机械的使用计划及进出场计划；
（4）临时设施建造计划；
（5）BIM 施工场地布置。

（三）学习重点

（1）Project 进度计划编制。在进度计划编制中，要综合考虑工期、成本、质量因素，寻求工期合理、成本节约、质量良好的进度计划方案；要引导学生组织流水施工，科学合理确定流水段、流水节拍、流水步距等时间参数。

（2）三维施工场地布置。现场布置要以施工进度计划为依据，按照现场环境与卫生标准、组织设计规范、临时建筑物技术规程、消防安全技术规范等，布置塔吊、材料堆场、道路围墙、生活区、办公区、安全文明施工、供水供电等。

（四）学习难点

（1）劳动班组/材料/模板/机械的使用计划及进出场计划。要科学合理设计使用计划，保证现场材料堆场和仓库能够满足使用要求，各个材料、设备等能够在空间上按照施工工艺进行加工。

（2）临时设施建造计划。临时设施要根据施工进度计划进行科学计算，既能够满足施工需要、符合国家相关标准和规定，也要实现成本最优的目标，制订科学合理的最优方案。

三、课程思政教学设计理念及思路

（一）课程思政教学目标

（1）工程师职业精神目标：学生能够在设计实践中理解工程师科学、严谨、细致的职业精神和社会责任，自觉遵守建筑设计规范，培养节约工期、降低成本的职业意识，利用BIM技术进行绿色建筑设计、现场布置及工程项目全过程的精细化管理。

（2）绿色可持续发展目标：学生在建筑的设计与管理中充分体现节约与绿色的设计思想，掌握绿色建筑模拟分析与优化设计的理论及方法，树立可持续发展的价值观。

（3）团队合作目标：学生能够在多学科背景下的工程项目团队中承担团队成员及负责人的角色，具有团队合作精神。

（二）课程思政融入思路

1. 科学、严谨、细致的工匠精神

在运用BIM技术对指定项目进行绿色建筑设计、室内设计、施工图设计、投标报价、进度计划编制的过程中，保证信息数据的精确无误，让学生充分意识到，BIM设计中"失之毫厘"就可能"谬以千里"，一旦信息错漏会导致工程的巨大损失。

2.追求质量、工期与成本最优化的全过程精细化管理能力

BIM技术在工程项目管理中运用的根本目的就是在保证工程质量的前提下，节约成本并缩短工期。学生在对象名进行BIM5D协同设计中，要充分考虑项目的造价及工期的关系，合理安排，以求得最佳的项目管理计划。同时，以雷神山、火神山医院的建设过程为例，展示其中的各项BIM技术，使学生充分认识BIM技术在建设项目管理中的作用与意义，感知我国的BIM技术发展水平和高效的协同作业能力。

3.发展绿色建筑，树立可持续发展的价值观

在项目的设计阶段，充分运用绿色建筑模拟分析技术，对建筑方案进行能耗分析、采光分析、日照分析、声环境分析和风环境分析，并基于各类分析报告，提出绿建改进策略，培养学生综合运用绿建设计理论及现代工具对建筑物进行绿建模拟分析及改进设计的能力。同时，在设计中自觉遵守绿建设计规范，体现节约与绿色的设计思想，树立可持续发展的价值观。

4.多学科背景下的团队协作能力

学生按3~4人组成项目团队，项目团队成员可基于任务书内容进行任务分解，按照任务书要求完成BIM设计各模块的任务内容。要求小组成员按时保质保量地完成自己的任务分工，并熟悉同组队员的工作内容，以小组为单位进行答辩，从而让学生充分体会团队协作的重要性。同时，以雷神山、火神山医院的建设过程为例，展示在多领域、多层次、多工种的背景下，团队协作能力对项目的进度及质量的影响。

四、混合式教学设计理念及思路

混合式教学设计总体思路和实施路径分别如图4和图5所示。

图4 本课程混合教学设计总体思路

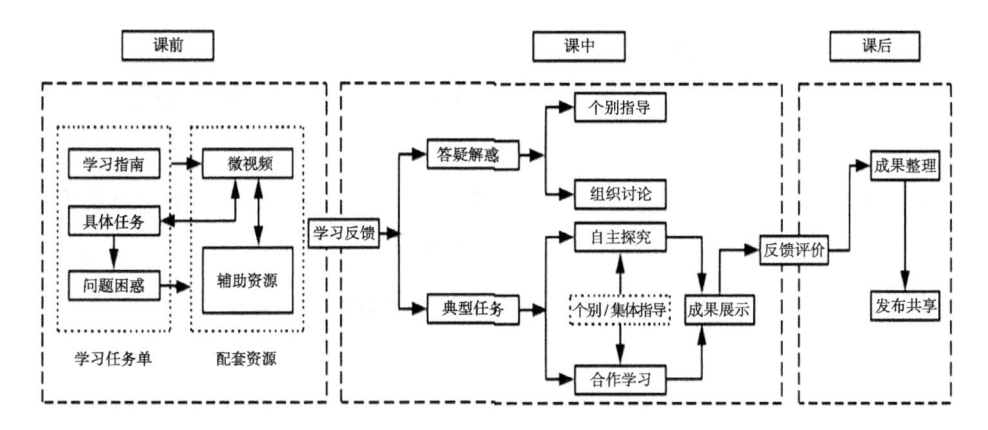

基于协作学习挑战赛的 BIM 绿色施工现场布置

图 5　课程混合教学实施路径

（一）课前阶段

将设计且已制作好的施工组织设计自主学习任务书和以微视频为核心的在线配套课程资源上传至学习平台。自主学习任务书可以分为三个部分：①专业知识学习，可以为学生提供课程和教学的相关信息，如本节内容的教学目标、重难点以及学习方法的建议等；②项目建模任务，明确要求学生通过观看微视频并应用相关的配套资源，完成与教学重难点相关的项目建模任务；③问题及建议，学生将学习过程中遇到的困惑提交至学习平台，据此可以把握学生课前的自主学习状况，并了解学生的问题之所在，以便利用网络或在课堂教学过程中进行有针对性的解答和指导。

（二）课中阶段

针对学生在任务完成过程中存在的共性问题，采用集中讲授或组织讨论的方式进行答疑解惑，在课中阶段通过面对面的方式来完成。在课中的典型任务探究阶段，学生可以根据不同的探究问题，采用自主探究或合作学习的方式来开展研究性的学习活动。

指导合作学习项目建模实战活动时，要给予学生知识和技能上的支持与帮助，同时运用如头脑风暴、世界咖啡馆等活动组织形式，来调动学生

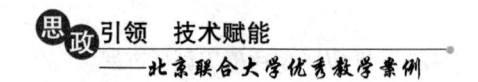

参与的积极性和主动性。

自主探究或合作学习活动结束后，便进入课中的项目建模成果展示和交流阶段。学生通过模型漫游、重点设计讲解、问答等形式，展示研究性项目建模实战成果，分享学习心得和体会。要对学生的学习成果予以点评和指导，引导学生反思在知识、技能上的收获，还要引导学生进行学习过程、学习态度、学习经验、学习方法等方面的反思和总结。

（三）课后阶段

课中的展示和交流完成后，学生根据教师和其他同学的建议，修改、完善、渲染小组实战模型，反思总结并提交至学习平台，以进行更大范围的交流和传播。反思作为过程性学习评价的重要组成部分，同时也是可重用、可再生的学习资源和教育改革资源，可以促使课程改革进入一个螺旋式上升的"超循环"体系。

五、教学方法及途径

（一）教学总体思路

本课程教学的总体思路如图 6 所示。

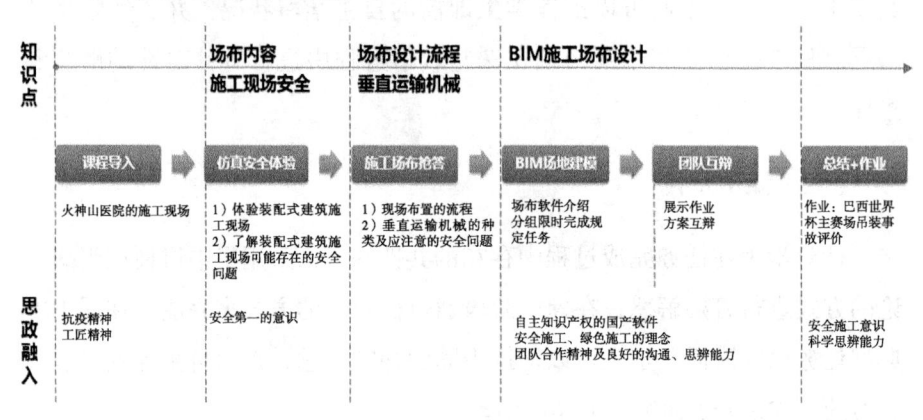

知识点		场布内容 施工现场安全	场布设计流程 垂直运输机械	BIM施工场布设计		
	课程导入	仿真安全体验	施工场布抢答	BIM场地建模	团队互辩	总结+作业
	火神山医院的施工现场	1）体验装配式建筑工地现场 2）了解装配式建筑施工现场可能存在的安全问题	1）现场布置的流程 2）垂直运输机械的种类及应注意的安全问题	场布软件介绍 分组限时完成规定任务	展示作业方案互辩	作业：巴西世界杯主赛场吊装事故评价
思政融入	抗疫精神 工匠精神	安全第一的意识		自主知识产权的国产软件 安全施工、绿色施工的理念 团队合作精神及良好的沟通、思辨能力		安全施工意识 科学思辨能力

图 6　课程教学思路

（二）教学设计

教学活动进程	教学方法与手段	教学内容设计	教学组织安排	教学目标	教学评价	时间
（1）课程导入：主要通过抗疫过程中我国高效建设的火神山医院，突出施工组织现场布置的重要性	案例教学导入课程：利用新冠肺炎疫情下，武汉建设火神山医院的案例进行引入	案例1：火神山医院——装配式建筑+科学现场布置 火神山医院建设工期极短，又涉及多部门、多工种，多部件的协调和集成，现场科学布置，组织与管理至关重要，需要很多先进技术的支撑，BIM技术+装配式建筑的应用达到了关键作用。 ▶ 装配式建筑 在工厂加工制作建筑构件（如楼板、墙板、楼梯、阳台，甚至房间），运输到建筑施工现场，通过可靠的连接方式在现场装配安装而成的建筑。	（1）课程讲授&视频播放 （2）课堂提问：火神山医院为何能建设如此之快？	（1）明确本节课学习重要性：认识装配式建筑的施工，以及有效的现场管理对工期的重要性。 （2）课程思政：火神山医院建设体现了社会主义制度优越性——集中力量办大事，同时也是生命至上的抗疫精神体现	教师评价：根据学生回答问题情况，进行评价	5′

243

续表

教学活动进程	教学方法与手段	教学内容设计	教学组织安排	教学目标	教学评价	时间
（2）第一阶段比赛：为了让学生更好地认识施工现场布置，提学生利用虚拟仿真交互系统进行交互操作	施工现场虚拟仿真：学生能够在模拟仿真施工过程中，扮演施工人员角色进行角色进行质量控制，确保项目保质保量完成，提高工程项目质量精细化管理水平	施工场地布置的组成：借助装配式建筑施工虚拟仿真系统，让学生"身临其境"体验装配式施工现场，同时回答并完成相应的施工任务，赚取团队积分。	（1）小组协作学习：分组进行仿真。（2）人机交互：系统中进行交互操作。	（1）熟悉施工现场布置：了解装配式工地施工过程中存在的安全问题。（2）熟悉装配式建筑施工技术	计算机测评：系统自动对学生操作，回答问题进行评分	20′

244

续表

教学活动进程	教学方法与手段	教学内容设计	教学组织安排	教学目标	教学评价	时间
（3）现场布置知识学习：进一步对课前学生自学的现场布置知识进行总结，明确现场布置的主要依据、方法和重点	施工场布基本原则与步骤讲授	（1）施工现场布置依据（相关标准、规范）。 （2）施工现场布置流程和注意事项。 （3）现场布置重点一：垂直运输机械布置。 （4）现场布置重点二：材料堆场面积计算及布置原则（施工材料的需求、保存要求、施工工艺要求）	（1）头脑风暴：对各类现场布置项目注意事项进行头脑风暴。 （2）团队抢答，获取积分： ①装配式建筑工地现场有哪些设施？ ②常见塔吊的种类及安全问题有哪些？	（1）熟悉施工场布设计的内容及步骤。 （2）了解装配式建筑工地垂直运输设备的种类及布置原则。 （3）课程思政：工程师科学严谨细致的职业精神	教师评价： 通过小组学生抢答，积分统计进行评价	20′

续表

教学活动进程	教学方法与手段	教学内容设计	教学组织安排	教学目标	教学评价	时间
(4) 第二阶段比赛：在所学知识基础上，利用所学知识进行工程项目现场布置实战建模比赛	团队作业+BIM实操：利用广联达BIM场布系统进行工程项目实战建模	(1) 讲解广联达场布软件的操作要点，主要包括塔吊及堆场、道路、临时建筑、围墙、临时供水供电如何布置和布置原则、注意事项。 (2) 布置任务：某装配式建筑的现场布置设计。 (3) 团队合作，完成施工现场布置任务	团队赛：学生3人一组，完成案例工程的塔吊及堆场、临时建筑、道路、围墙、临时供水供电布置	(1) 掌握BIM软件操作及施工布置的要领； (2) 课程思政：培养团队合作精神	组间互评：通过小组互辩，发现施工现场布置问题，并结合教师评价，确定学生建模成绩	20′
	团队展示与互辩：对团队完成的项目模型进行展示、互辩	(1) 各团队将作业截屏上传蓝墨云。 (2) 团队展示作业，并互辩。 (3) 评分：组间互评50%+教师50%。（蓝墨云） 此环节要更多关注场地的安全文明绿色施工措施	(1) 世界咖啡：对其他小组施工模型进行分析，交换意见。 (2) 组间互辩：第一组挑战第二组，第二组挑战第三组，依次轮换，每组提2个问题	深化和巩固知识，促进学生认知高级阶段的发展		15′

246

续表

教学活动进程	教学方法与手段	教学内容设计	教学组织安排	教学目标	教学评价	时间
（5）课程总结	分站赛赛段优秀奖评选：获胜团队颁奖	（1）总结本节课的主要内容。 （2）汇总各班三个阶段的蓝墨经验值，评选优胜团队。 （3）分站赛颁奖，优胜团队分享经验，技能上的收获、学习经验、学习方法等方面的体会。 （4）教师引导并总结课程实践过程。 赛段一 赛段二 赛段三 赛段四 赛段五 赛段六 总决赛 BIM绿色策划设计 BIM计量与计价 工程例应仿真演练 BIM施工组织设计 BIM5D协同设计 DIM+雷网设计	（1）统计得分； （2）颁奖； （3）获奖收获体会心得分享； （4）教师总结	课程思政： （1）提高安全施工的意识； （2）课程思政：增强团队荣誉感； （3）认知高级阶段收获总结反思	小组得分： 学生互评50%+教师评价50%	7'
（6）课后作业	案例教学法	评价巴西世界杯开幕式球场吊装事故	小组协作学习小组汇报	（1）课程思政：对比巴西里约奥运会主场馆安全事故，凸显社会主义制度优越性。 （2）知识应用：利用所学塔吊设置知识，分析事故原因		3'

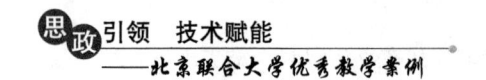

六、教学效果及成果

（一）实践能力、获得感、实习就业水平显著提升

学生表示知识能力得到提升，价值情感受到熏陶，实习就业更具竞争力，对职业发展产生积极作用，在东易日盛、广联达等行业顶尖上市公司实习、就业学生分别占到课程总人数的 50%、15%。

（二）BIM 设计成果在各类比赛中多次获奖

课程形成的 BIM 百宝袋智库云、绿色校园设计等获全国智能建造、绿建设计大赛奖项 3 项，获北京市"互联网+"大赛奖项 1 项，获启明星大学生科技作品国家级 1 项、市级 4 项，北京市优秀毕业设计 1 项、联大校级优秀毕业设计 2 项。

（三）教学与研究有机融合，取得突破性项目和论文成果

在 2019 年应用型课程建设评比中，本课程排名第一，获得联大校级精品课程称号。获批北京市教育科学项目（北京市教育科学"十三五"规划青年专项课题省部级）、联大校级教育科学课题、虚拟仿真教学项目共 3 项，获得教育部协同育人项目 2 项、北京市教委实培项目 2 项，论文 *Efficiency model of micro-course study based on cognitive psychology in the college* 在 *Computers in Human Behavior*（SSCI，IF5.003）发表。

（四）形成并推广应用型高校实训课程建设模式

"三全三融两循环—引领"创新学习模式、虚拟仿真系统、实战案例等在北京城市学院等应用型高校推广；东易日盛人工智能研究院院长朱燕表示，本模式在校企合作协同育人、提高行业智慧建造水平方面具有很大推广价值。

七、教学反思

（一）挖掘时代鲜活建设案例、新技术有机融入教学

教学过程中要做好课程思政教育"润物细无声"，要做好课程思政教育与知识点的紧密融合，将时代鲜活建设案例、建筑行业最新技术等融入教学中，提高学生兴趣，比如在学习 BIM 施工现场布置时融入了新冠肺炎疫情期间我国高效建设雷神山、火神山医院的案例，充分体现了我国社会主义制度的优越性，能够集中力量办大事，能够及时建设医院抢救患病人员，也体现了生命至上、举国同心的抗疫精神，让学生在专业知识学习的同时，受到价值熏陶。

（二）绿色、健康、可持续发展理念引导学生进行专业实践

当前影响人的健康和寿命的重要因素是居住环境，学生作为未来的建筑设计师，一定要树立绿色、健康、可持续发展的建筑设计理念。本课程选择学生熟悉的学院教学楼作为案例，带领学生动手建模，从采光、日照、通风、噪声等多个方面，分析教学楼存在的问题，启发学生从绿色、健康、可持续发展的设计理念出发提出改进建议，从而将绿色健康理念与房屋建筑设计有机融合起来，做到理论知识学习与绿色可持续发展价值引领的有机融合。

（三）利用虚拟仿真技术打造工程管理专业特色课堂

由于施工现场安全要求，学生不能进行现场实验和操作。如何能够在真实情境中培养学生的绿色可持续发展观念、精细化管理水平、创新意识等，需要思考和探索。在教务处的指导下，教师团队采用虚拟仿真技术解决以上问题。通过联大虚拟仿真项目立项，项目团队教师、企业深入交流沟通，利用施工岗位虚拟仿真系统，为学生搭建提高实践能力的平台，在真实项目情境中，学生扮演不同角色进行项目施工建设仿真。在此过程中深入融入"施工项目安全第一"理念，使学生能够切实感受安全事故的破

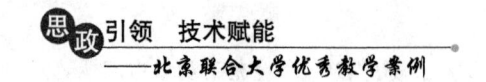

坏力，并通过操作管理体会精细化管理对于节约成本、节约社会资源的重要意义，最终提高学生实践能力和水平，打造工程管理专业特色课堂。

（四）抓住以BIM技术为代表的新技术运用提高学生学习兴趣

在授课过程中，要积极了解学生兴趣，当前学生对于BIM技术、新一代信息技术的应用和发展具有很浓的兴趣，因此在授课过程中，要结合新技术发展，让学生小组学习、利用新技术建模，模拟实际工程建设，进行实战，加深理解与认识。同时倡导学生要积极投身新技术的研发、应用，为国家建设和发展贡献力量，为实现中华民族伟大复兴的中国梦贡献力量！

作者：吕明，北京联合大学生物化学工程学院工程管理专业，讲师。
　　　蔡红，北京联合大学生物化学工程学院工程管理专业，教授。

SPOC 共创网络文化，感知诚信与担当

——Web 前端设计课程策划网站教学单元

课程基本信息

课程名称	Web 前端设计	课程类型	电子商务专业必修课程
学时学分	48 学时 3 学分	面向学生	电子商务专业二年级
教学单元主题		策划网站	
课内/课外学时		2 学时/4 学时	

一、教学目标与学情分析

（一）教学目标

Web 前端设计课程兼有技术基础课与实践课的双重特色，为电子商务专业核心能力培养目标"能综合运用相关知识和工具，策划、设计、开发互联网产品和电子商务系统"提供有力支撑。课程以学习成果为导向，课赛融通（开展网页创意与制作课程竞赛），围绕竞赛项目网站建设，基于 Web 前端设计的工作流程设计教学内容和组织教学，构建了"1 个项目—4 个模块—9 个任务—35 个子任务"教学内容体系（见表 1），通过任务实践培养应用能力和技术思维。课程结束，竞赛项目网站亦即制作完成。

表 1　课程教学内容体系

教学模块 （4 个）	教学任务 （9 个）	教学子任务 （35 个）
基础知识模块	了解 Web 基础知识	理解 Web 相关概念；了解页面元素；了解 Web 前端设计技术与工具；了解网站建设流程

续表

教学模块（4个）	教学任务（9个）	教学子任务（35个）
基础知识模块	策划网站	设计网站形象；设计页面布局；设计网站导航及栏目；设计页面层次及目录结构
HTML5模块	创建网站首页文档	创建网站首页；理解 HTML 标记语法；理解 HTML 布局标记；理解 HTML5 结构元素
	编辑网站首页内容	插入文本及列表；插入图像和媒体；设置超链接和应用框架；应用表格和表单
CSS3模块	创建网站首页样式	理解 CSS 语法；网页应用 CSS 样式；理解 CSS 选择器；理解 CSS 层叠性和继承性
	设计网站首页样式	设置 CSS 字体和文本属性；设置 CSS 背景和列表属性；设置 CSS 边框和表格属性；应用 CSS3 效果
	定位网站首页元素	理解 CSS 盒子模型；应用流布局；应用浮动布局；应用定位布局；制作移动端页面
JavaScript模块	应用 JavaScript	理解 JavaScript 语法及常用对象；理解 BOM 和 DOM；了解 JavaScript 应用；了解 HTML5 高级应用
	应用 jQuery	理解 jQuery 框架；了解 jQuery 应用

策划网站任务是后续课程任务教学的基础。通过本次任务的学习，学生能够达到的知识、能力和素质目标如下。

1. 知识目标

（1）能够知晓网站的标志、色彩、字体及宣传标语的设计规范；

（2）能够知晓导航设计、栏目设计的作用及设计原则、目录结构设计的原则；

（3）能够选择网页布局的形式、网站页面层次结构的形式。

2. 能力目标

（1）能够根据网站选题和内容对网站进行形象设计、布局设计、导航及栏目设计、层次结构及目录设计，以突出网站主题；

（2）能够收集和处理网站制作中所需要的各类网页素材。

3. 素质目标

（1）能够在策划自定主题网站的过程中理解并遵守网络信息发布与传播的基本规范和相关法律法规；

（2）能够参与协作学习，能够进行有效沟通与交流，具有团队合作意识、自主学习能力。

（二）学情分析

课程教学对象是电子商务专业大二的本科生，他们具有以下主要特点：

（1）具有一定的前期知识储备。大二学生已学完大学计算机基础、专业导论、电子商务概论等课程，具有一定的电子商务专业基础知识和计算机操作基本能力，为本次教学任务的学习提供了前期的知识和能力储备。

（2）学习积极性较高。"00后"的学生作为互联网"原住民"有着较强烈的求知欲，学习积极性比较高，多数学生正在或即将参与专业学科竞赛、科技及创业实践项目等，但他们独立思考问题、分析问题的能力还有待提高。

（3）对技术或编程类课程有些畏惧。通常 Web 前端设计这类技术性及操作性较强的课程对管理学科学生而言是薄弱项，学生对于技术类或编程类课程有些畏惧心理。

针对电子商务专业学生的实际情况，本次课程教学将以策划竞赛项目网站为教学任务，通过任务驱动开展线上线下混合式教学，采用多元化的评价方式等，提升学生的实践应用能力。

二、教学内容分析

（一）主要知识点

随着互联网的快速发展，人们已习惯通过网络查看新闻、搜索信息、购买商品、互动交流等，这些功能都是通过访问不同的网站来完成的。网站（Website 或 Site）是指在互联网上根据一定的规则，使用 HTML 等工具制作的用于展示特定内容的相关网页的集合。网站建设是企业展示形象、产品和服务必不可少的渠道之一，而网站策划是网站建设成功的关键内容之一，对网站建设起到计划和指导的作用，对网站的内容和维护起到定位作用。

策划网站任务的教学内容主要包括设计网站形象、页面布局、网站导航及网站栏目、页面层次结构及目录结构等相关知识和操作（见图1）。本次教学任务结束后，学生能够策划符合自定主题内容的网站，并撰写网站策划报告，能够收集和处理各类网页素材。

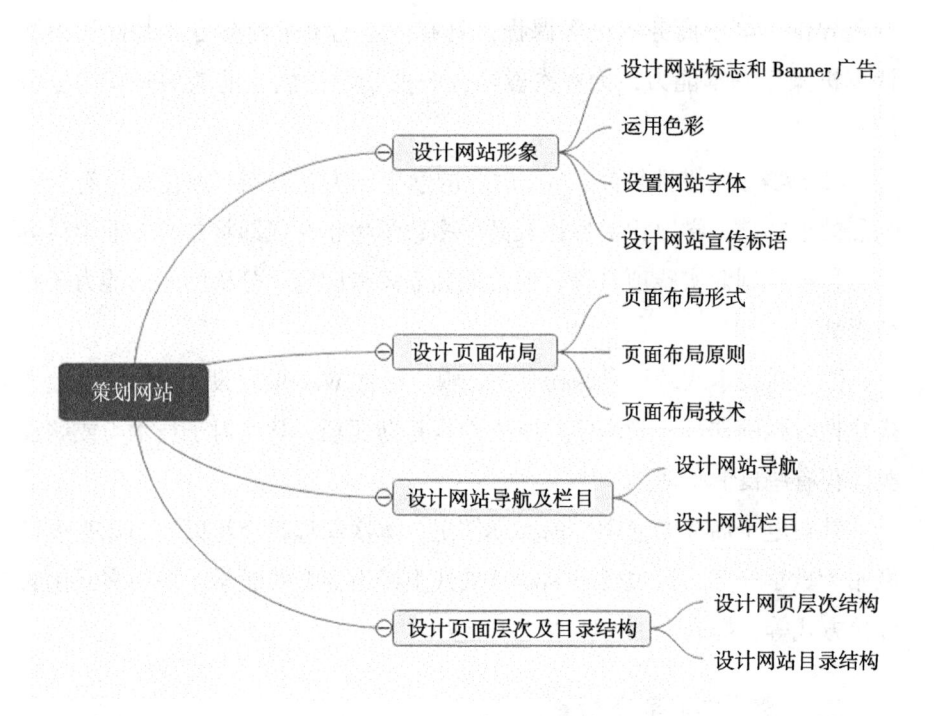

图 1　策划网站的主要内容

（二）教学重点及难点

策划网站任务的教学重点、难点及解决方法见表2。

表2 教学重点和难点的解决方法

教学重点和难点		解决方法
重点	页面布局设计	（1）经典网页赏析，分析多种网页布局形式、网站导航及栏目的特点。 （2）先自主学习，再通过课堂讲授深入剖析网页布局、网站导航及栏目等重要知识点。 （3）真实案例教学与实践
	网站导航及栏目设计	
难点	网站的规划与组织	（1）以实例分析网站的规划与组织方法，再通过自定主题网站建设项目让学生自己进行网站的规划与组织。 （2）通过小组协作交流学习，树立团队合作意识。 （3）交流展示。通过自定主题网站策划的交流演示，提升成就感，激发学习热情

三、课程思政教学设计理念及思路

（一）课程思政教学设计理念

1. 基于成果导向构建"知识传授+能力培养+价值塑造"三位一体的教学目标

课程结合电子商务行业发展、经济管理学科特色、电子商务专业特色及课程自身特点，深入挖掘、策划网站内容蕴含的思政元素，基于 OBE 理念，在完成自定主题网站的策划过程中有机融入思政教育，让学生深刻认识到自身承担的使命和责任（见图2）。

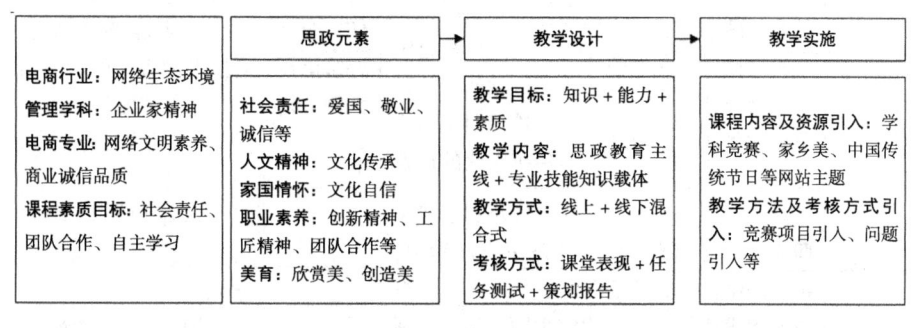

	思政元素	教学设计	教学实施
电商行业：网络生态环境 **管理学科**：企业家精神 **电商专业**：网络文明素养、商业诚信品质 **课程素质目标**：社会责任、团队合作、自主学习	**社会责任**：爱国、敬业、诚信等 **人文精神**：文化传承 **家国情怀**：文化自信 **职业素养**：创新精神、工匠精神、团队合作等 **美育**：欣赏美、创造美	**教学目标**：知识+能力+素质 **教学内容**：思政教育主线+专业技能知识载体 **教学方式**：线上+线下混合式 **考核方式**：课堂表现+任务测试+策划报告	**课程内容及资源引入**：学科竞赛、家乡美、中国传统节日等网站主题 **教学方法及考核方式引入**：竞赛项目引入、问题引入等

图2 课程思政教学设计

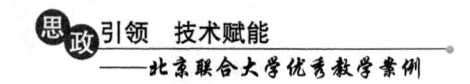

2. 采用案例浸润式的课程思政典型做法

从课程顶层设计出发，寻找策划网站任务与思政元素的契合点，确定教学项目案例内容，并以多种形式充实教学资源。以策划自定主题网站为依托，充分发挥思政引领作用。

（二）课程思政教学设计思路

1. 通过教学内容及教学资源融入思政元素

网站主题可以结合竞赛项目、家乡、中国传统节日等内容，在培养学生创新意识及应用能力的过程中有机融入思政元素（见表3）。如制作家乡美相关主题的网站，可通过美服、美食、风俗人情等内容的展现引入热爱祖国、文化自信等思政主题；设计中国传统节日相关主题的网站，可通过展示节日由来、习俗、故事、图片、传说、新闻、饮食、诗词、祝福等内容，引入文化自信、文化传承等思政主题。

网站中不能发布未经证实的信息、非法内容等；在收集和整理文字、图像、音视频等网络素材时，不仅要注意素材文件的格式，还要注意素材的版权问题，避免发生侵权行为等。

表3 课程思政元素及其融入

教学任务	思政元素	课程融入	教学方法	达到效果
策划网站	社会责任：社会主义核心价值观（爱国、敬业、诚信） 家国情怀：文化自信 人文精神：文化传承 美育：欣赏美、创造美	（1）通过浏览典型网站，引发学生思考社会责任。 （2）通过策划自定主题网站作品的任务，诠释对中国优秀传统文化的理解	自主学习任务驱动课堂讲授案例分析	（1）激发学生正能量，提升学生文化认同。 （2）学生能够策划符合主题内容的网站。 （3）培养和提升学生感受美、鉴赏美的能力
课外活动	职业素养：创新精神、团结协作，沟通技能和表达能力	学生以小组形式进行合作交流学习，2~3人共同完成自定主题网站的策划任务	协作学习交流展示	（1）培养和提升学生的团结协作、创新意识。 （2）锻炼学生的人际沟通能力和表达能力

2. 在教学方法及课程考核方式中通过竞赛项目和问题引入思政元素

将隐性的社会责任、人文精神、家国情怀、职业素养、美育教育等融入显性的竞赛项目网站建设中，寓道于教、寓德于教；学生在共同完成自定主题网站策划任务的过程中，培养团队合作意识，锻炼人际沟通能力和表达能力。

在课程考核环节中合理渗透思政教育，如针对小组合作沟通不畅、网站策划内容简单、原创内容偏少等问题，进行团队合作意识教育，引入工匠精神等，培养学生良好的职业素养。

四、混合式教学设计理念及思路

（一）教学设计理念

运用应用型教育的教学理念引领课程建设，基于 OBE+ 课程思政理念进行课程教学设计（见图 3）。

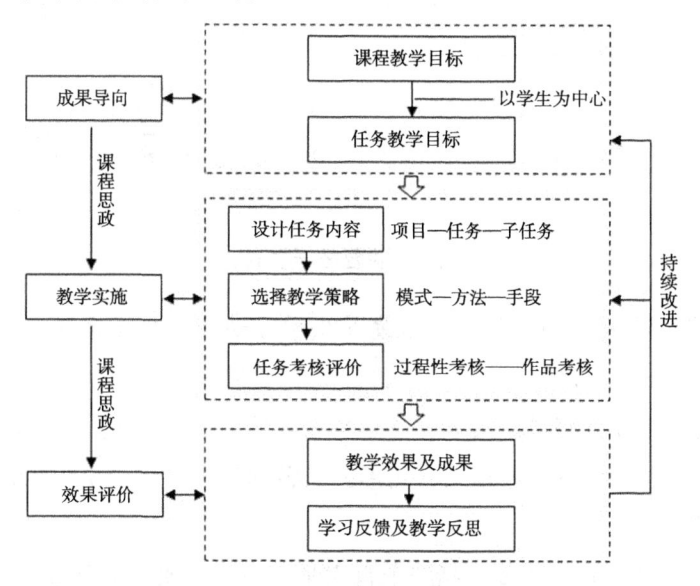

图 3 策划网站任务的教学设计

（1）成果导向。运用 OBE 理念进行课程教学设计与实施，通过完成网站策划的具体任务，培养学生解决实际问题的能力。

（2）课程思政。利用专业课堂主渠道引导学生在收集和整理网站建设素材的过程中，遵守互联网发布的相关职业道德和规范，树立正确的价值观，履行社会责任。

（二）教学设计思路

1.采用基于OBE理念的"项目＋工作流程＋任务驱动的翻转课堂"教学模式（见图4）

课程教学围绕自定主题网站的策划，以学生为中心，基于Web前端设计的工作流程设计教学内容和组织教学，通过策划网站任务的实践提升应用能力。

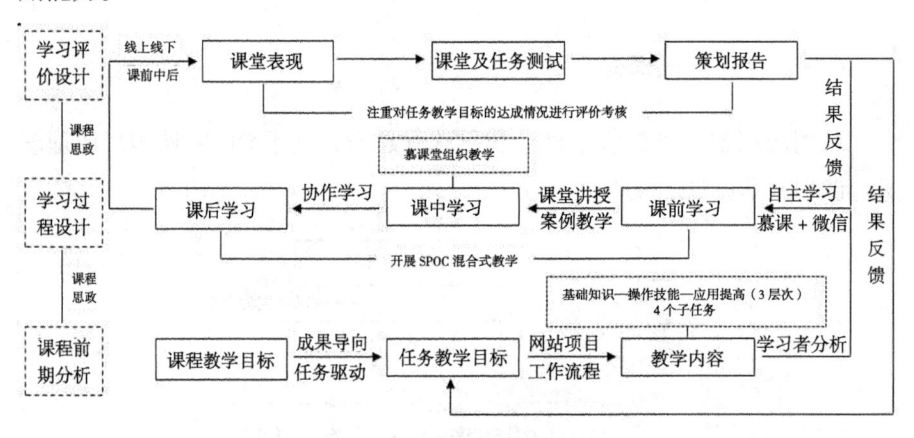

图4 课程教学模式

2.采用多元化的评价方式激发学生学习动力和专业志趣

策划网站任务的考核注重评价任务教学目标的达成情况，主要采用"课堂表现＋任务测试＋策划报告"等考核方式，评价过程采用"课内＋课外""线上＋线下"等相结合的形式，策划报告（作品）将依据评分标准进行考核。

（1）课堂表现。主要包括线上自主学习情况和课堂学习情况。线上自主学习的考核依据MOOC视频资源学习及参与讨论的记录；课堂学习的考核依据考勤记录、慕课堂中参与讨论的情况。

（2）课堂及任务测试。考核依据慕课堂中课堂练习及SPOC课程中

"任务2策划网站——测试"的成绩。通过课堂练习可以考查学生自主学习相关知识的情况，通过任务测试可以巩固学生对理论知识的理解和掌握。

（3）策划报告（课外作业）。考核依据学生完成"作业1网站策划"提交的网站策划报告（评价指标见表4）。

表4 策划报告考核指标及评分原则

作品名称	内容及评分点	评分指标	分值	合计
网站策划：确定网站主题并进行网站策划，收集整理素材，撰写网站策划报告（以doc或pdf形式提交）	报告应包括网站主题、主要内容、进度安排、首页布局示意图、主要栏目或频道结构、网站目录结构等内容	报告内容条理清晰；网站主题明确；网站主要内容描述清晰	6分	25分
		首页布局示意图：包括页面头部、广告、导航栏、主要内容、页脚等区域	5分	
		主要栏目（频道）结构示意图：层次结构清晰，至少包括三级结构	3分	
		网站目录结构示意图：层次结构清晰；文件夹及文件命名规范	3分	
	设计制作Logo及Banner广告条	Logo设计：符合网站主题定位；尺寸大小合适；文件格式正确	4分	
		Banner设计：符合网站主题定位；尺寸大小合适；文件格式正确	4分	

3.围绕任务教学目标选取优质教学资源

使用自建慕课Web前端设计基础中的教学资源（https://www.icourse163.org/course/BUU-1206461812），以及补充的典型网站建设和布局案例。

五、教学方法及途径

（一）教学方法

结合电子商务专业学生的特点，围绕教学目标，采用多样化的教学方式方法进行课程教学。

（1）自主学习。通过MOOC中"网站形象设计""页面布局设计""网站导航及栏目设计""页面层次及目录结构设计"4个知识点的视频及课件进行自主学习，初步了解网站形象设计规范，导航设计、栏目设计的作用及设计原则，目录结构设计的原则，以及网页布局、网站页面层次结构的形式等。

（2）课堂讲授。教师梳理策划网站的知识框架，阐明策划网站的主要内容，深入剖析网页布局设计、网站导航及栏目设计、网站的规划与组织等重点和难点。

（3）任务驱动。通过设计网站形象、设计网页布局、设计网站导航及栏目、设计网站层次结构及目录4个子任务，引导学生边学边做完成自定主题网站的策划任务。

（4）案例教学。各子任务中的知识点和操作要点可通过具体案例进行学习和实践。通过案例教学，引导学生学会分析问题和解决问题的思路和方法，加深对网站策划相关知识的理解。

（5）协作学习。组织学生小组合作交流学习，确定网站主题并进行网站策划，收集和整理素材，撰写网站策划报告。通过小组协作交流学习，树立团队合作意识，锻炼沟通技能和表达能力。

（6）渗透法教学。在自定主题网站的策划任务中，网站主题可以结合竞赛项目、家乡、中国传统节日等内容，以诠释对中国优秀传统文化的理解。网站内容不要随意转载网络信息，不能传播虚假信息，使用网络多媒体素材时需要注意版权问题等，培养学生遵守网络信息发布与传播的基本规范和相关法律的意识，做到润物无声。

（二）教学途径

策划网站任务的学习采用"线上+线下""课内+课外"相结合的方式，学习过程主要分为课前、课中、课后三个学习阶段，对于记忆、理解的内容主要通过课前自主学习完成；课中主要完成应用、分析等教学内容；课后学生进行协作学习共同完成网站策划的任务。课程教学的途径主要包括课堂教学和课外教学。

1. 课堂教学

（1）课前教学准备

发布教学资源（MOOC）。在慕课中发布视频、课件、讨论、测验、作业等教学资源。

发布预习及课程安排（企业微信课程群）。课前发布学生需要自学的内容及课堂学习的具体安排，学生带着问题在课前学习相关内容。

设计教学活动（慕课堂）。基于教学目标、教学内容、学生特点等设计教学活动，主要包括课堂讨论、课堂练习、相关调查、课后作业等，以激发学生积极的学习情绪，使学生能够主动参与学习。

分析总结上次课程学习中学生存在的问题。通过学生课后参与 MOOC 的讨论及任务测试情况、课中参与慕课堂的讨论及练习情况，分析学习效果；总结学生掌握不太好的内容，主要包括 URL 路径应用、根目录（区分磁盘根目录和站点根目录）等知识点。

（2）课中教学活动

利用慕课堂组织教学活动。主要进行签到、课堂讨论、课堂练习、课后作业发布、网页制作工具安装调查等活动。课后作业公告主要包括课后作业、下次课前须知等内容，在下次课前须知中布置下次课前需要自学的内容及思考的问题。

教学内容讲解及互动讨论。通过具体操作讲解上次课程内容学习中存在的主要问题，加深学生对知识点的理解；讲解本次课程内容策划网站的重点知识，通过典型网站布局案例、往届学生优秀作品等进行重点内容讲解。课程总结及作业要求，强调需要注意的问题，如 Logo 标识与 Banner 广告的尺寸、大小及格式，提交作业的要求等。

2. 课外教学

（1）学生以小组为单位完成网站策划作业。2~3 人一组，确定网站主题并进行网站策划，收集和整理素材，撰写自定主题网站的策划报告。课外作业采用策划报告考核形式。

（2）完成 MOOC 中本次任务的测试及讨论等内容。

（3）预习"任务 3 创建网站首页文档"的学习内容。

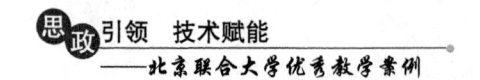

六、教学效果及成果

（一）教学效果

1. 学习评价

通过学生课后参与 MOOC 的互动讨论、任务测试和课外作业，课中参与慕课堂的讨论和练习等情况，对学生的学习效果进行评价。

2. 学习反馈

（1）及时了解学生对教学效果的反馈情况。课后通过调查问卷及时了解课程的教学效果，以便教师能够根据实际情况改进课程教学的方式方法。

（2）及时关注学生学习情况。通过 MOOC 中的课程数据及学习数据统计、慕课堂中的上课记录等，关注学生的学习情况，及时与学生沟通。

（二）教学成果

1. 稳步推进教学改革，学生的应用能力提升明显

（1）学生学习积极性与应用能力得以提高。学生自定的网站主题多来源于指导教师的科研项目、学生的科技项目和创业实践项目等，比例达到 40% 左右。同时，有些小组的网站主题聚焦于非物质文化遗产传承、乡村振兴等方面，彰显出学生的社会责任感和家国情怀，凸显了课程思政的成果。

（2）营造良好网络生态环境的意识得以增强。如学生使用网络多媒体素材时能够注意版权问题，不发布不良信息和违法信息等；能够参与协作学习，具有团队合作意识及自主学习能力。

2. 持续改进教学质量，教学效果显著

（1）课程获评北京高校"优质本科课程"，申报的"Web 前端设计优质本科课程建设"获 2020 年校级教育教学成果一等奖；近 3 年 Web 前端设计课程评教均为优秀。

（2）撰写的"任务2策划网站"教学案例获得学校2020年春季学期"云教学同向同行"优秀课程案例一等奖。

（3）撰写的"任务2策划网站——基于成果导向的SPOC教学案例"入选"高校在线开放课程联盟联席会2020年会大会交流用优秀案例"。

（三）推广应用情况

课程教学经验分享。2020年春季学期在校内分享网络教学案例和课程网络教学体会。2021年1月在中国信息经济学会电商专委会进行"Web前端设计优质本科课程建设"分享，其中就包括教学案例（任务2策划网站）的内容。

教材出版。出版富媒体交互式教材《Web前端设计基础》（2020年9月，清华大学出版社），教材穿插140多个教学案例，扫码即可观看关键技术和难点的视频讲解。

七、教学反思

（一）课程教学组织与实施

1. 做好课程教学的设计与组织

根据课程学习过程的主要阶段进行教学设计与组织。课前要精心选择教学资料、设计教学活动；课堂教学使用慕课堂进行活动的组织与实施；课后认真回复学生问题，并及时了解学生的学习情况、课程教学的效果，便于教师及时调整教学的方式方法，进一步提高课程教学效果。

根据授课对象的特点进行教学设计与组织。电子商务专业学生认为技术类课程有一定难度，通常对这类课程不太感兴趣，为此教师要尽可能地激发学生的兴趣与自主学习的动机。随着互联网技术及电子商务的快速发展，计算思维（素养）、大数据思维将成为电子商务专业学生的基本技能，为此教学中需要加强学生编程能力的培养。

根据课程内容的特点进行教学设计与组织。Web前端设计课程的实践性比较强，可通过具体实例进行重点内容讲解，学生边学边练；采用项目及任务导向方式，引入企业网站的基本功能，从而打造坚实的网站设计基础（HTML5+CSS3），同时培养学生遵守网络信息发布与传播基本规范和相关法律的意识等。

2. 提升信息技术的运用能力

教学中如何通过先进信息技术打通课前、课中和课后各环节，激发学生的学习兴趣，形成更好的效果，还需要进一步探讨和实践。

随着课程数字化的加快推进，教师教学能力的数字化转型变得越来越重要，教师对于各种信息技术的运用技能还有待进一步提高。

（二）课程思政建设

有效推进课程思政建设、实现课程教学育人目标，不仅要求教师深入研究课程的教学目标、教学模式、教学内容、教学方法及考核方式等，还要求教师不断强化育人意识和提升育人能力。

1. 推进课程思政建设的关键在于强化教师育人意识

教师要时刻谨记育人职责，始终保持高度的历史责任感和坚定的信心，在传播知识技能的同时将民族复兴的时代重任传递给学生，始终与思政课程保持同向同行。教师要在专业课程教学中深化课程思政，深挖思政元素，丰富教学内容，以多元信息形式改革课程教学，充分调动学生的积极性，发挥专业课程教师在课程思政中的主体作用。

2. 推进课程思政建设的关键在于提升教师育人能力

课程思政建设需要形成教育者先受教育的良好氛围，教师要不断提高自身的育人能力。课程思政不仅要求教师具备扎实的专业知识和技能，还要具备相关行业、文化、历史等方面的知识；教师不仅要能准确把握学生的思想动态，研究学生所思所想，还要关注社会热点、国际形势、现实问题等，这样才能在课程教学中结合专业问题、学生生活实际问题，自然地、有针对性地融入思政教育内容，更好地发挥课程思政的育人效果。

作者：王晓红，北京联合大学管理学院电子商务专业，教授。

艺术学

绽放自我：信息、情感的视觉化表达

——插图设计课程插图中的视觉语言教学单元

课程基本信息

课程名称	插图设计	课程类型	专业限选课程
学时学分	48学时3学分	面向学生	大二年级视觉传达设计专业
教学单元主题		插图中的视觉语言	
课内/课外学时		2学时/3学时	

一、教学目标与学情分析

（一）教学目标

本课程的教学目标是要求学生对插图设计有一个整体的认识，了解插图在实践中的应用。通过学习，学生能够掌握手插画的表现与创作的方法。学生需要了解插图的定义、插图的功能、插图设计的主要表现风格、插图的类型等。学生可以从设计的角度再认识绘画形式与创作内容的关系，需掌握插画的创作思路，提升从构思到完成设计作品的系统掌控能力，能够独立创作单幅或系列插图。

插图中的视觉语言是插画设计课程中的重要内容，通过插图视觉语言的学习，能够达到以下目标。

1. 知识目标

（1）插画的内容要准确传递插图对应的故事信息，结合插图的形式，代替文字，共同传递主题和思想感情。

（2）插画的内容包括画面元素、构图、色彩等平面构成和色彩构成。

（3）组图或者系列插画要注意画与画之间的关联性与差异性。

2. 应用目标

引导学生从一个点发散思维，将创意落实到具体的绘画表现形式选择、画面元素安排等，完成完整的插画画面。

3. 整合目标

情感表达和画面元素、构图、色彩等平面构成和色彩构成知识共同决定视觉语言的传递。

4. 情感目标

插画创作来源于生活的真情实感，创作内容要积极，插图的最终目的是表达作者的思想感情。

5. 价值目标

具有一定的画面表达能力、创新意识和积极正面的情感引导能力。

6. 学习目标

养成独立策划思考能力，具有综合运用所学科学理论和多媒体设计技术手段分析并解决本专业相关问题的基本能力。

（二）学情分析

插图设计课程是视觉传达设计专业的专业任选课程，授课对象为听障学生。

插图设计课程的先修课程为素描、色彩、设计素描、设计色彩四门造型基础课程以及设计方法、图形创意、装饰与图案四门设计基础课程。这时，学生已经具备基本的造型能力和创意能力，但知识结构相对割裂，且因为听力障碍等造成学生的文字理解力稍显薄弱，因此需要加强学生的文字理解和综合运用能力方面的训练。同时，授课教师会配合手语教学，但仍存在学生听力和手语阅读能力的差异，造成理解偏差，所以在插图设计课程教学中应该注意以下方面。

（1）教师对课程内容的准备需要更加细腻，课件需要增加文字，确保能多渠道传递课程信息。

（2）通过蓝墨云班课平台融入线上互动环节和小测验，随时监测学生对课程的消化理解情况。

（3）着重培养学生综合运用造型和创意的能力，通过案例分析、项目练习等方法，帮助学生更好地学习和应用。

（4）课后布置中国大学MOOC课程学习，拓展学生知识面，从而全方位满足并丰富学生对课程知识的学习和实践。

插图设计课程对后续专业课程亦起到了十分重要的承上启下作用。

二、教学内容分析

（一）知识点

（1）通过对插画画面的设计阐释说明对应的文字内容。
（2）插画的内容包括画面元素、构图、色彩等平面构成和色彩构成。
（3）组图或者系列插画要注意画与画之间的关联性与差异性。

（二）教学重点、难点

1. 重点

（1）插画创作的内容、绘画风格、表现手法要紧密围绕作品的主题。

采取措施：通过对上节课作业的讲解，将创作思路用图示结合案例串联起来，强调插图的最终目的是表达作者的思想感情。

（2）插图通过视觉语言传递故事情节。

采取措施：使用教师自己的插图作品做案例分析，具体讲解每一张插图的创作思路，强调画面内容所对应的情节关系，分析如何通过对画面内容细节的构思、设计更好地表达故事内容。

（3）插画创作来源于生活的真情实感，创作内容要积极、反映社会的正能量、弘扬国家的主旋律，引导学生爱党、爱国、爱家人、爱社会。

采取措施：

①设置《手语》为主题的项目练习，引导学生关注自我，建立自尊自信。

②观看《草间弥生》MOOC视频，学习草间弥生建立自强不息的意

识，将自己的障碍转化成创作的力量。

2. 难点：

（1）画面内容要准确传递所创作故事的内容和思想感情，要让观众一目了然，不需要文字注解。

处理方法：

①通过插图绘本《抵岸》进行案例分析，讲解如何通过视觉语言表达故事内容。

②通过对创作过程的引导分析，让学生在实践中理解如何用图像来表达自己的所思所想。

（2）组成系列插画的多张画面之间既要有差异也要有联系，才能称为系列作品。

处理方法：翻转课堂，通过学生分组讨论绘本《抵岸》中的插图，找到系列作品间的差异与共性。

（3）插画内容的设计要结合之前所学的平面构成和立体构成知识。

处理方法：引入 MOOC 视频课程，让学生在课后自行复习，并注意在作业中的应用。

三、课程思政教学设计理念及思路

课程思政依托课程这一载体，以隐性教育的方法，潜移默化、润物无声。课程思政是将思想政治教育的原则、要求和内容与课程设计、教材开发、课程实施、课程评价等有机结合起来的一种思想政治教育形式，同时融入课程教学和改革的各环节、各方面，立德树人。

在高校，思政教育与专业课的融合一直在不断完善，听障生的专业教育建设目前依然偏重于应用型，主要注重专业技能的培养。在提高听障生专业能力的同时，探究如何以专业技能知识为载体，通过有针对性地融入思政教育，改革教学内容，加强对听障生政治觉悟、社会知识、价值评判等能力的培养，对塑造听障生能够更好地适应社会需求、独立融入社会成为有用的人才有着重要的意义。

由于沟通方式的限制，听障生获得信息的方式有一定的局限性。身体缺陷会对思想的构建产生一定影响,一方面,听障生潜意识里害怕被社会歧视,容易自怨自艾;另一方面,听障人群的群体效应较强,容易被别人影响,践行能力相对比较薄弱,自我评价、判断和自我控制的能力不太稳定。听障生的课程思政,在内容设计上更要着重结合听障生群体的身心特点和实践需求:注重听障生自强自立精神的建立,不因为身体残疾而自怨自艾;培养学生在困难面前能够坚定意志,突破自己身体缺陷的局限,通过自己的专业技能在社会中与健全人平等竞争,取得社会的认可。

插图是重要的视觉传播手段,适合听障生学习。插图设计课程能够通过插图这一视觉语言,传递理想、道德、纪律、法制、国防、民族团结、优秀传统文化等信息和能量,参与创作插图的过程能够培养听障生自强自立、克服困难的能力。同时插图可以应用到设计专业的方方面面,与其他专业课程承上启下,适用范围广。所以,选择插图设计课程作为思政教育融入专业课程的研究对象具有先天优势和代表性。

通过课程设计和主题插图创作的方法,引导学生关注听障群体,积极面对社会;帮助学生了解优秀人才自强不息的成长案例,创作表现听障群体的生活,宣传听障群体的文化作品,传递顽强不息、自立自强的精神。通过作品将听障生的优良品质传递给社会,消除误解,让社会了解认可听障群体。同时,让听障生树立自信心,积极走向社会。

四、混合式教学设计理念及思路

混合式教学是指将互联网教学和传统教学的优势结合起来的一种"线上+线下"的教学形式。

线下教学是指常规的教室教学,学生和教师面对面交流,其优势在于师生交流直接且有温度。而线上教学是指通过智能终端推送教学资料、课件、微课、视频直播等教学资源,其优势在于教学不受时间和空间的限制,教学趣味性更强。

通过两种教学形式的有机结合,可以把学生的学习引向深度学习。

混合式教学的主体还是以学生为中心、以成果为导向的 OBE 教学,是在传统教学的基础上引入多样化、数字化的教学手段,形成优势互补,提高教学效果,提升学生兴趣。混合式教学显示了"互联网+"时代教学设计的创新和革命。特别是在后疫情时代,形成线上线下教学模式快速切换的新局面。

插图设计课程主要涉及的混合教学手段有蓝墨云班课和中国大学 MOOC 平台。

(一)蓝墨云班课结合翻转课堂

蓝墨云班课在课程中的使用是多样化的,可以提高教师的工作效率,拓展教学空间,提高学生的积极性;通过趣味性的线上教学手段让课程形式更加丰富,教学方法多样化,更适合翻转课堂、小组讨论等新型的教学模式的实施;突出以学生为主体的教学理念,激励学生参与,让学生感受到参与的成就感。蓝墨云班课资料库可以分享大量教学资料,方便学生预习、复习。教学过程可以保留,更方便学生课后复习和教师进行教学总结。

(二)中国大学 MOOC 平台提供知识拓展

MOOC 即慕课,是大规模开放在线课程。慕课的优势是课程知识碎片化,通过短小精悍的视频课程迅速传授知识要点。课程内容可以反复查看,课后有练习、考试,可以实现学情监控,并可在线上与教师交流答疑。

在插图设计课程中,主要使用中国大学 MOOC 平台"设计方法——构成"的线上视频课程和课后练习。该课程为插图设计课程的先修课程,其中的平面构成和色彩构成知识在插图设计课程中反复应用。所以,插图设计课程引入中国大学 MOOC 平台"设计方法——构成"中的部分教学视频作为课程的知识拓展和知识复习,为学生的实践提供更多学习素材。

五、教学方法及途径

（一）教学活动进程

本教学单元的教学活动进程见表 1。

表 1 教学活动进程

教学活动进程	内容设计	授课形式
预习	蓝墨云班课绘本资料	—
导入	蓝墨云班课签到； 点评上节课的临摹作业，复习插图的形式风格	蓝墨云班课／板书
知识梳理	任务：《手语》系列插图作品创作——引导听障学生关注自身、自强不息。 （1）确定插图的设计对象——公众，不了解手语文化的人； （2）确定故事传递的中心思想——推广手语，消除歧视和障碍； （3）插画内容设计的概念	PPT／板书
案例分析	案例分析——以教师本人的插图作品《抑郁症论文插图》为例，分析讲解插画内容的设计思路。 （1）选定插图表现的故事片段； （2）元素的选择； （3）构图； （4）色彩。 小结：提示学生重视心理问题	PPT／板书
翻转课堂	头脑风暴：分析插图绘本《团圆》的设计思路。 （1）小组讨论； （2）蓝墨云头脑风暴、演讲； （3）教师小结	蓝墨云班课
总结	知识拓展：观看 MOOC《草间弥生》视频——学习草间弥生的艺术精神，勇敢面对自己，将自己的缺陷转化成为创作的动力。 任务指导：如何设计《手语》系列插图的画面内容。 总结	PPT／中国大学 MOOC

续表

教学活动进程	内容设计	授课形式
作业	实践：完成项目练习，提交至蓝墨云班课，下节课点评。 拓展：学习中国大学 MOOC《设计方法——构成》。复习平面构成和画面配色知识	蓝墨云班课 / 中国大学 MOOC

（二）教学方法与手段

（1）点评复习：以上节课作业为课程开始，让学生在点评反馈中复习知识，引出本节课内容。

（2）问题导入：以如何创作《手语》插图作品中画面的内容——"怎么画"为问题，让学生带着问题去学习，并结合授课的知识和案例思考如何创作自己的作品。当完成课程时，学生就能够通过作业的创作得出自己的答案。

（3）项目练习：以创作《手语》插图作品为项目内容，将创作思路贯穿整节课程，经过案例分析和学生讨论，最后落实到绘画实践中。通过整个过程引导学生关注听障文化，建立自信和自强的精神，达到课程思政的目的。

（4）案例分析：通过教师自己创作《抑郁症研究与治疗》插图的经历给学生讲解创作时的思考过程，引起学生共鸣，并提示学生注意精神疾病，多沟通交流。

（5）翻转课堂：先以学生提前预习过的插图绘本《抵岸》为分析对象，通过线上平台引导学生分组讨论、深入思考，然后让学生上台分享讨论结果。

（6）视频教学：引入线上慕课资源，拓展学生知识面，并通过艺术家草间弥生的视频，引导学生对自己项目主题创作的思考，并融入课程思政内容，引导学生学习草间弥生勇敢面对自己缺陷的自强不息精神。

（7）传统教学：在知识点传授中通过传统的面对面教学方式，结合板书，强调课程重点，并关注学生的理解情况。

（三）教学内容设计

1. 课前预习：蓝墨云班课资料——插图绘本《团圆》《抵岸》

课前上传绘本资料供学生提前阅读学习。

2. 复习：前一单元《插图作品临摹》作业点评，复习知识点

上一单元作业提交至蓝墨云班课，本次点评选出成绩前五名的作业，指出优点和可以继续改进的部分，并通过点评复习上一单元知识点——插画作品的风格形式。

3. 导入：点评后小结引出本节课知识点——插画的内容

（1）点评后总结：上次作业是选择自己喜欢的插画风格形式进行临摹，通过临摹熟悉了这个形式的创作特点和绘画方式，同时也看到了其他同学的临摹作品。如果有感兴趣的内容，大家还可以课后相互交流。

临摹是学习新的插画形式的快捷方式，但模仿只是第一步。在大量的风格积累、探索练习中，最终形成属于自己特有风格的绘画形式，才是最终目标。

板书：插图形式：临摹——积累——创新

（2）在第一节课时，已讲过画插图之前要问自己两个问题：第一个是画什么，也就是插画主题；第二个是怎么画，也就是插画的风格和内容。

板书："画什么？"——主题

　　　　"怎么画？"——形式/内容

（3）插图设计中最重要的是通过恰当的风格创作画面内容，形成视觉语言，传递作者想要表达的故事情节和思想感情。

板书：

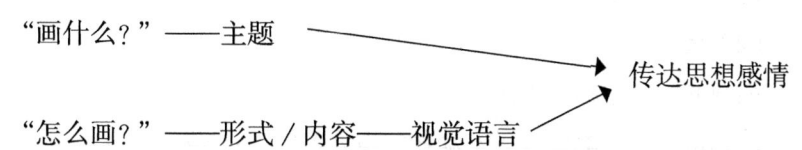

"画什么？"——主题 ⟶ 传达思想感情

"怎么画？"——形式/内容——视觉语言 ↗

可以看到，形式的形成远不是插画的全部。无论是现在流行的扁平化还是卡通或者纸雕等风格，最终都要与插图的内容相结合，形成完整的画

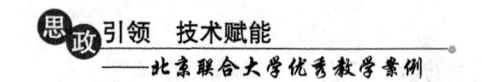

面来表达作者的思想。所以，插图是一种视觉语言，它能够代替文字，通过人的视觉以图像的形式传达信息。

这个视觉语言就是指"怎么画"，也就是之前讲过的形式和内容。

这节课继续通过主题练习来学习如何设计插画的画面内容。

4. 知识梳理：任务教学——《手语》系列插图作品创作

同学们都是听障生，也许每个学生的听力情况不同，但大家学习和交流都使用手语。手语是听力障碍者独特的语言文化，也是世界与听力障碍者群体沟通的桥梁。但是社会大众对手语并不了解，甚至存在一些误解。希望大家可以从自身的经历出发，以一个听力障碍者的视角去告诉社会手语是什么，让更多的人看到手语、认识手语。

这次的主题练习将以《手语》为主题，大家结合自己对手语的理解创作一系列插画作品。

（1）项目要求：

①主题《手语》系列插画；

②系列作品3张；

③写300~500字故事内容介绍；

④作品风格形式与之前临摹作业一致。

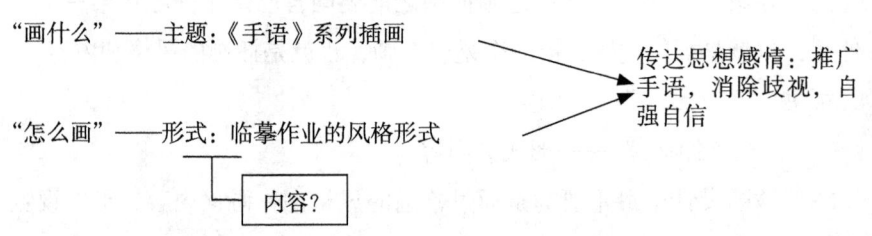

"画什么"——主题：《手语》系列插画 　　　　　传达思想感情：推广手语，消除歧视，自强自信

"怎么画"——形式：临摹作业的风格形式

内容？

大家可以看到，在对题目进行分析以后我们要解决的问题就是如何设计构思这组插画画面的内容。

（2）重点：

插画的画面包括以下内容：

①元素——人物？风景？动物？拟人？等等；

②构图——远景？特写？均衡？偏移？等等；

③色彩——彩色？黑白？色调？等等；

④系列——3张系列插画之间的联系？差异？

（3）难点：

①画面内容准确传递要表达的故事内容和思想感情，要让观众一目了然，不需要文字注解。

②组成系列插画的画面之间既要有差异也要有联系。

5.案例分析：以教师为《抑郁症研究与治疗》论文创作的插图为例，分析插图内容的设计思路

（1）阅读对象：瑞典卡罗林斯卡大学的博士论文插图，所以阅读群体面向成年人。

（2）主题：关于抑郁症治疗。

（3）风格形式：水彩和铅笔结合，风格偏向写实，与论文的严肃性对应。

（4）插画对应内容：选取3句有代表性的文字来配插图，共3张插图。

①第一张

论文原文：I can't eat and I can't sleep. I'm not doing well in terms of being a functional human, you know? —Ned Vizzini, it's Kind of a Funny Story.

插画画面分析：下图画面中健壮的罗马战士，正痛苦地用枪顶着头，这表现出抑郁症患者内心的脆弱和极其悲观的情绪。人物身体主观地换成代表忧郁、悲伤的紫色，暗示人物心情。

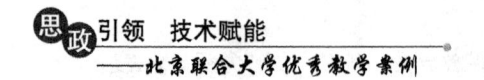

②第二张

论文原文：Every human walks around with a certain kind of sadness. They may not wear it on their sleeves, but it's there if you look deep.

Whenever you read a cancer booklet or website or whatever, they always list depression among the side effects of cancer. But, in fact, depression is not a side effect of cancer. Depression is a side effect of dying. ——John green, the fault in our stars.

插画画面分析：下图以著名演员保罗·威廉斯（因抑郁症自缢）为原型，设计了一个人拉着一根掉下来的绳子站在黑暗中，绳子暗示他的绝望，人物脚下地板漏出的亮色代表正常的积极的世界从他脚下透出光芒，但他的眼睛被疾病捂住而看不见。

③第三张：

论文原文：There are two ways to live: you can live as if nothing is a miracle ; you can live as if everything is a miracle .

Logic will get you from A to B. Imagination will take you everywhere. ——Albert Einstein.

插画画面分析：下图画面明显感觉非常明快、鲜艳。画面中构造了一个悬空飘浮的人，他被困在一个空白的平面上，表示他被抑郁症所困扰。但现实世界是美好的，充满灿烂的希望，希望他能够早日挣脱出来。

绽放自我：信息、情感的视觉化表达

（5）小结：《抑郁症研究与治疗》插图内容设计。

①元素——人物与背景空间。

②构图——远景、均衡构图。

③色彩——主体为低纯度高明度色系，背景为高纯度中明度色彩，形成纯度和明度对比。

④系列——联系：使用人物作为主体，相似的对比色调；

差异：具体人物形象和场景根据不同的故事内容设计。

这就是整体的设计思路，相信大家也有了非常直观的认识，同时也希望借由这个案例提示大家重视心理疾病。大家离家在学校学习和生活，同时又遇到疫情，如果有什么压力和抑郁的情绪，一定多和老师或者家长沟通，倾诉是排解抑郁的很好途径。同时，抑郁症不是矫情和娇气，要正视病症，积极治疗。

6.翻转课堂：以上我们共同分析了教师的作品是如何设计插图内容之后，下面请同学分组讨论绘本《抵岸》的创作思路

（1）提问：这部绘本大家已经提前阅读过了，我们下面使用蓝墨云的头脑风暴功能对这本绘本进行分析。并回答以下问题：

①主题是什么？

②中心思想是什么？

③风格形式是什么？

④就以下几页的插画内容进行分析：

第一组《抵岸》绘本第 7 页和第 110 页;

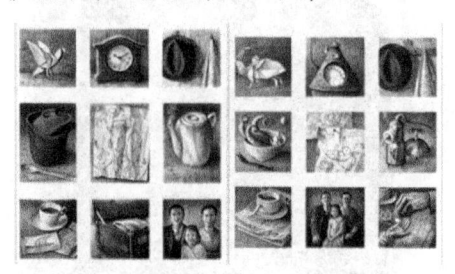

第二组《抵岸》绘本第 9 页和第 111 页;

第三组《抵岸》绘本第 12 页、第 23 页和第 95 页;

第四组《抵岸》绘本第 18 页和第 83 页;

（2）演讲：利用蓝墨云班课举手功能选择一组学生上台分析，教师点评。

（3）小结：插画师陈志勇根据自己的经历创作了这个关于移民的绘本作品《抵岸》。故事内容是一个异乡人前往一个全新的世界，遇到了语言不通、生活习惯不同的种种困难，但在善良人们的帮助下最终融入社会。整个故事积极又温暖。全书没有文字，完全通过画面和视觉语言来推动情节发展，传递故事和情绪。故事中可以看到作者通过色彩的冷暖变化、明度变化表现出故事内容的情绪；通过画面构图的重复强调故事的情节；通过小格子的画面构图表现视角的移动，推动故事发展。这些都是画面内容的设计功能，也是我们可以学习的画面内容设计方法。

7. 总结与拓展

（1）知识点强调：

元素／构图／色彩／系列：相同和差异。

（2）项目练习重述：主题《手语》系列插画；3张；写300～500字故事内容介绍；作品风格形式与之前临摹作业一致；完成后制作成PPT的形式提交至蓝墨云，包括内容介绍、3张系列作品；下节课每个学生上台讲解自己的创作思路。

（3）知识拓展：艺术家草间弥生的慕课，选自中国大学MOOC《设计方法——构成》第二单元"草间弥生"。

草间弥生使用"点"作为她的绘画语言是源于她的精神疾病困扰。草间弥生的经历启示我们：作品的创作要与自身相结合。勇敢面对身体缺陷和不幸，将其转换成艺术的武器表达自我，这将成为我们独一无二的特色。

所以这次的主题创作希望大家从自身出发，思考如何设计画面内容传递手语文化，代表自己的群体发声，让更多的人认识和尊重听力障碍者群体，也让自己更加自信。

8. 作业

（1）完成《手语》系列插画创作，并上传至蓝墨云；

（2）学习中国大学MOOC《设计方法——构成》第六章、第九章、第十二章的课程内容，复习平面构成和画面配色知识。

六、教学效果及成果

(一)教学效果

1. 课程思政

本课程利用课程思政推动学生积极面对社会。

本章节在插图设计知识的传授中融入听障生对自己群体的关注,帮助学生了解优秀人才自强不息的成长案例,以听障人群中的文化为创作对象形成一系列优秀的插图作品。学生也在创作构思中受到励志图强、自强不息精神的熏陶,并意识到插图作为视觉语言的重要性。好的插图作品可以将听障生的优秀意志品质传递给社会,消除误解。

课程思政内容的设计为学生树立自信心,为学生未来积极走向社会打下基础。

2. 混合式教学

在混合式教学中,课程突出线上教学的灵活性、趣味性和传统教学的直接性。

课程结合以学生为中心、以任务为导向的 OBE 教学理念,运用线上互动、翻转课堂、慕课资源等引入多种教学形式,让学生在课堂中有更多学习的形式和途径。

在课程中运用线上数据化的分析手段、多样化的教学评价方式随时跟踪监测学生学情,及时调整教学进度、内容,确保学生能够无障碍地理解授课内容。学生在完成线上教学资料的学习后可以自动获得相应的分数奖励,同时能够看到与其他同学之间的差距,从而激发学生的荣誉感和上进心。

3. 达到教学效果

在使用线上教学手段的同时保持传统教学模式的优势。注重板书的设计,注重课程教学中手语的运用,让课程的现场感更强,对学生注意力的控制更好。

（二）学生反馈

课程教学效果良好。相较于传统教学模式，学生更喜欢混合教学模式，混合教学模式能够很好地调动学生的学习主动性。同时，多种形式的教学手段让课程更加生动灵活、趣味性更强，学生在课上更愿意使用线上平台积极互动。通过线上蓝墨云平台提交作业，学生可以看到其他同学的作品和成绩，既可以相互学习又能保证作品成绩的公正性。

（三）推广应用

可以将插图设计课程中的思政改革研究成果复制应用到听障生其他的专业课程中，加强隐性思想政治教育，通过其所蕴含的思想道德追求、科学精神、爱国情怀、优秀传统文化、人格培养等内容对学生进行价值引领，从精神到技能等全方位地培养塑造学生。

插图设计课程包含了理论学习和实践，其混合教学模式可以直接应用在听障生和健全生的其他艺术设计专业理实一体化课程中。提取线上课程和传统线下课程各自的授课优势，将知识结构细腻化、知识传授多维化，丰富课程的形式，满足听障生不同的学习需求。

七、教学反思

"线上线下—同向同行"教学案例报告的撰写给了我重新审视和思考插图设计课程教学的机会。在对授课目标和授课过程的分析中，我得到了不少启示，下面进行详细说明。

（一）课程思政

在 2020 年秋季学期，我以"基于插图设计的听障生专业课程思政教育设计与实践"为题，申请了学校的教改课题。在课程中，我不断思考如何让思政教育润物无声地融入课程内容。什么样的思政内容是学生最需要的呢？

听障生更需要自信心和自强意识的建立。对于残疾人，走入社会时难免遭遇歧视和不公。我们需要做的是帮助学生坚定对自己的认可，找到可以参考的榜样，建立起对自己群体的责任感和融入社会的勇气。培养出自信的、自强不息的、敢于和健全人平等竞争的学生，才是我们教育的责任和目的。

只有自强才能消除误解。但是，每个学生的心理状况是不同的，有的学生认可自己是听障生，有的学生则很反感对自己残疾的强调。思政融入时更要非常小心和细腻，多使用案例分析和讨论及绘画实践，让学生通过自己收集资料、阅读来进行思政内容的思考。当思政内容转化为创作主题再被学生以视觉图像的形式所表现时，学生就会自然地接受。所以，有时候课程思政比思政课程更容易对学生产生影响，因为有了课程内容的依托，思政教育可以更加细腻，学生也更加主动。

（二）线上线下混合式教学

2018年，教育部就开始推广混合式教学方法，但是真正得到广泛应用是在2020年的新冠肺炎疫情暴发之后。疫情迫使教学必须采用线上的教学方法，但这也非常直观地体现了线上教学的便利。当我们再次回归线下教学时，线上教学形式的混合融入成为必然。

2020年，我也在中国大学MOOC平台建立了"设计方法——构成"的慕课，正好与插图设计课程内容紧密相关。插图设计课程是一门对设计的综合能力要求很高的课程。在之前授课时，学生经常会忘记先修课程中的构成知识，作业的问题也很集中。但课堂上难有时间反复回顾这些内容。在建立了慕课之后，学生可以随时回看先修课程的知识点，让后续课程的进行更加顺畅。

同时，蓝墨云班课平台的运用解决了课程中的互动环节。多样化的讨论形式、公开的资料学习让学生上课时不再沉默，而是积极互动、主动学习。

但线上教学不是万能的。教学工具的选择要根据学生的需要。比如听障生上课是看字幕还是看手语的问题让我犹豫了很久。讯飞、音书等翻译软件可以直接将教师的语言翻译成字幕，这能够加快课程进度，增容课程内容，可以回看的功能也保证了信息传递的准确性。

但是在征求学生意见时,学生却首选传统的手语教学,也就是教师一边说一边打手语。因为手语是听障生的第一语言,他们接受起来更容易,而且字幕太快,语言翻译的准确性不稳定,口头语太多,学生上课时容易跟不上或者看不懂。所以我在授课中主要还是以手语授课为主,字幕为辅助。

其实教师授课是不断学习和改进的过程。在课前准备的教案和资料只是一部分,更多的是根据实际的教学情况不断调整改进教学内容。所以,无论是多样化的教学模式,还是课程思政设计,都要充分考虑学生的感受和需求,以学生为前提进行设计,让课程成为一个伴随学生需求不断成长的小树,而不是一块一成不变的顽石。

作者:陈昱,北京联合大学特殊教育学院视觉传达设计专业,讲师。

理想与信念的交响诗

——电视剧品评课程年代剧作品分析教学单元

课程基本信息

课程名称	电视剧品评	课程类型	通识教育选修课程
学时学分	32学时2学分	面向学生	全体学生
教学单元主题	年代剧作品分析《人间正道是沧桑》		
课内/课外学时	2学时/1学时		

一、教学目标与学情分析

（一）教学目标

（1）了解电视剧的艺术规律，掌握年代剧的叙事策略，认识其审美价值，为分析作品做知识储备。

（2）与人物产生同情共感，认同作品的主题意义和情感诉求，并在情感上与作品的主题思想产生共振。

（3）增强担当意识、使命意识和家国情怀，坚定共产主义理想信念，树立正确的世界观、人生观和价值观。

（4）培养求真务实的学习精神，学会利用MOOC等线上学习资源开展自主学习，提升自我导向的学习能力，增加学习的挑战度。

（二）学情分析

1. 特征：网络原住民＋主动获取信息

"00后"已经开始大规模步入大学校园。他们是移动互联网的"原住民"，带着手机、电脑、ipad 等电子设备"大模大样"地走进教室。相对于纸质教材，他们更倾向于以碎片化的形式获取知识和信息。这一代大学生的信息获取方式已经发生深刻变化，他们所表现出的认知特点是主动获取知识的能力和意愿都显著增强，这使得他们不再满足于被动地接受教师传授的知识。面对这样的学生，若所有教学目标还是单纯依靠线下课堂授课来实现，效果将大打折扣。

2. 环境：优质的教学资源 + 泛滥的网络视频

一方面，随着教育部大力推进精品在线开放课和"金课"建设，大量来自名校名师的名课资源都可以免费获取，高等教育已经进入优质教育资源不再稀缺的时代。以教师为中心、以知识传授为主要形式的传统课堂教学方式所体现出的"单一来源"和"优质"属性等优势也都不复存在。

另一方面，随着互联网的快速发展，丰富多彩的影视资源借助网络平台在青年受众中大量传播，然而品质优劣并存，正负能量混杂。大学生的世界观、人生观和价值观尚未形成和稳定，很容易受到不良文化信息的影响。面对价值多元、题材众多的影视资源，大学生亟需提高审美鉴别能力，以免成为娱乐的附庸。

二、教学内容分析

（一）本门课主要教学内容

本课程主要聚焦中国电视剧，以电视剧艺术文本为载体，分为上下两个部分、共八个单元融入"课程思政"元素的教学内容。上篇从电视剧本体入手，解析中国电视剧"叙述了什么"和"怎样叙述"；下篇从电视剧类型入手，品鉴不同类型电视剧的中国"味道"。大体内容见表1。

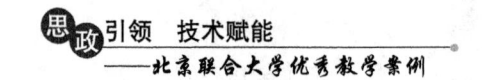

表 1　课程教学内容简况

	教学单元	主要教学内容	知识点	课内学时
上篇	第一单元　电视剧的基本概述	艺术特性、发展脉络、内容系统等	15 个	4
	第二单元　电视剧的叙事话语	叙述方位、叙述时况、叙述空间等	18 个	4
	第三单元　电视剧的镜头语言	功能分类、景别运用、光线色彩等	22 个	4
	第四单元　电视剧的音乐音响	音乐构成、音响效果、音画关系等	20 个	4
下篇	第五单元　电视剧中的军事与战争	军事剧叙事、发展流变及作品分析	20 个	4
	第六单元　电视剧中的忠诚与信仰	谍战剧叙事、发展流变及作品分析	18 个	4
	第七单元　电视剧中的历史与传奇	历史剧界定及分类、理解武侠剧等	18 个	4
	第八单元　电视剧中的传统与现代	年代剧、伦理剧与都市剧及其作品	18 个	4
	合计		149 个	32

（二）本教学单元主要知识点

（1）年代剧的叙事模式：由实入虚、无奇不传与家国同构；

（2）年代剧的审美追求：史诗品格与悲壮色彩；

（3）从影像语言运用的角度，分析《人间正道是沧桑》的审美意蕴。

（三）教学重点

以《人间正道是沧桑》为案例，解析年代剧的叙事和审美。

这部作品将虚构的人物与真实历史相交融，通过人物的命运变化串联起一系列重大的历史事件，并以同胞兄弟不同的人生选择见证了革命的成败，借助家族传奇和虚构人物演绎出中国近代革命的历史画卷。作品以大跨度的叙事时空和复杂的叙事线索，呈现出三重美感，即史诗叙事的历史美、家国同构的情感美和传递力量的精神美。

（四）教学难点

体会《人间正道是沧桑》如何以独特的影像叙事创造审美意蕴。

学生在评析作品时，很容易注意到它"说了什么"，至于"怎么说的"关注并不多。事实上，一部作品是仅仅满足于简单的故事再现，还是在将文学语言转换成影像语言的过程中，成为自身美学内涵和情感外延的体现，往往是品评一部作品质量高低的重要标准。以案例分析的方法，透视画面背后的影像语言，可以帮助学生深入理解作品及其意义。

三、课程思政教学设计理念及思路

（一）设计理念

习近平同志在全国高校思政会上明确指示："要把做人做事的基本道理、把社会主义核心价值观的要求、把实现民族复兴的理想和责任融入各类课程教学之中，使各类课程与思想政治理论课同向同行，形成协同效应。"这是课程思政的内涵依据，也是课程思政教学设计的核心要义。

课程思政教学设计就是要在内容中深入挖掘上述"三句话"，将其有机融入教学，潜移默化地影响学生。课程思政是一种教育理念，它不是一个新增的教学板块。因此，教师要对教学内容进行重新梳理和再认识，挖掘其中的思政元素，将其打散融入教学之中。所达到的效果是，从外观上思政元素"如盐入清汤，了无痕迹"，但是从味道上却"如酱入佳肴"，使整个教学的知识性和思想性"色香俱全"。

（二）思路框架

本门课以"课程思政方法论"为指导，重新梳理整合原有知识点，思政元素的多少，以及融入的位置和方式，依据不同的教学内容有不同的设计，体现了"课程思政自身的相对独立性和教师的自主性"[1]。具体见表2。

---

[1] 韩宪洲：《课程思政方法论探析——以北京联合大学为例》，《北京联合大学学报（人文社会科学版）》2020年4月。

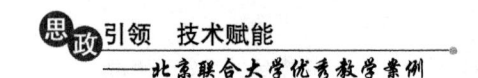

表2 "课程思政"教学设计框架

教学模块	课程内容	思政元素	融入点
模块一：基本概述	概念属性 发展脉络 形象内容系统	善良、宽厚、真诚 亲情孝道、互帮互助 开拓进取、砥砺前行	电视剧的审美属性 人物形象及形象塑造
模块二：叙事话语	叙述方位 叙述时况 叙述空间	追求梦想、永不放弃 国家利益至上 长征精神	多重视角转换及越位 叙述时长 真切的历史空间
模块三：镜头语言	功能分类 画面与意义 光线与色彩	乐观积极地面对生活 坚定的革命理想 红色革命精神	镜语创造的社会环境 光线的艺术功能 色彩的表现作用
模块四：音乐音响	音乐形式 音响效果 音画关系	宽广胸怀与人生抱负 牺牲与奉献 共产主义信仰	头尾呼应式主题歌 特殊音效 音画对位
模块五：军事与战争	军事剧概述 分析《亮剑》《士兵突击》	中国军人的英雄主义 新时代的亮剑精神 执着精神与团队意识	军事剧的叙事特征 军事剧的审美趣味 作品分析
模块六：忠诚与信仰	谍战剧叙事策略 分析《暗算》《潜伏》《风筝》	忠诚与信仰 初心与使命	悬念叙事 人物分析 剧情评析
模块七：历史与传奇	历史剧与《大秦帝国》 传奇剧与《琅琊榜》 武侠剧与《射雕英雄传》	奋发图强的进取精神 正义与情义 为国为民的侠义精神	历史真实与艺术真实 作品分析 武侠剧解析
模块八：传统与现代	年代剧与《闯关东》 分析《人间正道是沧桑》 家庭伦理剧与都市情感剧	自强不息、顽强拼搏 坚定的革命理想与信念 平凡质朴的生活哲学	人物分析 影像语言分析 伦理剧的审美风格

（三）本节思政元素融入

（1）思政元素：坚定的革命理想与信念。

（2）思政融入点："瞿恩就义"的影像语言分析。

（3）具体影像分析：

①交叉蒙太奇。以交叉蒙太奇的方式和虚实结合的景深变化，让瞿恩、瞿霞这对兄妹实现生命的诀别。虽然一个在刑场，另一个在狱中，但

在影像语言的助力下，完成了理想信念的传递与延续。

②光线。在这个叙事场景中，瞿恩和瞿霞的人物光比最高，突出了共产党人在黑暗中寻找光明的信仰追求。当瞿恩说他的死是"飞向光明"时，顶光加入，这是一束象征着光明和希望的理想之光。

③镜头。用慢镜头处理瞿恩中弹牺牲的瞬间，无言地昭示出这位共产主义战士牺牲的壮烈和理想未竟身先死的遗憾。黑白镜头穿插闪回，不仅没有阻断叙事的流畅，反而体现了共产党人坚忍不拔、视死如归的革命精神。

（4）景深变化。浅景深的处理使我们只能见到瞿恩从容的面部表情，眼神中闪着亮光、脸上洋溢着微笑，神态中透着坚定乐观和一往无前。通过艺术化的影像语言传递了一种力量，这种力量就是来自对理想和信念的坚持。

四、混合式教学设计理念及思路

（一）设计理念

混合式教学，即把在线教学和传统教学的优势结合起来的一种"线上+线下"的教学模式。线上以基于MOOC的SPOC开展教学；线下根据课程需要，以不同模式的翻转课堂展开多种教学活动。概括来讲，这是一种基于"MOOC+SPOC+翻转课堂"的线上线下混合式教学。

对于在校生而言，单纯依靠MOOC进行自主学习难以达到全部教学目标，需要线下课堂教学的配合和加工。线上和线下只有充分结合起来，才能有效发挥线上课堂"端对端"教学和线下课堂"面对面"教学的双重优势。线上线下混合式教学包括三个重要组成部分，即基于MOOC的在线自学（课前阶段）、基于翻转课堂的研讨式学习（课中阶段）、课下延展讨论（课后阶段）。其关键是要正确认识和处理在线教学与实体课堂的关系，形成课前、课中、课后学习的连贯衔接。

（二）思路框架

"双线三段互通"是本门课混合式教学的总体设计思路：双线是指教师主导与学生主体的两条线索；三段是指课前、课堂、课后的三个阶段；互通是指教学全过程的师生、生生实时互动互通（见图1）。

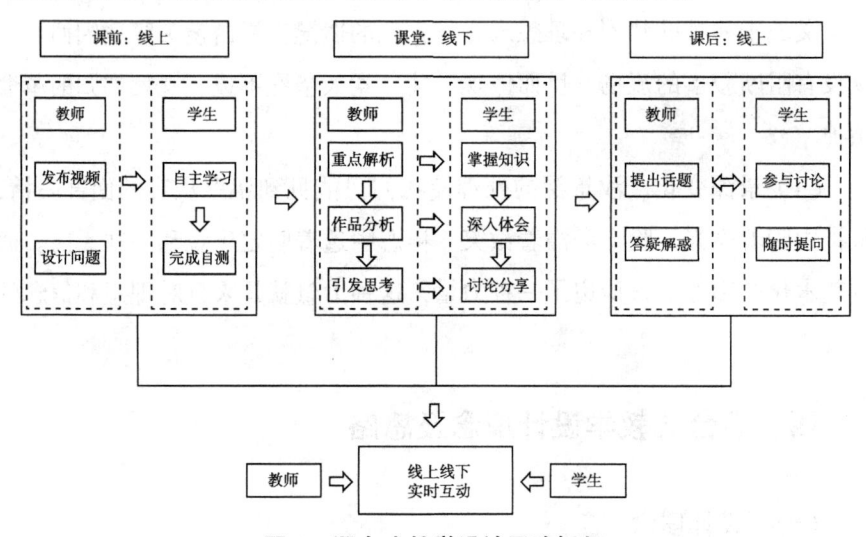

图1 混合式教学设计思路框架

1. 双线

（1）教师主导：进行教学设计，发布学习任务并提出思考问题；引导学生学习的节奏，促进学生学习的积极性。

（2）学生主体：了解学习目标和任务，自主完成知识点学习及自测；主动思考问题并参与话题讨论；探索解决问题的方法和途径。

2. 三段

（1）课前：在本周课程开始前（周一上午），将两节15分钟以内的MOOC教学视频、教学课件及自测题目发布在SPOC平台上，学生自主选择时间提前学习，从而使学生对本节学习内容有基本的认识，为课堂教学活动的开展做好准备。

（2）课堂：课堂教学由基本问题提问、重点内容讲解、精彩段落分析、作品体会分享等环节组成。通过智慧教学工具"慕课堂"，实现由线

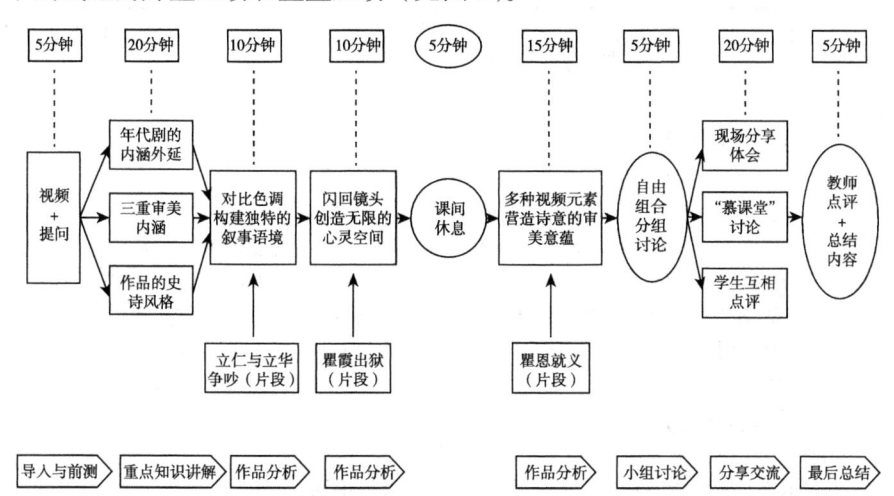

下到线上的师生互动和生生互动（见图 2）。

图 2 课堂阶段教学环节流程

（3）课后：下课后教师及时在 SPOC 平台发布讨论话题，让意犹未尽的学生有继续说话的空间，让不敢当众说话的学生有发言的机会。教师可以继续对学生的发言进行留言互动，学生也可以提出自己的问题。

3. 互通

（1）课堂讨论区：在 MOOC/SPOC 中有专门的"课堂讨论区"，供师生就学习内容和相关话题发表看法，留言、点赞。

（2）微信交流群：每个教学班建立一个微信群，用于日常学习相关问题的随时沟通，这个群可以讨论问题，也可以咨询事务性问题。

（3）"慕课堂"及实体课堂：MOOC 中自带的智慧教学工具"慕课堂"，可以发布习题、讨论、问卷等内容，同时还有线下课堂的面对面即时交流和反馈。

五、教学方法及途径

（一）教学过程

见表 3 以"年代剧分析——《人间正道是沧桑》"为教学主题，展示一次课堂教学的全过程（90 分钟）。

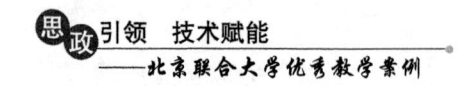

表3　课堂教学全过程

教学步骤	教学活动	教学方法与手段	
		线下	线上
课程导入及前测 时长： 5分钟 累计： 5分钟	【提出问题】 "人间正道是沧桑"这句诗的出处？请学生回答。这句诗出自毛泽东《七律·人民解放军占领南京》，由此导入本节分析的作品。 【引发思考】 请学生根据诗句的内涵，结合即将分析的内容，思考这部作品所要表达的主题立意和审美内涵。本节课结束时得出结论。 【知识互动】 (1)请说出你所了解的年代剧作品； (2)简单说一说年代剧的叙事模式。以举手回答与点名提问相结合的方式达到前测的目的	(1)提问法：引发思考； (2)问答法：加强学生对线上自学知识的印象，并检验学习效果	方式：用手机微信小程序登录"慕课堂"。 目的：一方面完成课堂签到，另一方面为课堂互动做好准备工作
重点知识内容讲解 时长： 20分钟 累计： 25分钟	【知识讲解】 (1)结合刚才第一个问题的回答情况，明确年代剧的内涵界定及创作趋势； (2)以大家较熟悉的明清小说作类比，解释年代剧的叙事模式； (3)重点讲解年代剧的审美追求——史诗风格《人间正道是沧桑》将家族的兴衰融进宏大的历史叙事，以同胞兄弟不同的人生选择见证革命的成败，使作品呈现出史诗化的韵味	讲授法：细致讲解重要知识点。结合课前线上学习效果，有针对性地进行讲解	方式：课前在SPOC上发布MOOC教学视频、课件，需要学生提前自学。 目的：作为课上分析作品的知识储备
作品片段分析（一） 时长： 10分钟 累计： 35分钟	一、用对比色调构建独特的叙事语境 【视频片段】 杨立华对哥哥杨立仁在处决了瞿恩之后依然淡定和瞿恩的儿子玩耍感到无法接受，因此两人爆发争吵。 【个别提问】请学生谈谈对这段画面的理解和影像语言运用的认识。 【作品分析】 这段运用对比色调，以黑白和彩色连接，使用超现实的手法和意识流的方式将人物的内心世界外化，让我们看到了人物内心的挣扎，表现了立仁对自己处死瞿恩的痛苦	(1)案例法：通过对作品典型片段的分析，使学生理解影像语言的独特作用。 (2)启发法：教师以生动的讲述使学生产生联想和共情，深入体会作品审美内涵	方式：课前在慕课堂创建备课，添加随堂练习；课上根据教学活动进程的需要，即时发布。 目的：调整教学节奏；集中学生注意力；增强课堂的互动性

续表

教学步骤	教学活动	教学方法与手段 线下	线上
作品片段分析（二） 时长：10分钟 累计：45分钟	二、以闪回镜头创造无限的心灵空间 【视频片段】瞿霞出狱后，导演没有直接表现她深重的心灵创伤，而是不惜笔墨地用镜头展示她曾经的美好。 【引发思考】 请学生思考，这些一闪而过的画面想要表达的是什么？ 【作品分析】 瞿霞入狱八年，身心惨遭迫害。运用这种陌生化的间离效果是为了刻画人物复杂的内心情感，在需要刻意雕琢的时刻故意淡化情节，借助表意镜头展示那些无法用语言表达的复杂情感和内心世界。 【知识链接】 "闪回"是用短暂的形象画面表现人物精神活动、心理状态和情感起伏的一种创作手法。对未来发生事情的想象或期盼，叫"前闪"	（1）案例法：通过作品典型片段的影像分析，使学生理解影像语言的独特作用。 （2）启发法：教师以生动的讲述使学生产生联想和共情，深入体会作品审美内涵。 （3）讲授法：讲解作品分析过程中涉及的知识内容	方式：课前在慕课堂创建备课，添加随堂练习；课上根据教学活动进程的需要，即时发布。 目的：调整教学节奏；集中学生注意力；增强课堂的互动性
作品片段分析（三） 时长：15分钟 累计：60分钟	三、运用多种视听语言营造诗意的审美意蕴 【视频片段】 "瞿恩就义"这个片段，创作者调动包括光线、镜头、交叉剪辑在内的大量视听元素，创造了一个非常有"意蕴"的审美段落。 【作品分析】 浅景深的处理使我们只能见到瞿恩从容的面部表情；特写突出装子弹的过程，镜头定格在延伸的枪口上，增强了视觉的冲击力。 瞿恩和瞿霞的人物光比最高，突出了共产党人在黑暗中寻找光明的信仰追求，顶光的加入象征着光明和希望。用慢镜头处理瞿恩中弹的瞬间，无言地昭示出这位共产主义战士牺牲的壮烈和理想未竟身先死的遗憾。 【背景拓展】 关于"瞿恩"这个人物的原型有多种说法，艺术形象是高度集中的典型，但这些革命者身上所体现的精神是一脉相承的	（1）案例法：通过对作品典型片段的分析，使学生深入理解影像语言的独特作用。 （2）启发法：教师以生动的讲述使学生产生联想和共情，深入体会作品审美内涵。 （3）拓展法：由此及彼，由艺术到现实，使学生更加深刻理解作品主题内涵	方式：课前在慕课堂创建备课，添加随堂练习；课上根据教学活动进程的需要，即时发布。 目的：调整教学节奏；集中学生注意力；增强课堂的互动性

续表

教学步骤	教学活动	教学方法与手段	
		线下	线上
小组讨论 时长： 5分钟 累计： 65分钟	【讨论话题】 (1)有人说这部作品就像机器流水线中的一件手工绣品，你如何理解这句话。（具体到影像画面，不能泛泛而谈。）(2)这部电视剧命名为"人间正道是沧桑"，表达了怎样的主题内涵。结合课程开始时提到的毛泽东诗词和作品的影像叙事体会。 【分组讨论】 学生以就近原则，随机组合，分成若干讨论组，就话题展开讨论。讨论可畅所欲言，音量适中，尽量不相互干扰	讨论法：围绕讨论话题，结合各自的体会，交流看法	方式：在慕课堂中创建讨论话题。 目的：实现线上线下立体的互动交流
分享交流与后测 时长： 20分钟 累计： 85分钟	【交流分享】 每一组推选出一名代表发言，综合本组成员讨论形成的想法，到讲台做交流。发言过后，本组成员也可做适当补充。 【立体互动】 线上交流与线下互动，使课堂形成一个立体的沟通场，大家可以一边在线下听同学发言，一边在线上与同学展开交流，增强课堂参与度和活跃度。 【学习后测】 在学生讨论时，教师随机走入各小组，了解学生的交流情况；发言的过程也是学生对所学知识和个人体会的综合运用过程。这个过程达到了后测的目的	演讲法：主体是学生，体现了以学生为中心的教学理念	方式：在慕课堂同步发起讨论，学生可相互留言、点赞。 目的：使没有发言机会和不愿当众说话的学生可以表达观点
课程小结 时长： 5分钟 累计： 90分钟	【教师点评】 结合学生的讨论发言，教师对学生的表现和观点进行总结，肯定优点和进步，对发现的问题也要及时提出。 【点明主题】 标题"人间正道是沧桑"抒发了谁也不能逆历史潮流而行的感慨，并通过作品鲜明地昭示出共产党的奋斗是在求沧桑的人间正道，这条道路代表了中国人民最根本的利益，也代表中国近现代革命的历史潮流。 【教学小结】 这部作品以大胆和充满思想力度的影像语言，突破了电视剧影像局限于情节叙事的传统，让摄影机娴熟地游走在故事和表达之间，对那段恢弘的革命历史做出了自己的注解，并营造得气韵生动且浑然天成。那些历史深处的信仰和梦想，不仅铸造出中华民族文化自信的历史坐标，也体现出中华民族未来发展的精神向度	启发法：教师以生动的讲述使学生产生联想和共情，深入体会作品审美内涵	方式：课下在SPOC平台讨论区参与延展话题讨论；根据个人时间安排选看重点视频片段。 目的：加深对本节学习内容的理解

（二）考核方式

"电视剧品评"为考查课，考查学生整个学期的综合表现，因此，更侧重于平时的过程性考核，占总评成绩的 60%；期末的终结性考核占总评成绩的 40%。

1. 过程性考核

过程性考核分为单元测试、课堂讨论和课内考勤三部分，成绩的依据主要来自 MOOC 后台的数据统计工具。每位在"中国大学慕课"注册的选课学生，在本门课建设的 SPOC 平台上都有一份客观、准确、动态的学习数据"档案"，这份档案实时记录下了学生学习的全过程，比如线上视频学习时长及次数、课堂活动参与情况、讨论区回贴数量、练习题正确率、出勤情况等。另外，学生在线下实体课堂的学习情况也都有纸质的记录，对于课堂参与度高、听课认真、发言积极的学生，将在总评成绩中获得一定的奖励加分。

2. 终结性考核

终结性考核以学期论文的形式体现。论文题目和要求提前布置给学生，便于学生课下准备，这种形式是对学习效果的综合考量，包括学习态度、学习能力、学习体会等方面。这种评价方式一方面可以避免学生死记硬背的应试行为，另一方面也能调整"一锤子"分输赢的考试心态，尽最大可能反映学生理解、应用所学知识的真实水平和分析解决问题的能力。

六、教学效果及成果

该课程自 2018 年起开设，已在线下开课三个学年，共 6 个轮次。开课以来，每一轮次选课人数均达到 100 人以上，学生反响良好，认可度高。2019 年课程部分章节的教案和教学展示，参加北京联合大学第二届"课程思政"教学设计大赛获一等奖；电视剧品评课程被评为"北京联合大学课程思政特色精品课程"。

2020 年上半年对原有教学内容进行整体优化，制作在线开放课——品味中国电视剧,在"中国大学慕课"平台上线。依托这门自建的在线开放课,下半年以独立SPOC的形式开展线上线下混合式教学,使挂在"云端"的MOOC与实体课堂相融合,实现线上教学资源"落地"。通过线上线下混合式教学,教学效果取得了初步成效。

(一)学习成绩

以2020—2021学年第一学期的混合式教学为例,学生选课人数120人,每次课出勤率都比较高,最后总评成绩的及格率是100%,这是以往没有过的现象。

表4是以不同方式开展教学的期末总评成绩对比情况。

表4 学期总评成绩对比表

学期	教学方式	选课人数	最高分	最低分	及格率	取消考试资格率
2017—2018学年第二学期	完全线下教学	119人	99	46	98%	7.6%
2018—2019学年第一学期	完全线下教学	113人	99	44	98%	9.7%
2020—2021学年第一学期	线上线下混合式教学	120人	99	60	100%	2.5%

(二)调查反馈

学生是整个教学活动的中心,通过学生的反馈来检测教学效果的达成度是较为可行的一种反馈渠道。2020—2021学年第一学期结课时,教师在"慕课堂"中发起不记名的调查问卷,以了解教学成效和学生的学习体验。

在这次调查中,共收到有效问卷90份。对于学习内容,73.33%的学生认为"课程内容精彩";47.78%的学生表示"受到鼓舞和感动"。对于学习方式,61.11%的学生表示愿意采用混合式学习;对于考核方式,78.89%的学生认为过程性考核应占到总评成绩的一半以上。在教学内容、学习方式、主讲教师和课程整体的综合评价方面,有50%左右的学生认为非常满意，30%左右的学生认为比较满意。总体来看，学生对这门课的认可度较高。

七、教学反思

（一）关于"线上线下"

2020年一场突如其来的新冠肺炎疫情，使很多高校教师对在线教学的特点有了亲身的体验和认识，为"后疫情时代"混合式教学的开展提供了经验借鉴。毫无疑问，参与混合式教学的师生都将付出比传统教学模式下更多的时间和精力，最终的产出有些可以量化，比如教学评估结果、考试成绩，但更多的是长期的、无法量化的收获，比如协作能力、表达沟通能力、自我管理能力等。

以学生为中心的教学，要求教师在课堂上主动将自己的定位从学习资源的提供者过渡为学生学习经历的陪伴者和学习成效的激励者，即"教师利用移动互联时代的工具，以了解和掌握学生的学习状态为出发点，提供针对性更强的教学服务"❶。对于学生来说，重要的是在教室中以较高的思维活跃度进行彼此之间的交流，获得更多思考和体会；对于教师来说，需要明确达成的目标，做出精细的教学设计，并选择适当的方式衡量目标的达成度。关于线上线下混合式教学，还有很多值得探索和创新的空间，但无论怎样，都要把握住"教学质量"和"学习成效"这两个关键点。

（二）关于"同向同行"

"课程思政"的教育理念，关键在于如何落地。做得好，就会像习近平同志说的那样"好的思想政治工作，像盐一样"是融入，使学生在学习知识的过程中把精神的营养吸收进去，与思政课同向同行，形成协同效应。

---

❶ 于歆杰：《论混合式教学的六大关系》，《中国大学教学》2019年第5期。

对于这门课而言，首先要考虑如何选择和怎样挖掘，因为不是所有的电视剧都可以成为"课程思政"的教学案例，也不是所有电视剧的价值导向都是正向的。教师需要根据教学的需要，从类型众多、品位各异的海量电视剧中，仔细分析、精心挖掘，找到能够体现"三句话"的优秀作品，哪怕只是一个片段，使其有机融入教学之中，达到润物无声的效果（见图3）。我把这个过程叫作"别有用心"，但要"不着痕迹"，实现价值塑造、知识传授和能力培养"三位一体"。

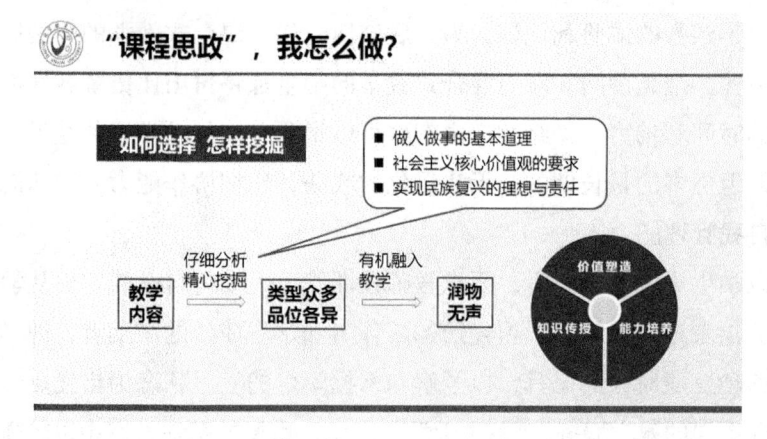

图3 课程思政汇报交流 PPT 截图

无论是混合式教学，还是课程思政，都需要教师投入大量的时间精力开展扎实的教学基础性工作，这不仅体现在教学内容的选择和教学方法的运用上，更体现在教师自身敬畏教学和学术的态度上。教学在这个过程中的言传身教、耳濡目染，将是更有力量、更加潜移默化的立德树人。

作者：刘兴云，北京联合大学艺术学院艺术学专业，讲师。

爱国主题经典纪录片配音的
混合式教学设计

——配音艺术课程纪录片配音教学单元

课程基本信息

课程名称	配音艺术	课程类型	表演专业选修课程
学时学分	48学时3学分	面向学生	表演专业二年级
教学单元主题		纪录片配音的表达技巧	
课内/课外学时		2学时/4学时	

一、教学目标与学情分析

（一）教学目标

（1）使学生对影视配音艺术的特点及规律、不同类型的节目配音的要求及训练方法进行比较完整、系统、全面的认知。

（2）使学生掌握电视纪录片配音、广告配音、电视栏目配音、影视人物配音、动画片配音等有声语言的表达样式，掌握分析理解作品、调动内心情感、内外部表达技巧等方面的创作要求，基本掌握影视配音主要形式的初步创作能力。

（3）使学生掌握艺术创作正确的创作观和审美观，具备良好的思想道德素质与自身修为。

（4）形成自主学习和终身学习的正确认识，有不断学习和适应发展的能力，并不断保持进取心。

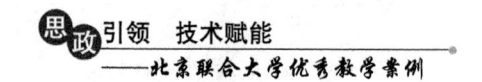

（二）学情分析

1. 已有基础

本课程的学生处于大二下学期的学习阶段，要求的先修课程为表演基础训练、台词训练、艺术概论等，经过之前基本的语言基础训练，学生具备了一定的语言基本功和基本表达技巧，具备初步进行配音创作的业务基础。

2. 学习态度

每年的选课人数较多，选课学生较有学习热情。2018—2019 学年面对全年级开设了两个教学班。上课过程中学生的配合度较高，课上听讲较认真，并积极参与课堂互动和练习。课后作业的完成较认真，配音作品的完成效果较好。有些对专业较有追求的学生还会选取教师推荐的较有挑战度的作品进行课下练习，呈现效果较好，完成了高阶能力的培养。在给国外影视剧及动画片配音的环节中，还有学生练习用英语配音，更有挑战性。

3. 存在问题

学生的专业基本功有待夯实和提高，缺乏实践中的技巧运用，尤其是在各种类型的配音实践中技术技巧的运用还比较单一。同时，由于阅历和积累有限，学生对一些配音内容和人物形象缺乏深入理解，影响了他们在配音中的创作。另外，学生对课程的认识还比较狭隘，单纯把配音看作一个技术，但是我们的教学不但要让学生掌握技能，还要让他们学会方法，以及拥有自我学习和提高的能力。

二、教学内容分析

基于 OBE 理念和行业需求，将本课程的教学内容做了以下设计（见表 1）。

表1 教学内容设计

课程结构	教学内容	知识点	考核内容	预期目标
课堂教学	第一章 配音艺术概论	(1) 影视配音艺术的界定及种类; (2) 影视配音艺术的创作特征及训练原则; (3) 影视配音艺术的创作准备	学生分组做配音艺术概论的理论阐释,结合典型作品及PPT演示文档进行综述	对配音艺术理论和配音类型有初步认识,并做好创作准备
	第二章 影视人物配音	(1) 影视人物配音创作总体要求; (2) 影视人物配音的表达技巧:《风声》《让子弹飞》; (3) 影视人物配音常见问题	平时考核一:影视人物配音片段视频作品录制	具备基本的影视人物配音技能,用声音塑造和贴近人物形象
	第三章 纪录片配音	(1) 纪录片配音创作基础; (2) 纪录片配音的表达技巧:《航拍中国》《舌尖上的中国》; (3) 纪录片解说常见问题	平时考核二:纪录片配音片段视频作品录制	具备基本的纪录片配音能力,掌握纪录片配音特征
	第四章 广告片配音	(1) 广告配音概说; (2) 广告配音的声音选择; (3) 广告配音类型及示例; (4) 广告配音常见问题	平时考核三:广告片(商业广告及公益广告)配音作品视频录制	具备基本的广告配音能力,能够进行恰当的声音选择
	第五章 新闻配音	(1) 电视新闻配音的创作要求; (2) 电视新闻配音典型案例分析:《新闻联播》《新闻直播间》	平时考核四:新闻配音作品录制	具备基本的新闻配音能力
	第六章 动画片配音	(1) 动画片配音的语言特征; (2) 动画片配音的语言技巧:《里约大冒险》《海底总动员》	平时考核五:动画片配音片段视频作品录制	具备基本的动画片配音能力,对虚拟形象的声音进行创作
	第七章 配音综合实训	有一定长度,具备一定戏剧冲突,对配音技术有一定要求的多人配合配音综合作品实训	期末考核:多人配合配音综合作品	配音技能的综合运用及多人配合配音
课外实践	录音棚实地练习	结合课程讲授内容的录音棚实战	录音棚监棚及指导教师为学生点评及打分	感受配音的实践流程,了解配音行业的运行

续表

课程结构	教学内容	知识点	考核内容	预期目标
课外实践	校、院、系各级演出实践	结合演出主题选取相应的作品进行排练和演出	将演出情况作为综合测评加分项	在演出实践中体会配音技巧的实际运用
	邀请配音界专家进行讲座	对应影视人物配音、纪录片配音、动画片配音、新闻配音等模块的大师课	相应创新学分	学习大师的配音技巧和职业精神

本节课的内容在"两性一度"的视角下进行了如下设计：

高阶性：教授学生在纪录片配音中综合运用语言表达技巧的较高能力阶段的专业技能，是教学重点。

创新性：引入信息技术手段，将录音软件录制配音音频形成的波形图象与配音的声音状态相对照，帮助学生直观体会自己对声音的控制，进而提升语言能力。

挑战度：选取了对学生来说较有"挑战度"的宏大题材纪录片作品《航拍中国》，而且本节课练习的片段是整部作品精华浓缩而成的宣传片，对技术能力的要求较高，对学生来说是非常有挑战的。

三、课程思政教学设计理念及思路

（1）本课程在教学设计过程中融入思政元素，对学生进行正向的思想引领，真正实现全员育人、全程育人、全方位育人。

贯彻"价值塑造、知识传授和能力培养"三位一体的育人理念，借助配音课程练习素材形式多样、内容丰富的特色及优势，在选取教学内容时侧重选取有积极意义，能体现中国优秀传统文化，有正确的世界观、人生观、价值观的作品，分为"溯源红色""品味北京""放眼世界"三大主要版块，具体如：在红色题材影视作品中体会革命先辈的浴血生涯；在《故宫》等经典纪录片中更深地了解和品味首都北京；在《大国崛起》等系列片中放眼世界、开拓视野；为《联大新闻》及校院各级专题片、纪录片配音让学生更加以母校为荣。在学生收获知识、能力成长的同时，也培养了学生正确的艺术创作观和社会主义核心价值观。

在配音过程中，学生深入体会有意义、有思想性、有代表性的优秀作品，体会艺术创作的精髓，不但能够熏陶情操、浸润思想，也能激发学生对艺术创作和对美的追求，以及艺术工作中的敬业精神，让他们在今后的艺术创作道路中保持热情与真诚。

通过配音实践，也使学生能够综合提升对影视行业及艺术行业的整体认知，建立正确的审美观和创作观，从而指导他们今后的艺术创作实践。

（2）本节课选取了制作精良、气势恢宏的爱国题材纪录片《航拍中国》中的配音片段。这个片段用声画结合的方式，描绘了祖国的大好河山，充满了对祖国的热爱和赞颂。在这个片段中，既让学生学习宏大题材纪录片的配音模式和技巧，体会经典纪录片作品的艺术创作手法，提升对艺术和美的认知，又让他们在不断的练习中深刻体会祖国的伟大，生发爱国主义的情怀，为中国自豪，也在未来为中国奋斗。在学生创作的过程中实现润物无声的思想浸润。

四、混合式教学设计理念及思路

本课程将线上线下混合式教学的理念和思路运用到了教学内容设计中。

1. 学习资源上传线上学习平台，配音视频发布更便捷

在进行教学的蓝墨云班课、企业微信群等线上平台发布电子书、配音视频、配音台词文档等学习资源，解决了配音课中使用大量视频资源且视频文件又很大难以传输的困难。教师根据教学进度上传相应资源，可以使学生提前预习课程，自行下载配音视频进行练习，学习方式和时间都变得非常灵活。

2. 线上平台资源配合线下课程讲授，提高了有限课堂时间的教学效率

线上发布教材电子版帮助学生提前预习，并分组制作PPT进行综述，以便更好地了解和体会配音艺术理论的内容。

配音视频和配音台词文本帮助学生提前熟悉台词及画面，灵活进行配

音视频的自我练习，对基础技能的练习在课下解决，教师在课堂的有限时间里帮助学生做更有效的指导，提高教学的效率。

3. 推荐线上资源在课下进行观摩和练习，提升学生自主学习能力，拓展专业视野

不同阶段推荐对应的业内网络资源：影视人物配音、纪录片配音、动画片配音、广告配音部分使用配音相关应用配音秀、趣配音及配音主题综艺节目《声临其境》视频；纪录片配音、新闻配音部分使用播音中国、中国配音网等相关公众号的资源。学生可以选取符合自己需求的线上资源进行课下练习以提升自主学习能力，养成自我学习习惯，并且在观摩过程中拓展专业视野。

4. 本课程线上线下教学内容双线进行的混合式教学方法的教学过程（见表2）

表2 混合式教学方法的教学过程

		学生	教师
课前 （线上）	教学内容	教师按照教学目标分解设定的文字材料、音视频教学资源、专业网站、专业栏目等	
	主要方式	预习、练习	设定预习内容 引导学生自学
	考核方式	接受在线考核与评分	掌握学生课前的学习程度
课上 （线下）	教学内容	教学大纲中的知识点、练习及相关拓展内容	
	主要方式	听讲、互动、实践、互评、讨论等	讲授、指导、点评、组织实践等
	考核方式	对学生的课堂作品完成情况进行教师点评、学生互评及计分，并实施模块考核	
课后 （线上）	教学内容	教师按照教学内容及教学目标达成目的，借助专业网站及相关应用布置专业作业	
	主要方式	复习、实践、合作完成作业	设定复习内容 指导学生完成
	考核方式	接受在线考核与评分	掌握学生的完成情况

五、教学方法及途径

（一）课前布置内容（线上）

企业微信班级群布置预习内容：

（1）预习教材中纪录片配音技巧的相关章节内容，并复习之前学过的纪录片配音创作基础的相关知识点和技术技巧。企业微信群及蓝墨云班课中已上传有电子版教材。

（2）企业微信群及蓝墨云班课中上传本节课将要进行练习的视频片段，课前进行熟悉和练习，同时上传配音视频台词文本电子版。

（3）借助配音秀、趣配音等 App，获得初步的测评成绩，并进行体会和改进。

（4）对配音作品及人物形象的内涵和内核进行思考，课上讨论和发言。

（二）课堂教学活动

教学单元主题：纪录片配音的表达技巧

教学场地：黑匣子剧场

教学手段	教学内容	教学手段 线上	教学手段 线下	思政元素
复习上一节知识点（15分钟）	第一节：纪录片配音基本创作要求 厘清背景、把握风格、确定基调	课前五分钟云班课中进行点名	课前测形式提问，回顾纪录片配音基本创作要求	"温故而知新"，之前的技能掌握之后才能更好地学习新技巧
	典型作业展示与讲评	教师将配音作业视频上传至云班课和企业微信群，学生进行配音作业录制	大屏播放典型配音作业音视频片段，学生互评、教师总结	作业是手段而不是目的，同学们要真正通过作业把基本功练扎实，要在练习中先做自己的老师

续表

教学手段	教学内容	教学手段 线上	教学手段 线下	思政元素
分析本节课案例（5分钟）	第二节：纪录片配音的表达技巧 案例《航拍中国》	教师将配音案例《航拍中国》视频上传至云班课和企业微信群，学生进行预习、体会和思考	学生在预习的基础上分析《航拍中国》的配音中的语言特征与技巧运用	从航拍的视角中领略祖国大好河山，深深震撼的同时也更加热爱我们伟大的祖国
讲授本节知识点（5分钟）	纪录片配音的语言表达技巧：语言平实，讲述性强，声画对位		结合案例概要讲解本节的技术技巧	
讲解与练习：纪录片配音的表达技巧（45分钟）	一、语言平实、质朴、自然、平视角 用声音量不大，小而实，以收为主。 总是在远离后 我们才有机会看清那些熟悉的风景 一船的故事 可以在溪水上漂流千年 看似越来越远的跋涉 往往是我们回家的方向	课前已将视频剪辑为适合训练的小片段，分段进行对应性练习	（1）结合选取的视频片段，讲解第一个技术要点 （2）学生在实验室环境中，使用话筒及音响系统进行配音练习，技巧层面和话筒前声音控制层面共同调控，是综合运用技能的"高阶性"练习 （3）将学生的练习进行对比与互评，教师进行指导和点评	配音的原声老师如何能够技术处理如此好？这是经过多年的专业历练才能实现的，我们也要在学习中不断加强语言基本功和技巧的练习

续表

教学手段	教学内容	教学手段 线上	教学手段 线下	思政元素
讲解与练习：纪录片配音的表达技巧（45分钟）	二、语流畅达，讲述感强 语势多平缓，少大起大落。不刻板，少雕琢，不夸张，较自如。 河流是一支柔软的画笔 描绘出细腻的线条 大地拥有记忆 用不同的颜色标记时间 只要飞得更高 一座楼也可以扬起风帆	学生初步学习录音软件的使用，思考波形与自己的声音呈现有什么关系？	（1）结合视频片段讲解第二个技巧要点 （2）在学生练习中加入画面感的考量维度，这是增加了配音艺术要求的"挑战度" （3）引入音频波形图片，从声学角度分析语流平实的声音状态。并通过实时记录音频波形，让学生更深刻认知和体会声音技巧的运用。从声觉体系中对语言技巧的体会，引入到声学技术分析，这是"创新性"	在配音过程中我们要深入感受画面，同时也能感受到艺术创作者的智慧，这种艺术创作的精神非常值得钦佩和学习
	三、声画关系的把握 声画的宽泛对位和严格对位 有时候 离别是为了更好的返回 有时候 原地旋转也是一种绽放 有时候	制作无字幕的本节课配音视频素材，提升练习的"挑战度"	（1）结合视频片段讲解第三个技巧要点 （2）学生进行无字幕配音练习，完全运用自己的能力寻找声画对位的关系，增加了极大的难度，再一次增加"挑战度" （3）在波形中寻找重音和语言节奏。借助技术参数体会声音技巧的运用	为这样经典的纪录片艺术作品赞叹，也要以此引领自己的艺术创作。我们应该一直保持对艺术的不懈追求，用艺术的手段去展示美

续表

教学手段	教学内容	教学手段 线上	教学手段 线下	思政元素
综合练习（15分钟）	完整片段的配音展示，学生自评、互评与教师点评	云班课中发起学生互评，为两位同学的展示打分	（1）选择较有代表性的一男一女两位同学分别进行完整片段的展示。（2）展示之后两位同学分别进行自我评价。（3）请打分较有代表性的同学分别进行点评。（4）教师分别进行点评	同学们要在学习的过程当中互相取长补短
教师总结（5分钟）	（1）在今后的学习和实践中更多体会如何综合运用纪录片配音技巧。（2）同学们的语言能力还需磨炼	在云班课及微信群上传作业要求与音视频资料	教师对本节课内容和学生的整体情况进行总结	艺术创作是一条漫长的道路，还要不断对自己的业务能力进行提升和打磨

课后要求（线上）

作业：
（1）深入练习示例作品，录制成配音视频，上传至企业微信群。
（2）广泛观看经典纪录片作品，自己进行练习和揣摩。
（3）运用配音秀、趣配音等App进行练习，并观摩配音主题综艺节目《声临其境》。
（4）预习上传至云班课和微信群的内容。

六、教学效果及成果

（一）线上线下的融合教学方式，提升了教学效率和效果，也使学生们各取所需

线上线下的混合式教学方法，使有限的课堂时间获得了延展，课前的线上准备使学生更加熟悉讲授内容，能够快速进入学习状态，大大提升了

课堂讲授的效率和效果；也使学生在课外的时间内能够自主学习，养成自我管理的习惯。

同时，线上学习资源丰富，不同能力和程度的学生可以根据自己的情况进行选择和练习，真正实现了因材施教。

（二）科技信息化手段的引入使艺术课程的训练更直观也更客观

在教学中引入录音软件的波形图片，与学生的声音状态相对照，通过波形的变化来呈现学生对声音的控制能力。这样能让学生客观又直观地了解自己的声音状态，借助波形来体会和调整自己的用声，从而实际加强声音的运用能力。

尤其是纪录片配音中声音的"平实"状态，对学生来说是表现的难点，波形能够帮助学生做重要参考，真正实现平和实的声音状态。

配音课的教室在黑匣子剧场，借助实验室较好的硬件设施可以开展练习、观摩影视素材、播放练习视频等；借助学院全媒体工作室的技术力量，制作配音素材库，从而较好地提升了教学效果。

（三）思政元素的融入使学生能够陶冶情操、增强艺术感受力

课程中润物无声地融入思政元素，使学生在学习专业技能的同时，还能陶冶情操，更深入地理解配音的作品和相关的人物形象，增强艺术感受力，增加艺术创作的热情，并能够运用自己的专业特长来进行艺术创作。2020年新冠肺炎疫情暴发之初，学生制作了配音视频作品《最美逆行者》，获得了全国大学生广告艺术大赛三等奖。

（四）学生配音的高阶能力得到提升，能够学以致用，获得行业配音机会

通过线上线下混合式教学的整体课程体系，大部分学生的配音能力得到提升，尤其是一些同学形成了高阶能力，在业界获得了非常宝贵的配音机会，如北京华尔道夫酒店形象宣传片、中央电视台"2020年感动中国"预配音、联大育慧苑超市宣传片、艺术学院"尚美奖"宣传片等。

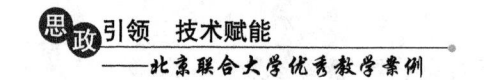

七、教学反思

面对线上线下综合立体的混合式教学方式，如何在课程中更好地实现"两性一度"？

高阶性：要实现高阶性，首先是教学内容设置的高阶性。紧跟行业的要求，结合学生的需求，在基本功扎实之后，引领学生向更高阶的能力去努力。其次是我们教师自身的高阶性。教育者先受教育，我们作为教师，要不断提升自己，让自己从思想上和专业上都能保持不断的进步，教师自己多维度成长，才能指导和引领学生。

创新性：在配音课程这种非常典型的应用型艺术课程中引入信息科技的辅助手段，突破了专业的界限，创新了教学手段，给学生的专业学习增加了一个信息技术层面的维度。以后我们还要探索更多的能够辅助学习的新方法、新技术，让艺术的学习和呈现更直观、更容易让学生去体会和把握。

挑战度：挑战度的加强也是多维的。

对于学生来说，首先，是技术层面的挑战度。用声的要求、声画的配合度，这些在技术层面上都有非常细致的要求。而技术上非常贴合要求了，情感层面的挑战度就出现了，没有情感的配音哪怕声音再好，也不可能是一个好作品。所以声音与情感，以及情声气的综合运用，都是给学生提出的高要求。

其次，对教师来说，也存在挑战度。教和学是一个互相促进的过程。教学相长，学生是我们的镜子，让我们看到自己。我们也从学生身上学到很多，感受到很多。年轻人的思维方式，他们对世界的看法，都带给我们很多新鲜的营养。我们也要不断给自己提要求，增强自己实施教学的挑战度，让我们自己更好地完成教学工作。

最后，在教学中，教学内容非常具体，但是不能只给予学生解决个别具体问题的能力，要教给他们学习的方法，并培养他们自主学习和终身学习的习惯。这样才是真正完成了教学目的。

作者：邹加倪，北京联合大学艺术学院表演专业，副教授。